추천사 1

송 태 섭 목사
수원 경원교회 담임, (사)한국교회연합 대표회장

어윈 W. 루처 목사님이 저술한 60여 권의 책은 모두 복음적 신앙 안에서 현대를 살아가는 크리스천들의 삶에 있어서 나침판 같은 역할을 해 주고 있다. 특히, 본서 『우리는 침묵하지 않으리라!』는 때로는 사회 정의라는 이름으로, 또 이 세상을 변화시키기 위해 등장한 이념, 가치, 철학에 왜 많은 사람이 쉽게 빠져서 참 길이요 진리요 생명이신 예수 그리스도의 몸인 교회에서 멀어져 가고 있는지를 근본적인 원인을 분석하며 우리를 깨우치고 있다.

한국 교회는 1세기 전에 미국 선교사들로부터 복음이 전해진 이래로 기적적인 부흥과 성장을 이루었으나, 그러기까지는 숱한 고난과 박해의 시간이 있었다. 믿음의 선배들이 교회를 위해 흘린 피와 눈물과 땀이 없었다면 오늘의 한국 교회는 존재의 의미를 찾기 어려웠을 수 있다.

그런 한국 교회가 세속적인 풍요 속에 영적 빈곤의 나락으로 떨어지고 있다. 교회가 복음의 가치를 세상에 보여 주지 못할 때 세상의 이념과 가치에 잠식당할 수밖에 없다.

> 일어나 빛을 발하라 이는 네 빛이 이르렀고 여호와의 영광이 네 위에 임하였음이라
> (사 60:1).

이 말씀처럼 믿음의 깊은 잠에서 깨어나 세상을 향해 일어나 빛을 발해야 할 때다. 우리가 그런 삶을 살아야 할 당위성은 곧이어 하신 말씀에 다 녹아 있다.

보라 어둠이 땅을 덮을 것이며 캄캄함이 만민을 가리려니와 오직 여호와께서 네 위에 임하실 것이며 그의 영광이 네 위에 나타나리라(사 60:2).

나는 한국 교회가 겪고 있는 위기의 때에 순교적 신앙을 회복하고 다시 일어서기 위해 모든 크리스천이 이 책을 통해 조언을 얻기를 권한다. 이 책이 우리가 싸워야 할 대상이 누구이고, 왜 싸워야 하는지, 어떻게 이겨 낼 수 있는지 더욱 자세히 안내하고 있기 때문이다.

교회는 때론 영적으로 쉼을 얻는 쉼터가 되기도 한다. 그러나 궁극적으로는 세상 죄악과 싸워 이길 영적 힘을 충전하고 비축하는 곳이다.

"세상 죄악에 분노하되 침묵할 것인가, 아니면 세상에 동화될 것인가, 아니면 믿음으로 십자가를 지고 세상을 향해 나아갈 것인가?"

나는 우리가 이런 질문에 모든 크리스천이 응답하는 삶을 살아야 할 때라고 본다.

그런 고민 앞에 있는 크리스천들이 이 책을 읽고 새로운 용기를 얻고 결단하는 계기가 되기를 바라며 이 책을 추천하는 바이다.

추천사 2

심 하 보 목사

은평제일교회 담임, 대한예수교장로회(예장) 총회장

『국가가 하나님을 잊을 때』, 『바벨론 교회를 바라보라!』, 그리고 이 책 『우리는 침묵하지 않으리라!』는 이 시대에 우리에게 필요한 책이다.

이것은 미국의 현실만이 아니라 우리나라에 더욱더 격렬하게 작동하고 있음을 보고 있다.

이 책은 특히 우리 교회와 국가를 무너뜨리려는 마르크스주의를 근간으로 하는 운동들에 대해 밝히고, 성도들이 세상을 보는 올바른 관점을 제공하고 있다. 지금까지 변증법이 창조주 하나님의 존재를 밝히고 예수 그리스도의 우월성을 드러냈다면, 어윈 W. 루처 목사는 진리와 거짓을 구분하는 탁월한 변증가라 할 수 있다.

우리는 현재 우리의 위치가 어디인지를 살펴보아야 한다. 베드로전서 5:8-9을 깊이 묵상해야 한다.

> 근신하라 깨어라 너희 대적 마귀가 우는 사자 같이 두루 다니며 삼킬 자를 찾나니너희는 믿음을 굳건하게 하여 그를 대적하라 이는 세상에 있는 너희 형제들도 동일한 고난을 당하는 줄을 앎이라(벧전 5:8-9).

과연 오늘날 인간의 눈에 비친 세상 풍조는 하와가 에덴동산의 선악과를 바라보는 것처럼 먹음직도 하고 보암직도 하고 지혜롭게 할 만큼 탐스럽기도 하다. 안타깝게도 우리는 이스라엘에 왕이 없었으므로 사람마다 자기 소견에 옳은

대로 행하였더라는 것처럼, 하나님을 우리 중심에서 전체로 두고 우리의 소견대로 하나님을 찾으려는 풍조에 밀려가고 있다. 우리는 깨어서 살펴야 한다.

또한, 우리는 지금 전대미문의 시대를 살고 있다. 좌파 정부는 예수 그리스도의 몸인 교회에 대해 강력한 탄압을 자행하고 있다.

어느 시대를 막론하고 교회를 공격하고 무너뜨리려는 일들이 있었다. 2천년 전이나 지금이나 변함이 없다. 그러나 주님의 몸 된 교회는 오늘날에도 굳건하다.

사도 바울은 당시 에베소에 보내는 편지에서 이렇게 전하였다.

> 그 때에 너희는 그 가운데서 행하여 이 세상 풍조를 따르고 공중의 권세 잡은 자를 따랐으니 곧 지금 불순종의 아들들 가운데서 역사하는 영이라(엡 2:2).

나는 먼저 교회가 우리 그리스도 안에서 형제자매인 기독교인들과 이웃들의 건강과 안전을 돌보는 일에 앞장서야 한다는 데에 전적으로 동의한다. 그러나 불편부당한 정부의 행위에 대해서는 말하지 않을 수 없다.

검사자 수 대비 감염자 수는 주목받지 않고, 오직 감염자 수만 강조되고 있었다. 검사자 수를 줄여 감염자 수가 줄어들면 안정적이고, 검사자 수가 늘고 그에 따라 감염자 수가 늘어나면 그에 따라 방역 단계를 설정한다면, 이것은 필요에 따라 방역 단계를 조정할 수 있다고 할 것이다.

당시 시행된 코로나19 방역지침 4단계를 보면 전혀 과학적이거나 상식적이 아님을 알 것이다. 마스크를 벗어야 하는 식당·카페(50제곱미터 이상)는 식탁의 간격을 1미터 이상으로 제한했다.

면적이 더 적으면 코로나19가 비활동성일까?

마스크를 쓸 것 같은 노래연습장은 8제곱미터당 1명, 마스크를 벗어야 할 목욕탕도 8제곱미터당 1명, 학원은 좌석 두 칸 띄우기 또는 시설면적 6제곱미터당 1명, 마스크 쓰는 카지노나 마스크를 벗어야 할 물놀이장은 수용인원의 30퍼센트, 상점·마트·백화점은 발열 체크만, 영화관 공연장은 동행자 외 좌석 한 칸 띄우기, 공연 시 회당 최대 관객 수 5,000명 이내로 제한, 실내체육시설(고강도·유산소, 탁구) 내 머무는 시간 최대 2시간 이내, 탁구대 간격 2미터 유지로 허용이 되었지만, 두 시간도 머물지 않는 교회 예배는 2미터 거리 띄우기도 허용되지

않았고 철저한 방역을 하는 교회의 예배는 금지되었다. 위헌적인 법이 남발되고
있었다.

이래서는 우리 자녀들이 살아야 할 나라의 미래가 없다. 국가의 권력은 주권
을 가진 국민에게서 나오는 것이다. 선출직이나 임명직 공무원에게서 나오는 것
이 아니다.

우리는 그리스도인으로서, 이 땅의 국민으로서, 하나님의 전적인 주권을 믿고
강하고 담대하게 옳고 그름을 외쳐야 한다. 우리는 이런 영광스러운 기회의 순
간에 있음을 감사한다.

루처 목사의 저서들은 이 시대를 올바르게 분별하기를 원하는 그리스도인들
이 보아야 할 책으로 적극적으로 추천한다.

추천사 3

토니 에반스(Tony Evans)
오크클리프성경협회 회장, 담임목사
대안도시 회장

어윈 W. 루처는 다시 한번 우리에게 도전적 영감을 주며, 도발적인 작품을 주었다. 이 작품은 모든 진정한 그리스도인을 우리의 하나님과 그의 말씀을 공공의 장에서 분명하게 표현하도록 부를 것이다. 이 필독서는 전략적으로 균형 잡힌 성경적 권위, 문화적 관련성, 영적 감수성을 지니고 있다. 이 훌륭한 자원 속에서 진실을 마주한 후에 여러분은 침묵의 비밀 요원 그리스도인이 아니라는 올바른 자극을 받기도 하고 개인적으로 정죄감을 느끼기도 할 것이다.

크로포드 W. 로리츠 주니어 박사(Dr. Crawford W. Loritts Jr.)
조지아주 로스웰의 펠로우쉽성경교회 담임목사, 작가, 연설자, 라디오 진행자

나의 소중한 친구인 어윈 W. 루처는 우리에게 우리가 지금 이 순간 직면하는 도전들에 대해 깊이 생각하고 접근할 수 있는 통찰력 있는 틀을 주었다. 당신은 우리가 침묵하지 않아야 한다는 것을 알게 될 것이다. 때때로 여러분은 그의 통찰력과 결론에 대해 씨름할 수도 있다. 그건 좋은 일이다. 루처가 십자가를 배경으로 인종차별, 마르크스주의, 자본주의, 하나님 말씀의 변혁적 진리 등 이런 문제들을 해결해 준 데 대해 감사를 전한다.

밀턴 E. 코네게이(Milton E. Kornegay)
뉴욕 시러큐스의 중앙침례교회 수석목사

오늘날 우리 문화를 지배하고 있는 환경에 대해 생각해 보면, 어윈 W. 루처는 교회가 직면하고 있는 몇 가지 핵심 이슈에 대한 통찰력을 준다. 나는 이 책을 오늘날의 급변하는 문제에 대한 해결책의 일부가 되고자 하는 사람들에게 읽어 보라고 강력히 권한다.

칼 토마스(Cal Thomas)
신디케이트 칼럼니스트
『미국 유통기한』(*America's Expiration Date*)의 저자

성경의 예언과 역사는 위대한 나라들이 외부의 공격으로 멸망하기 전에 어떻게 내부로부터 멸망하는지에 대해 우리에게 가르쳐 준다. 이 책에서 어윈 W. 루처는 적의 '전략'과 이에 어떻게 대응해야 하는지를 일깨워 준다.

잭 그레이엄 박사(Dr. Jack Graham)
프레스턴우드침례교회 및 파워포인트선교회 목사

『우리는 침묵하지 않으리라!』는 내 생각에 내 친구 어윈 W. 루처가 쓴 가장 중요한 책이다. 이것은 대대로 물려줄 책이다. 기독교도와 교회를 위한 선언문이다. 나는 진리를 향한 용기 있는 자세와 그 페이지 안에 분명히 전해지는 대담한 신앙 선언을 사랑한다. 의심할 여지 없이 이 책은 어둠 속에서 밝게 빛나고 있다.

에릭 메탁사스(Eric Metaxas)
『본회퍼』와 『마틴 루터』의 저자, 「뉴욕타임스」 베스트셀러 1위 작가
〈에릭 메탁사스 라디오 쇼〉 진행자

현재 '미국의 여정'의 배경에는 무엇이 있을까?
어떻게 대응해야 할까?
그의 장엄한 저서 『우리는 침묵하지 않으리라!』에서 내 친구 어윈 W. 루처는
중요한 해답을 제시하며, 우리의 믿음에 대해 대담하고 용기 있게 증언할 것을
우리에게 권한다.
무슨 일이 있더라도!

알렉스 맥팔랜드(Alex McFarland)
노스그린빌대학교 기독교세계관과변증학센터 소장
남부복음주의신학교 3대 총장

『우리는 침묵하지 않으리라!』는 모든 사람의 자유를 위태롭게 하는, 무서운
속도로 성장하고 있는 많은 주변 동향에 관해 설명한다. 이 책은 당신 시대의 가
치 있는 투자다. 항상 그렇듯이, 어윈 W. 루처는 예리한 분석을 제공하고 수많
은 통찰력 있는 결론을 제시한다. 그는 내가 추천한 몇 안 되는 작가 중 한 명이
다. 그가 쓰는 주제와 관계없이, 그의 분석은 사실적이고, 예술적으로 제시되고,
유익할 것이기 때문이다.

H.B. 찰스 주니어(H. B. Charles Jr.)
플로리다 잭슨빌의 실로교회 수석목사

어윈 W. 루처는 교회가 그리스도의 영광, 성경 중심, 그리고 충만한 복음의 관점에서 우리 사회의 도전에 맞설 것을 촉구하는 시기적절하고 중요한 책을 썼다. 『우리는 침묵하지 않으리라!』에서 그는 우리가 사는 문화에 전염병처럼 퍼진 다양한 문제에 대해 간단명료하면서도 급진적인 해결책을 제시하고, 교회는 교회가 되라고 외친다.

이 책을 자세히 읽고, 가능한 한 널리 공유하라!

그리스도를 위한 증인으로서 침묵을 거부하라!

레이 프리처드 박사(Dr. Ray Pritchard)
'믿음을 지키는 사역회' 회장

조만간 우리는 모두 자신의 견해를 밝혀야 한다. 어윈 W. 루처는 기독교인들이 진실을 옹호할 때가 왔다고 말한다. 그는 목회자의 지혜와 깊은 통찰력으로 서구 문화를 파멸의 위기에 빠뜨린 거짓말을 폭로한다. 하지만 거기서 멈추지 않는다. 이 책은 만약 우리가 다시 한번 두려움이나 호의 없이 하나님의 진리를 말할 수 있다면, 어떻게 교회(문화의 열쇠)를 되찾을 수 있는지를 보여 준다.

나는 오직 수백만 명의 믿는 사람이 이 책을 읽고 행동으로 옮기기를 바랄 뿐이다.

샌디 리오스(Sandy Rios)
미국가족협회 정부담당 이사, 미국가족협회 〈샌디 리오스 아침 대화〉 진행자
'미국을 염려하는 여성들' 전임 회장

나는 미국 혁명 때처럼 열정으로 불타는 설교를 듣고 싶었다. 나는 우리가 겪고 있는 혼란에 하나님의 말씀을 적용하는 강력한 가르침을 갈망해 왔다. 어윈 W. 루처는 『우리는 침묵하지 않으리라!』에서 역사와 문화 그리고 하나님의 말씀에 대한 깊은 이해로 하나님의 말씀을 올바르게 적용하여 우리가 이해하기 쉽고, 담대하게 그리고 훌륭하게 마치도록 촉구하고 있다.

히스 램버트 박사(Dr. Heath Lambert)
플로리다 잭슨빌의 제1침례교회 원로목사

우리는 예수 그리스도의 선포에 독특한 도전을 제기하는 절망적인 시대에 살고 있다. 이런 시대에는 길을 안내하는 충실한 목소리가 필요하다. 어윈 W. 루처는 성경의 명확성과 확신으로 도전적이고 결정적인 주제를 다루는 충실한 사람이다. 이 책에 감사드리며 이 책이 여러분의 관심을 받을 만하여 추천한다.

J. 셀비 샤프(J. Shelby Sharpe)
헌법 변호사

미국 전역에서 수십 년 동안 그리스도의 몸 안에 있는 종교 지도자들과 교회, 신학교들을 성공적으로 변호한 것을 바탕으로, 그리스도의 몸인 '교회'가 공개 토론회에서 살아남아 예수님의 지상대명령 안에서 지시하신 이 문화에 영향을 미치기를 바란다면 이 책의 메시지에 귀를 기울여야 한다.

티나 마리 그리핀(Tina Marie Griffin)
www. CounterCultureMom.com

할리우드에서 배우로 활동하며 마르크스주의가 어떻게 연예계와 공립학교 체제를 장악하고 있는지 알고 난 뒤 이 책은 우리가 어떤 투쟁에 봉착해 있는지를 알게 해 주는 필독서임을 알게 되었다. 아는 것이 힘이다. 나는 이 책이 적을 드러낼 뿐만 아니라 우리나라, 공동체, 가정에서 하나님을 되찾을 수 있는 지혜와 도구를 준다고 말할 수 있다.

지금이 바로 그때다!

우리는 침묵하지 않으리라!

기독교에 대한 우리 문화의 공격에
용기를 가지고 반응하라

We Will Not be Silenced
Written by Dr. Erwin W. Lutzer
Translated by Young Yun Mo

We Will Not Be Silenced
Copyright © 2020 by Erwin W. Lutzer
Published by Harvest House Publishers.
Eugene, Oregon 97408.
www.harvesthousepublishers.com.
All rights reserved.

Translated and printed by permission of Harvest House Publishers.
Korean Edition Copyright © 2023 by Christian Literature Center, Seoul, Korea.

우리는 침묵하지 않으리라!

2023년 10월 30일 초판 발행

지 은 이 | 어윈 W. 루처
옮 긴 이 | 모영윤

편　　집 | 진애란
디 자 인 | 서민정
펴 낸 곳 | (사)기독교문서선교회
등　　록 | 제16-25호(1980.1.18.)
주　　소 | 서울특별시 동대문구 천호대로 71길 39
전　　화 | 02-586-8761~3(본사) 031-942-8761(영업부)
팩　　스 | 02-523-0131(본사) 031-942-8763(영업부)
이 메 일 | clckor@gmail.com
홈페이지 | www.clcbook.com
송금계좌 | 기업은행 073-000308-04-020 (사)기독교문서선교회
일련번호 | 2023-100

ISBN 978-89-341-2610-2 (03230)

기독교에 대한 우리 문화의 공격에 용기를 가지고 반응하라

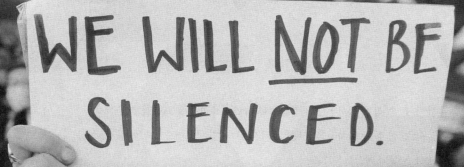

WE WILL NOT BE SILENCED.

우리는 침묵하지 않으리라!

미국복음주의
기독교출판협회상
수상

어윈 W. 루처 지음 | 모영윤 옮김

CLC

목차

헌정

그리스도의 십자가를 궁핍하고 혼란스러운 세상으로
옮기는 데 헌신하고, 세상으로부터의 배척을 영광의 배지로 여기는
모든 이에게 이 책을 기도하는 마음으로 바친다.

이에 예수께서 제자들에게 이르시되
누구든지 나를 따라오려거든
자기를 부인하고
자기 십자가를 지고
나를 따를 것이니라

누구든지
제 목숨을 구원하고자 하면
잃을 것이요
누구든지
나를 위하여 제 목숨을 잃으면
찾으리라

(마 16:24-25).

서문

우리는 왜 이 책을 읽어야만 하는가?

데이비드 제레미아(Dr. David Jeremiah) 박사
Shadow Mountain Community Church 담임목사

최근 아침 식탁에 앉아 아내에게 내가 미국의 해체 시기를 살아가는 것 같다고 이야기했다. 우리는 매일 밤 뉴스를 보고 우리가 사랑하는 이 나라가 우리 눈앞에서 파괴되는 것을 보는 공포에 관해 이야기했다.

어떻게 이런 일이 일어날 수 있을까?
무슨 뜻인가?
어디로 가는가?
우리는 무엇을 할 수 있을까?

이것들은 오늘날 여러분이 만나는 거의 모든 환경에서 궁금해하는 문화적 질문들이다. 불행하게도, 거의 아무도 답을 주지 않고 있었다.

그러나 어윈 W. 루처는 이 책 『우리는 침묵하지 않으리라!』를 통해서 답을 주고 있다. 그리고 그것은 우리나라에서 일어나고 있는 일에 관해 내가 접한 가장 완전하고, 가장 정직하고, 가장 이해하기 쉬운 설명이다.

나는 당신이 이 책을 처음 몇 페이지뿐만 아니라 모든 페이지, 모든 단락, 모든 단어를 읽을 필요가 있다고 생각했기 때문에 이 서문을 쓰기로 동의했다. 여러분은 심지어 각주에 있는 관련 문헌의 도움을 받을 것이다.

나는 할 수만 있으면 이 책을 미국의 모든 그리스도인의 손에 건네주고 싶다. 하지만 이 책은 이미 여러분의 손에 있으며, 나는 여러분이 왜 이 책을 읽어야 하는지 이야기하고 싶다.

이 책은 우리가 직면하고 있는 모든 문화적 문제를 빠짐없이 고찰했다. 그것은 다양성 문제, 인종 문제, 성별 문제, 이민 문제, 사회 정의 문제, 언론 문제, 언론의 자유 문제 그리고 사회주의, 다원주의, 마르크스주의에 뿌리를 둔 문제들을 다룬다. 무엇보다 슬프게도 교회와 관련된 문제 그리고 교회가 이 모든 것에 어떻게 반응하고 있는지도 다룬다.

이 책은 위에 언급한 사항에 관한 조사만이 아니라 배경을 설명하고 있다.

왜 이런 일이 일어나고 있는지 그 배경을 설명하고 있다.

우리는 우리가 어디로 향하고 있는지 모른 채 어떻게 여기에 왔을까?

지난 1년 동안 우리는 범죄 폭도들이 우리 도시를 파괴하고 건물을 불태우고 경찰에 대한 전쟁을 선포하는 것을 지켜보았다. 가장 문제가 된 것은 이 조직화된 폭도들이 우리의 기념물을 허물고 역사적인 건물을 훼손하려는 시도였다.

왜 이러는 걸까?

그것은 단지 무작위적인 시민 불복종이 아니다. 합법적인 시위가 잘못된 것도 아니다.

루처는 이러한 모든 파괴적인 행동의 배후에는 유치원에서 대학원에 이르기까지 자녀들의 마음이 새로운 마르크스주의적 '역사'로 대체되도록 세뇌하여 미국의 역사를 파괴하려는 마르크스주의자들의 결의가 있다고 설명한다. 그들은 단지 기념물을 허물고 있는 것이 아니라 우리나라가 세워진 바로 그 기초를 파괴하려고 한다. 그들은 "과거를 통제하는 사람이 미래를 통제한다"라는 것을 이해하고 있다.

루처는 모든 세속적인 문화적 표현의 뿌리로 거슬러 올라간다. 이러한 것들은 자연 발생적으로 일어나고 있는 것이 아니라 '조율'되었다. 그들은 무작위로 발생하는 것이 아니다. 그것들은 모두 미국의 파괴를 위해 신중하게 제작된 각본과 서곡의 일부다.

마지막으로, 이 책은 단지 무슨 일이 일어나고 있는지 검토하고 왜 일어나고 있는지 설명하는 것을 넘어서 지금 일어나고 있는 일에 대응할 것을 권고한다.

루처는 묻고 있다.

"가장 큰 소리로 외치는 사람들이 논쟁에서 승리하는 문화에서 어떻게 용기있게 살 수 있을까?

기독교가 세속화된 문화에 더욱 편안하게 혼합되도록 공개적으로 재편되고 있는 시대 속에서 우리는 어떻게 살아야 할까?"

다음은 여러분과 나와 주님의 이름을 부르는 모든 사람을 위한 루처의 희망적인 답변이다.

> 나는 우리에게 불길에서 벗어나지 않고 불을 향해 걸어갈 용기를 갖도록 영감을 주고 싶다. 하나님은 우리를 이 문화적 순간으로 인도하셨고 우리의 미래는 당연한 것으로 받아들여질 수 없다. 이미 말했듯이 보편적인 속임의 시대에 진실을 말하는 것은 혁명적인 행위다.

이 책을 기도하는 마음으로 주의 깊게 읽으시기를 바란다. 메모하고, 핵심 구절을 강조하고, 여백에 쓰기를 바란다.

그리고 마침내 진리가 당신의 생각과 마음을 사로잡을 때, 침묵하지 않기를 바란다!

저자 서문

예수님의 놀라운 답변

어윈 W. 루처(Erwin W. Lutzer) 박사
전 Moody Church in Chicago 담임목사

제자들이 예수님께 흥미로운 질문을 하였다.

> 어떤 사람이 여짜오되 주여 구원을 받는 자가 적으니이까(눅 13:23).

여러분은 얼마나 많은 사람이 구원을 받고, 얼마나 많은 사람이 그것을 잃을지 궁금하지 않은가?

우리는 마침내 모든 족속과 나라에서 무수히 많은 사람이 구속받을 것을 알고 있다

> 이 일 후에 내가 보니 각 나라와 족속과 백성과 방언에서 아무도 능히 셀 수 없는 큰 무리가 나와 흰옷을 입고 손에 종려 가지를 들고 보좌 앞과 어린 양 앞에 서서(계 7:9).

그러나 이 무리는 인류의 일부일 뿐이다. 더 구체적인 숫자와 비율을 알고 싶다. 종종 그분의 습관처럼 예수님은 그 질문에 직접 대답하지 않으셨다. 오히려 그분은 경고하셨다.

> 좁은 문으로 들어가기를 힘쓰라 내가 너희에게 이르노니 들어가기를 구하여도 못하는 자
> 가 많으리라 집 주인이 일어나 문을 한 번 닫은 후에 너희가 밖에 서서 문을 두드리며
> 주여 열어 주소서 하면 그가 대답하여 이르되 나는 너희가 어디에서 온 자인지 알지 못
> 하노라 하리니(눅 13:24-25).

산상수훈에도 똑같은 두려운 진리가 나타난다. 예수님은 구원받기 원했던 많은 사람이 실제로는 잃어버릴 것이며 천국으로 가는 문이 좁다고 단언하셨다. 멸망으로 인도하는 문은 크고 그 길이 넓어 그리로 들어가는 자가 많다고 하셨다(마 7:13). 분명히 구원받을 사람보다 잃을 사람이 더 많을 것이다.

그러나 오늘날 복음주의자들은 기독교를 보다 포괄적인 종교로 재탄생시켜야 한다는 요구를 받고 있다. 좁은 문을 더 넓게 만들고 선의를 가진 다른 종교인들의 구원관을 긍정하기 위한 광범위한 노력이 있다. 소위 진보적인 그리스도인들은 사랑과 연민의 가치 아래 그들의 사업을 발전시킨다. 그 과정에서 기독교의 불변의 진리는 재정의되거나 무시된다.

나는 연민 없는 진리와 겸손 없는 의로움을 고수하는 비판적인 기독교의 형태에 반대한다. 나는 듣지 않고 판단하며, 우리 자신을 돌아보지 않고 다른 사람의 결점을 보는 기독교의 한 형태에 반대한다. 나는 목사로서 상처받고, 혼란스럽고, 도움을 청할 곳을 모르는 사람들에 대해 가슴이 아프다. 우리 교회는 억압받는 자, 소외된 자, 외로운 자를 위한 성소가 되어야 한다. 교회는 영혼을 위한 병원이 되어야 한다.

그러나 나는 현대 기독교의 많은 부분이 삶의 많은 영역, 특히 성의 문제에서 문화에 복종하는 것을 본다. 기독교가 호소력을 갖는 유일한 방법은 더욱더 포괄적이며 확실하게 이정표를 옮기는 것이라고들 한다. 나는 우리 문화가 우리의 생각에 영향을 미치고, 심지어 그것이 우리 자녀들을 양육하도록 허용하는 것이 두렵다. 우리는 이제는 "온전한 하나님의 뜻"(행 20:27)에 순종하지 않는다. 우리는 그것을 되찾기 위해 문화를 받아

들이거나 묵인해야만 한다고 생각한다.

알리스테어 베그(Alistair Begg) 목사는 자신과 아내가 고속도로에서 운전 중 겪은 일을 들려주었는데, 그는 아내에게 해가 잘못된 방향으로 지고 있다고 말했다. 그는 잠깐 그들이 방향을 놓쳐 남쪽이 아닌 동쪽으로 향하는 고속도로에 있다는 것을 알기 전까지는 이 이상한 현상을 어떻게 해석해야 할지 몰랐다.

오늘날 많은 사람이 자신의 판단을 참고로 삼고 있다. 그들은 자신이 가고 있는 방향이 옳다고 확신하고 문화에 대한 그들의 접근 방식을 다시 생각해 보라고 요구한다. 그들은 잘못된 길로 나아가고 있는데도 말이다.

빈번하게 연민은 우리의 더 나은 판단을 무시하고 경건하지 않은 생활 방식을 승인하는 데 사용된다. 우리는 누군가의 기분을 상하게 할까 두려워 믿음에 대한 증거를 제시하지 않는다고 자신에게 말한다. 우리는 비판적이 아닌 착한 사람으로 여겨지기를 원하기 때문에 정치적, 도덕적 쇠퇴에 직면해 침묵한다. 우리는 사람들에게 천국으로 들어가는 길이 좁고 예수님을 따르는 데에 대가가 있음을 알리고 싶어 하지 않는다.

기독교 시인 바실리 주콥스키(Vasily Zhukovsky)는 이렇게 썼다.

> 우리는 모두 견딜 수 있는 십자가를 가지고 있으며, 우리에게 더 잘 맞는 다른 십자가를 찾기 위해 끊임없이 시도하고 있다.[1]

우리는 더 가벼운 십자가를 찾고 있다.

나는 이 책을, 진리를 옹호하며 여전히 사랑하고, 신랄한 비판을 당할 가능성에도 불구하고 자신을 그리스도의 십자가와 동일시하며 그것을 명예의 훈장이라고 생각하는 사람들에게 바친다. 나는 이 책을 이 땅에서 인정받는 것보다 천국에서 인정받는 것이 중요하다고 확신하는 모든 사람에

---

1   Robert Payne, *Life and Death of Lenin* (New York: Simon & Schuster, 1964), 209.

게 바친다. 나는 복음에 대해 건성으로 헌신하는 날이 끝나야 한다고 믿는 모든 사람에게 이 책을 바친다.

우리는 이 어두어져 가는 세상에서
그 어느 때보다 더 밝게 빛날 수 있도록
기도해야만 한다.

구원받을 사람이 소수일까 다수일까?

예수님은 우리와 함께 걷는 사람이 적더라도 염려하지 말고, 항상 우리가 좁은 길을 걷고 있는지 확인하라고 하셨다. 더 가벼운 십자가를 찾기 위해 시간을 낭비하지 말자. 누군가는 "용기 없는 기독교는 문화적 무신론"이라고 했다.

이 책에서 나는 우리 국가 담론의 대부분을 지배하는 인종차별의 분열적인 문제를 포함하여 우리에게 불리하게 작용하는 몇 가지 문화적 경향에 대해 조명하고자 한다. 나는 또한 교회가 초점을 유지하고, 우리가 믿는 복음이 우리가 문화를 보는 방식과 서로를 대하는 방식에 영향을 미친다는 것을 이해하도록 격려하려고 노력한다. 그리고 역풍에도 불구하고 우리는 천국의 해안을 향해 계속 노를 저어야 한다.

우리가 이 중요한 역사의 순간에 그리스도를 대리하도록 부름을 받은 것은 참으로 중요한 특권이다!

우리는 이런 시기에 부름을 받았다. 그리고 우리는 이 어두워져가는 세상에서 그 어느 때보다 더 밝게 빛날 수 있도록 기도해야 한다.

역자 서문

변명할 수 없는 우리의 침묵

모 영 윤 작가

이 책은 모든 그리스도인과 교회 지도자, 교사, 신학교에서 가르치는 분과 학생, 자녀를 가진 학부모, 국가의 장래를 염려하시는 분은 좌우를 막론하고 반드시 읽어야 할 책이라고 감히 말씀드릴 수 있다. 이 책과 함께 저자의 다른 책 『국가가 하나님을 잊을 때』, 『히틀러의 십자가』 그리고 『바벨론 교회를 바라보라!』를 같이 보면 우리가 처한 현실을 이해하는 데 더욱 도움이 될 것이다.

국가가 하나님을 잊을 때, 국가적인 재앙이 온다. 지역이 하나님을 잊을 때 지역에 재앙이 닥친다. 개인이 하나님을 잊을 때 개인의 멸망이 닥친다. 불이 날 때까지 "불이야"라는 외침은 없지만 경고는 계속되고, 갑자기 일어나 피할 수 없다. 무서운 말씀이 있다.

> 그들은 전에 노아의 날 방주를 준비할 동안 하나님이 오래 참고 기다리실 때에 복종하지 아니하던 자들이라 방주에서 물로 말미암아 구원을 얻은 자가 몇 명뿐이니 겨우 여덟 명이라(벧전 3:20).

홍수 전 인구는 수명과 기간을 고려하여 40억 명으로 추산하기도 한다. 그렇다면 노아 때 홍수에서 40억명 중 8명만 구원을 받은 것이다. 현재 인구는 80억명이다.

만약 지금 종말이 온다면, 몇 명이나 구원을 받을까?

당시와 지금의 상황은 얼마나 다를까?

예수 그리스도께서 이 땅에 계신 당시에, 제사장과 서기관 그리고 장로들이 예수 그리스도를 십자가에 못 박게 했다. 우리도 역시 하나님의 아들을 다시 십자가에 못 박을 수 있다는 강력한 경고가 있다(히 6:4~6 참조).

물론 하나님은 경륜에 따라 마침내 독생자를 보내시고 흠도 티도 죄도 없는 어린양이 이미 죽은 자들과 당시와 미래의 모든 인류의 죄를 지시고 십자가의 희생을 통한 구원 계획을 완성하셨다. 방주는 마련되었다.

누가 이 방주에 승선할 것인가?

노아의 방주를 닫으신 분은 하나님이시며, 방주가 닫히자 더 이상 승선은 불가능했다.

나라마다 다르지만, 예수 그리스도를 믿지 않거나 믿지 못하거나 심지어 복음을 듣지 못한 사람들이 많다. 물과 성령으로 거듭나야만 하나님 나라에 들어갈 수 있지만, 성령의 역사를 부정하거나 훼방하거나 모독하는 일이 만연하고 있다. 주님은 말씀하신다.

> 너희가 입술로는 나를 경배하지만 마음은 내게서 멀구나(마 15:8).

복음을 전하라, 예배를 드려라, 기도하라는 마음속 울림을 외면하고 핑곗거리만 찾는다. 분명히 나쁜 습관은 하나님의 말씀과 뜻에 반하는데도 도무지 붙들고 놓지 않으려고 한다.

나의 구원은 정말인가?

> 너희는 믿음 안에 있는가 너희 자신을 시험하고 너희 자신을 확증하라 예수 그리스도께서 너희 안에 계신 줄을 너희가 스스로 알지 못하느냐 그렇지 않으면 너희는 버림 받은 자니라(고전 13:5).

그렇다. 한 번 구원이 영원한 구원이 아니다.

루처 목사님은 현시대 세상의 부패와 교회 타락의 메커니즘과 과정을 그의 저서 『국가가 하나님을 잊을 때』, 『히틀러의 십자가』 그리고 『바벨론 교회를 바라보라!』에서 충분히 보여 주었다. 그러나 이 책은 더욱 선명하고 담대하게 보여 준다. 그는 미국 좌파의 정체를 가감 없이 밝힌다. 이 책을 읽으면 미국 좌파가 하는 일이 국내 좌파와 다름없고, 온 세상의 목표가 무엇인지 분명해질 것이다. 우리에게는 '진실화해를 위한 과거사 정리 기본법'이 있다.

시대적 상황이 다른 현실에서 공정한 위원들로 공정한 역사적 평가뿐만 아니라 법적인 평가가 가능한가?

육사에 흉상을 세운 것과 옮기는 것에 대한 논쟁이 격렬하다. 중국에 귀화한 음악가의 공원을 만들겠다거나 반대한다는 논쟁이 첨예하다. 만들겠다는 사람은 철 지난 이념 논쟁으로 치부한다. 그러나 육사의 흉상은 그보다 앞선 민족적 수난을 안긴 일제의 침략에 대한 반일 정신을 강조한다. 미국도 건국일로 논쟁 중이고 우리도 그렇다. 육사 교과 과정에서 6.25 전쟁사는 필수에서 선택으로 바뀌었다. 세계화를 주창하지만 민족주의에 갇혀 있다.

탈북민들은 이구동성으로 말한다. 중국에 갔더니 딴 세상이었는데 대한민국에 오니 천국이었다. 결국, 북한은 지옥이라는 것이다. 체제 논쟁은 의미 자체가 없을 것이다. 공산주의나 사회주의는 망했는데, 문화막시즘, 진보라는 이름으로 숨 쉬고 있다.

코비드-19 기간 정부는 과학이 무시된 정치방역을 하였고, 정부 부채는 갑자기 408조가 늘었다. 교회는 표적이 되었고, 예배는 중단시켰다. 발열 환자에 대한 대학병원의 문진표에는 "교회 출석하거나 교인과 대면하였습니까"라는 질문까지 있었다. 공연장을 다녀왔는지, 지하철을 탔는지에 관한 질문은 없었다. 대면 예배와 온라인 예배라는 신조어가 생겼다. 나아가 일부 교회는 자발적으로 예배를 중단했다. 그리고 그 기간에 대면 예배를 드러서 많은 교인이 떠났다고 한탄하면서 이제는 온라인 예배도 예배라고 주장하는 사람도 있다.

정말일까?

대선 직전 터진 가짜뉴스로 온 나라가 시끄럽다. 방송사들은 사과문을 냈다. 그런데도 한편에서는 언론을 장악한다고 소리친다. 편파를 넘어 노골적으로 가짜뉴스를 의도적으로 내보내고도 말이다. 이제 언론, 사법부, 문화계의 카르텔은 은밀하지도 않다. 극우라는 말이 다시 등장하고 있다.

올바른 생각을 말하면 극우가 될까?

그렇게 말하는 사람이 너무 멀리 좌로 가서 그렇게 보이는 것은 아닌가?

아니면 알면서 그렇게 말하는 걸까?

좌파가 그토록 원했던 지방자치제는 지역 균형발전이나 화합은커녕 정치적으로 작은 땅덩어리를 갈기갈기 찢어 놓았고, 특정 정당들의 숙주처럼 되었다. 조지 오웰의 『동물농장』에 동물들은 삶이 더욱 팍팍해졌지만 이렇게 말한다.

"그래도 우리는 인간의 지배는 안 받잖아!"

텔레비전을 켜면 드라마에서 부자연스러운 동성애가 한 장면씩 등장한다. 보호본능과 동정심을 유발하려는 것이다. 우리들 대다수는 이제 양성평등을 외치던 페미니즘은 구호일 뿐, 진실은 막시즘, 사회주의, 레즈비언주의, 기독교 페미니즘이 장악하고 활개를 치고 있음을 모른다.

기독교 페미니즘은 더 가관이다. 성경의 남성은 하나님조차도 참을 수 없다. 하나님 아버지는 어머니로, 예수 그리스도는 소피아로 대체하고 바꾼다. 그것은 더 이상 성경도 아니고 그리스도인도 아니고 한낱 이단일 뿐이다. 현란한 정치적 수사로 단어의 의미를 재정의하고 정당화해 많은 사람이 현혹되었다.

소위 '포괄적 차별금지법안'은 2008년 노회찬 의원이 대표 발의한 이래로 17, 18, 19, 21대에 끊임없이 발의되고 있다.

차별금지는 이미 각 법에 규정했음에도 왜 이런 포괄적 법안이 필요할까?

여타의 법안은 성적 지향과 성별 정체성, 소위 동성애 차별금지를 하지 않기 때문이다. 그렇다. 이 법안의 유일한 목적은 동성애 차별금지와 지원을 담고 있으며, 감히 반대하는 사람은 가차 없이 중벌을 부과해서 이성애자와 이를 고수하는 교회의 입을 다물게 하려는 것이다. 이 법이 통과되면 도덕은 도미노처럼 무너질 것이다. 단순히 동성애가 죄라고 하는데 머물지 않을 것이다. 모든 죄에 대한 어떤 발언도 처벌의 대상이 될 것이다.

현재 계류 중인 법안은 듣는 사람의 기분을 상하게 하면 처벌의 대상이 될 수 있다. "그것은 죄야"라는 말 한마디에 3천만 원이 부과될 수 있다.

"소수를 위해 다수는 언론 자유를 포기하라!"

그들은 자신을 민주주의자라고 한다. 이러한 일에 항상 등장하는 것이 국제화와 유엔의 권고, 유네스코의 정책이라고 강변한다. 지난 15년간 이 법안에 서명한 국회의원을 분석하면 총 102명 중 개신교 36퍼센트, 천주교 31퍼센트로 총 67퍼센트가 기독교인이다. 장로와 목사도 그 배를 탔다. 나는 그들이 회개했거나 하기를 바랄 뿐이다. 정당별로는, 민주당 72퍼센트, 민노당, 통진당 정의당이 24퍼센트를 차지하고 있다.

자의든 타의든 그리스도인으로서 부조리함은 분명한데, 교회와 정치의 분리라는 명분 뒤에 숨을 것인가?

그리스도인은 두 가지 이유로 '포괄적 차별금지법안'에 동의할 수 없고 그러한 법안을 제안하는 사람을 지지할 수 없고 그 대열에 동참하지 않을 것이다.

첫째, 하나님이 진노하시는 죄를 법적으로 용인한다고 해서 그것이 면죄부가 되는 것은 아니기 때문이다. 그뿐만 아니라 복음의 길이 완전히 끊길 것이며, 그것은 하나님의 뜻에 반하는 것이다.

둘째, 우리가 육신을 입고 있는 동안 우리 역시 이 땅의 주권을 가진 자로서 국가의 도덕성이 무너짐으로 인한 현재와 다가올 미래세대의 재앙을 방치해서는 안 된다.

우리는 동성애자를 포함한 모든 사람을 사랑해야만 한다. 하나님이 사랑하시는 세상을 우리가 증오할 수 없다. 우리의 사랑에는 전제가 있다. 고린도전서 5장 9-10을 간과해서는 안 된다. 하나님은 다윗을 "내 마음에 합한 자"라고 하셨다. 다윗도 죄를 지었지만, 자신의 죄를 인식할 때 즉시 회개했다. 동성애도 반드시 회개해야 할 많은 죄악 중에 하나다.

기억하자!

온 세상이 대항하는 표적은 창조주시다. 독생자를 희생하신 만큼(그것은 독생자의 희생만이 아니다) 그들을 사랑하신 분임에도 그렇다. 그들은 결국 사람들에게서 창조주 하나님을 지우려 한다. 우리는 이 땅에 그리스도의 국가를 건설하지 않을 것이다. 그것은 재림의 때 주님이 오시면 자연적으로 이뤄질 것이다. 우리는 잃어버린 자를 찾을 뿐이다.

공개적으로 차별금지법안에 반대하는 교회는 표적이 될 것이다. 그다음에는 침묵한 교회가 공격을 받을 것이다. 침묵은 잠깐의 시간을 벌 뿐이다. 이런 일이 일어나기 전에 외쳐야 한다.

우리는 우리 자신을 이 땅의 사람들 중의 누군가와 동일시하거나 우상으로 삼아서는 안 된다. 그것은 정체성에 혼란을 줄 것이며, 쉽게 변하지 않는 고정관념에 사로잡히게 한다. 오직 주 예수 그리스도와 동일시해야만 초점이 흐려지지 않고, 온전한 정체성을 유지할 것이다.

우리는 자기자신을 해침으로써 스스로와 싸우는 어리석은 우를 범하지 말아야 할 것이다. 우리는 더한 타락을 볼 것이다. 그것은 세상의 관점에서 정상적일 것이다. 우리는 세상을 적대시하고 분노할 이유는 없다.

진노하시는 하나님의 말씀을 보자.

하나님을 알되 하나님을 영화롭게도 아니하며 감사하지도 아니하고 오히려 그 생각이 허망하여지며 미련한 마음이 어두워졌나니, 스스로 지혜 있다고 하나 어리석게 되어, 썩어지지 아니하는 하나님의 영광을 썩어질 사람과 새와 짐승과 기어다니는 동물 모양의 우상으로 바꾸었느니라. 그러므로 하나님께서 그들을 마음의 정욕대로 더러움에 내버려 두사 그들의 몸을 서로 욕되게 하게 하셨으니, 이는 그들이 하나님의 진리를 거짓 것으로 바꾸어 피조물을 조물주보다 더 경배하고 섬김이라 주는 곧 영원히 찬송할 이시로다 아멘이 때문에 하나님께서 그들을 부끄러운 욕심에 내버려 두셨으니 곧 그들의 여자들도 순리대로 쓸 것을 바꾸어 역리로 쓰며. 그와 같이 남자들도 순리대로 여자 쓰기를 버리고 서로 향하여 음욕이 불 일듯 하매 남자가 남자와 더불어 부끄러운 일을 행하여 그들의 그릇됨에 상당한 보응을 그들 자신이 받았느니라또한 그들이 마음에 하나님 두기를 싫어하매 하나님께서 그들을 그 상실한 마음대로 내버려 두사 합당하지 못한 일을 하게 하셨으니. 곧 모든 불의, 추악, 탐욕, 악의가 가득한 자요 시기, 살인, 분쟁, 사기, 악독이 가득한 자요 수군수군하는 자요 비방하는 자요 하나님께서 미워하시는 자요 능욕하는 자요 교만한 자요 자랑하는 자요 악을 도모하는 자요 부모를 거역하는 자요 우매한 자요 배약하는 자요 무정한 자요 무자비한 자라그들이 이같은 일을 행하는 자는 사형에 해당한다고 하나님께서 정하심을 알고도 자기들만 행할 뿐 아니라 또한 그런 일을 행하는 자들을 옳다 하느니라(롬 1:21–31).

한류로 온 세계가 들썩이고 있다. 우리는 유럽이나 미국 사회를 따라갈 것이 아니라 건전한 문화를 고수함으로써 진정한 한류를 전파하며, 세계를 선도하는 일류 국가가 되기를 소망한다.

수고하고 무거운 짐 진 자들아 다 내게로 오라 내가 너희를 쉬게 하리라(마 11:28).

죄악된 마음을 찢고(욜 2:13), 하나님의 말씀을 마음(heart)과 뜻(soul)에 새기고(신 11:18), 온 마음과 뜻을 다해 하나님을 찾자(대하 22:19). 온 마음과 뜻을 다해 하나님께로 돌아가자(왕상 8:48). 온전한 마음과 기쁜 뜻으로 하나님을 섬기자(대상 28:9). 마음을 다하고 목숨(soul)을 다하고 뜻(mind)을 다하고 힘(power)을 다하여 주 하나님을 사랑하자(막 12:30). 그리하면 하나님께서 우리의 마음(heat)과 생각(mind)을 지키시고(빌 4:7), 생명을 얻게 하실 것이다(신 30:6).

번역을 맡겨 주신 기독교문서선교회 대표 박영호 목사님과 출판을 위해 수고하신 모든 분께 하나님의 축복을 바라며, 기꺼이 귀중한 추천사를 써 주신 (사)한국교회연합 대표회장 송태섭 목사님과 대한예수교장로회(예장) 총회장 심하보 목사님께 깊이 감사드립니다. 또한, 기도와 응원을 아끼지 않는 사랑하는 아내에게 감사드립니다.

우리를 사랑하시고 독생자를 내어 주신 하나님 아버지께, 우리를 위해 기꺼이 우리 죄를 대신 지고 십자가 고난을 겪으시고 죽으시고 부활하셔서 하늘 보좌 우편에서 응원하시는 우리 구주 예수 그리스도와 우리 안에 내주하시는 보혜사 성령님께 감사와 영광을 드립니다.

제1장

우리가 어떻게 여기에?

세속적인 좌파들은 미국은 고칠 수 없다고 믿는다. 그들은 미국은 파괴되어야만 한다고 말한다.

그들은 과거 미국 그리스도인들의 잔해 위에 새로운 미국이 등장할 것이며, 이것이 가난, 인종차별, 백인우월주의(Ku Klux Klan)로부터 자유로워질 것이라고 말한다. 그들의 목표는 모든 사람이 그들이 제시하는 조건에 따라 평등한 미래이며, 과거의 불평등은 역사책에서나 읽게 된다는 것이다. 이 유토피아적 비전에 저항하는 사람들은 과거의 실수를 인정하고 세속적인 좌파의 미래에 대한 큰 희망을 포용할 때까지 비난받고 괴롭힘과 수치를 당해야 한다고 한다.

지난 20년 동안 미국에서 무슨 일이 일어났는지 잠시 생각해 보라. 우리 공립학교에서는 점점 더 성적으로 노골화된 교육과정을 받아들이고 있다. 인종 분열을 자극하는 데 전념하는 자칭 사회 정의 전사들의 인종적 수사법을 들어 보라. 기독교 대학들이 결혼에 대한 성경적 입장을 타협하고 LGBTQ(Lesbian, Gay, Bisexual, Transgender, Queer[레즈비언, 게이, 양성, 성전환자, 퀴어]) 의제에 항복하도록 강요하는 새로운 법을 살펴보라.

남자들도 아이를 낳을 수 있고 생리를 할 수 있으므로 '주기적 형평성'을 위해 싸워야 한다고 말할 날이 올 것이라거나 또는 여장남자들이 공공도서관에서 아동들에게 동화를 읽어 주도록 허용해야 할 것이라고 누가 믿었겠는가?

이런 종류의 성적인 사고와 행동은 다른 사람들을 희생시키면서 선택된 소수에 대한 개인의 권리를 지나치게 강조하는 것에 집착하는 나라에서 급속히 확산되고 있다.

무제한 이민을 옹호하는 정책이나 기후 변화에 대처하기 위한 전면적인 제안과 같은 우리 시대의 많은 사회적 문제에 대해 진정한 대화를 나누기 조차도 어렵다. 아니면 인종차별에 관한 문제, 사회 문제에 대한 세속적인 좌파 급진주의자들의 관점에 의문을 제기하는 것은 증오스럽고, 편협하며, 인종차별적이라고 비난받는다.

만약 그리스도인이 좋은 시민으로 남기를 원한다면, 기독교의 낡은 견해는 자신에게만 간직해야 한다는 말을 듣는다. 우리가 전통적인 결혼과 성별에 대한 올바른 이해를 옹호하는 것에 대해 당혹감을 느끼게 한다. 헤드라이트에 걸린 사슴처럼 우리는 무엇을 해야 할지, 성경에 충실한 대가를 치를 용의가 있는지조차도 잘 모른다. 우리는 수치를 당하지 않기 위해 침묵한다.

고(故) 해돈 로빈슨(Haddon Robinson) 박사에 따르면, 과거 미국 그리스도인으로서 우리는 항상 안방에서 우위를 점했다. 우리는 관중 속에 우리를 반대하는 다른 팀의 사람들이 있다는 것을 알고 있었지만, 더 큰 경기장에서 관중은 우리 편이거나 최소한 우리의 증언에 무관심했다.

이제는 모든 것이 바뀌었다. 이제 우리는 모든 게임을 적의 경기장에서 해야 한다. 다양한 문화는 관중석에 앉아서 우리에게 증오스러운 별명을 외치며 우리의 패배를 기뻐한다. 이제 우리 편은 소수다. 그리고 전용 관람석의 엘리트주의자들은 이제 그들을 응원하고 있다.

하지만 여기 좋은 소식이 있다!

우리가 경기장에 있다는 것에 대해 하나님께 감사하자. 그리고 우리는 벤치에 있는 모든 사람을 초대해서 멋진 마지막 경주를 해 보자. 우리는 우리가 알고 있는 것보다 이 순간을 위해 더 많은 준비가 되어 있다. 하지만 우리는 우리를 반대하는 홈팀에 대해 더 잘 이해해야만 한다.

1. 성장하는 문화막시즘의 그림자

　강력한 문화 흐름은 언론 자유의 억제, 정부 통제 강화, 인종 갈등 증가, 기독교에 대한 적대감 등 '정치적 올바름'의 강을 만들었다. 이러한 전통적인 미국의 가치에 대한 공격을 이끄는 것은 마르크스주의의 한 형태로, 많은 대학에서 널리 가르치고 있으며, 엘리트주의자들에 의해 우리 사회의 불평등과 그것들을 치유하기 위한 최고의 방법과 희망을 가장 잘 설명하는 이론이라고 가정한다.

　그렇다. 놀랍게도 카를 마르크스(Karl Marx)는 여전히 무덤에서 통치하고 있다. 마르크스는 1917년 혁명 이후 러시아에 부과된 경제적, 사회적 통제가 필요한 국가 소유 이론을 도입했다. 혁명 이후, 수백만 명의 사람이 희생된 이 국가는 사유 재산을 폐지하고 억압받는 사람들에게 '평등'과 '정의'를 가져다주기 시작했다. 국가 패권은 종교적 억압과 개인의 권리 억제가 필요했다.

　오늘날 우리는 '문화막시즘'이라고 알려진 것에 직면하고 있다. 그것은 사람들에게 전쟁을 강요하지는 않지만, 그 대리 문화의 점진적인 변화, 과장되고 환상적인 약속으로 인해 사람들의 마음과 정신을 점차적으로 차지하는 마르크스주의의 한 형태다. 사람들은 그것이 자신들에게 '이익'이라고 확신하기 때문에 그것을 환영한다.

　그것은 유대-기독교 도덕이 아닌 세속적인 가치에 기초한 '희망과 변화', 소득 평등, 인종 조화 및 정의를 약속한다. 그것은 배제보다는 포용을 공언하고, 성경의 제한적인 성윤리보다는 성적 자유를 증진하는 것으로 유명하다. 그것은 엄격한 종교적 전통에 의해 억제되지 않으며, 계몽된 미래에 가치가 있다고 여겨지는 진보적인 생각을 지지한다. 그것은 '사회 정의'를 약속하는데, 이 용어는 우리가 이 책의 뒷부분에서 논의할 다양한 의미를 지닌 용어다.

문화적 마르크스주의자들은 다섯 가지 문화 기관, 즉 사회적, 정치적, 교육적, 종교적 그리고 가장 중요한 한 국가의 가족의 삶을 지배하려고 한다. 그리고 우리 문화에서 무슨 일이 일어나고 있는지 관찰해 보면, 그들이 '진보'라는 이름의 무서운 방식으로 성공하고 있다고 말할 수 있다.

우리 문화에서 일어나는 일을 더 잘 이해하려면 마르크스 자신과 그의 원래 비전에 관한 더 많은 이해가 필요하다. 그는 새로운 경제, 인종 및 도덕 문화를 재건하기 전에 국가의 특정 기초 기둥을 무너뜨려야 한다는 것을 알고 있었다.

2. 핵가족의 파괴

이런 변화를 가로막는 것은 아버지, 어머니, 자녀들이 있는 핵가족이다. 마르크스는 자연법과 유대-기독교적 가치에 기초한 가정은 불평등을 낳고 탐욕과 체계적인 억압을 먹고 산다고 가르쳤다. 마르크스주의 비전인 평등이 실현되려면 그런 가족들은 해체되어야 했다.

> 법 역사상 자연법이란 인간을 포함한 그 기능을 지배하는 창조물에 부과된 신성한 원칙을 의미하며, 복종은 이익을 가져오고 불복종은 불이익의 결과를 가져온다.[1]

핵가족이 마르크스주의에 걸림돌이 되는 한 가지 이유는 부자의 자녀는 타고난 부를 누리지만 가난한 자녀는 빈곤을 겪는 경향이 있기 때문이다. 마르크스는 이것을 바꾸기로 했다. 해결책은 국가가 모든 부를 소유한다

---

1   William Blackstone, *Commentaries on the Laws of England*, vol. 1 (Oxford: Clarendon Press, 1765), 38.

면 모든 시민에게 더 균등하게 분배할 수 있으며, 불균형적인 급여와 불평등한 경제적 기회도 사라질 것이다.

카를 마르크스와 함께 『공산주의 선언문』(The Communist Manifesto)을 쓴 프레데릭 엥겔스(Frederick Engels)는 일부일처제 핵가족은 자본주의에서만 나타났다고 말했다. 자본주의 이전에 부족 사회는 계급이 없었고, 어린이와 재산은 공동체 소유였으며, 사람들은 성적 자유를 누렸다.

마르크스주의자들은 결혼 서약 내에서 남녀 사이의 성적 친밀감을 한정하는 제한은 남성의 지배력을 유지하기 위해 종교에 의해 발명되었다고 주장했다. 결혼과 같은 사회제도에 관한 가르침과 함께 하나님과 성경에 대한 믿음은 여러 형태의 억압의 원천이라는 것이다.

그리고 더 있다.

마르크스주의에서 가족은 남편은 아내를 억압하고, 자녀들은 부모에 의해 억압되는 단위로 인식한다. 이러한 억압의 집단은 해체되어야 한다. 엄마들은 집을 떠나 직장에 가담해야 한다. 그래서 마르크스가 말했다.

> 역사를 아는 사람은 누구나 '여성의 정치적 동요' 없이는 거대한 사회적 변화가 가능하지 않다는 것을 안다. 사회적 진보는 여성의 사회적 지위(추악한 것들을 포함)에 의해 정확히 측정될 수 있다.[2]

따라서 "여성의 정치적 동요" 또는 여성들의 격변은 여러 형태의 억압과 한 세대에서 다른 세대로 부를 승계하는 자본주의적 패턴으로부터 가족을 해방하는 열쇠라고 한다. 어머니는 다른 사람들이 자녀들을 양육할 수 있도록 자녀에게서 벗어나도록 권장해야 한다. 결국, 집에 머무는 여성들은 남편에게 예속되어 살면서 너무 쉽게 만족한다고 가르친다. 만약 그

---

2 Karl Marx and Friedrich Engels, *Marx and Engels on the Trade Unions*, ed. Kenneth Lapides (New York: International Publishers, 1987), 68-69.

들의 불만이 정당하다면, 그들은 기꺼이 그들의 모성 본능을 억누르고 집 밖으로 나와 일터로 나갈 것이다. 이것은 해방과 평등을 향한 발걸음이 될 수 있다고 한다.

마르크스주의자들은 어머니가 노동에 참여할 때의 이점 중 하나는 그들의 자녀가 창조론, 교회 그리고 물론 성경의 오류에 대해 배울 수 있는, 국가가 후원하는 탁아소와 학교에 맡겨질 것이라고 믿는다. 자녀들은 또한 자본주의의 악과 사회주의와 '경제적 평등'의 혜택에 대해 세뇌될 수 있다. 이것이 현실이 되기 위해서는 자녀들의 교육은 부모의 손을 떠나 국가에 넘겨져야 한다.

정부의 보장은 마르크스주의의 번창을 위해 국가에 전적으로 의존하게 만들기 위해 고안되었다. 여기 미국에서는 코로나19 대유행 이후 대규모 정부구제금융을 위해 수조 달러의 명목화폐가 전자적으로 발행되었으며, 그러한 의존성은 점점 증가하고 있다.

앞으로 우리는 더 많은 정부의 개입, 더 많은 정부의 통제 그리고 증가된 자원의 재분배를 요구할 것이라는 것을 예상할 수 있다. 이 글을 쓰는 동안에 미국 정부는 사업을 국유화하지는 않았지만, 점진적으로 경제에 대한 사회주의적 견해를 받아들이는 방향으로 나아가고 있다.

마르크스주의는 정부가 경제를 영구적으로 통제하고 요람에서 무덤까지 재정적 안정을 제공할 것이라고 한다. 의료서비스, 보장된 임금 및 가격 통제, 무료 대학 등록금, 보장된 안락한 은퇴, 이 모두는 더 큰 의제의 일부분이다. 마르크스주의는 정부에 의한 계획 경제를 제안하고, 결국 하나님이 부여한 권리를 국가의 권리로 대체해야 한다고 말한다.

3. 억압은 역사의 핵심

1) 피해자학 입문

마르크스주의자들이 무산노동자 계급의 현실적이고 종종 실제적인 불만을 활용한 것처럼, 심지어 그들의 집에서 억압받는 엄마들의 불만까지도 이용할 필요가 있다는 것을 알고 있다. 여성들은 과거 사회 규범, 전통 그리고 남성에 의한 희생자라고 한다. 이 희생자들이 반드시 유대-기독교의 과거에서 벗어나 모든 사람이 평등한 세상, 마르크스주의 이상으로 들어가게 해야 한다는 것이다.

어머니들이 잠재력을 발휘하고 싶다면 억압적인 전통적 역할을 거부하고 스스로 생계를 유지하며, 마르크스주의 국가가 가져올 번영을 만끽함으로써 평등을 증명해야 할 것이다.

다음 장에서 보여 주듯이, 인종 갈등에 대한 희생자의 강조는 화해가 목적이 아니라 서로 갈등상태를 유지하도록 하기 위한 것이다. 다양한 집단이 서로 싸우는 상황은 기존 질서를 불안정하게 하고 정부 통제와 마르크스주의 가치의 새로운 시대를 여는 문화혁명을 일으키려는 큰 목표를 위해서 필수적인 것이다. 공통점과 상식적인 해결책을 찾기보다는 인종 관계의 발전을 방해하기 위한 불가능한 요구가 부가된다.

마르크스가 억압이 종종 끔찍한 방식으로 존재한다는 것을 지적한 것이 반드시 틀렸다고 생각해서는 안 된다. 하지만 그의 해결책은 완전히 잘못되었고, 파괴적이다. 그는 이 문제를 계층 간의 외부적인 체제적 억압으로만 간주하고, 원죄와 개인의 책임에 대한 성경적 교리를 무시함으로써 추종자들을 끝이 없고, 해결되지 않은 갈등의 길로 이끌었다.

역사적으로 마르크스주의가 정권을 쟁취했을지라도, 그것은 수백만 명의 목숨을 희생하는 것을 통해서였고, 그 후에는 억압의 체제를 세웠다. 그것은 자신들이 해방하겠다고 약속한 억압보다 훨씬 더 가중된 억압을 가진 체제였다. 이 책의 뒷부분에서 우리는 그러한 실패에 대해 더 자세히 논의할 것이다.

그런데도 카를 마르크스에 대해 아무것도 모르는 많은 사람이 마르크스주의 의제를 진전시키려 한다. 예를 들어, 단순히 치안 유지와 '나쁜 경찰'을 근절시키려는 공정성을 주장하기보다는, 이 운동은 기존의 사회 질서를 불안정하게 하려고 경찰력을 무력화시키려 한다. 그들은 무정부 상태가 자본주의와 서구 문화를 파괴하는 중요한 단계라는 것을 알고 있다.

마르크스주의자들은 학교가 대안적 사회관을 반영하도록 교육과정을 변경해야 한다고 주장하고, 서양 작가들이 쓴 작품은 거부되어야 하고, 기괴한 행동은 정상으로 여겨져야 하며, 사회주의의 필요성이 강조되어야 하고, 그들과 반대되는 견해는 수치를 당해야 한다고 주장한다. 오직 희망은 '정치적 올바름'으로 친마르크스주의 정치인에 의해 통제되는 미래 세대가 마르크스주의 비전을 받아들이리라는 것이다.

성적 금기, 전통적인 성 역할 및 자연법으로부터의 자유는 인종적, 경제적 평등을 가져와 결국 현실에 안주하며 억압받는 사람들을 해방할 것이다. 일단 그런 지도자들이 책임자가 되면 그러한 개혁이 시작될 것이라고 한다.

그리고 오늘날 이 의제에 전념하는 조직이 있다. 우리는 흑인의 생명이 중요하다는 데 전적으로 동의한다. 사실 모든 흑인의 생명도 중요하지만 이런 구호를 사용하여 형성된 조직은 마르크스주의 이념에 의해 촉진되는 실제 의제를 숨긴다. 예를 들어, 그들의 웹사이트에서는 이렇게 말한다.

> 우리는 서로를 확장된 가족과 공동체로 지지함으로써 서구에서 요구하는 핵가족 구조를 파괴한다. … 우리는 동성애를 용인하는 네트워크를 육성한다.[3]

---

3 "What We Believe", *Black Lives Matter*, https://blacklivesmatter.com/what-we-believe/.

그리고 BLM(Black Lives Matter, '흑인의 생명도 소중하다'는 뜻으로 아프리카계 미국인을 향한 폭력과 제도적 인종주의에 반대하는 사회운동-역자 주)의 공동 창립자 중 한 명은 이렇게 고백했다.

우리는 훈련된 마르크스주의자다.[4]

분명히 BLM이 모든 흑인 미국인을 대변하지는 않지만, 조지 플로이드 (George Floyd)의 잔인한 살인 이후 광범위한 국가적, 정치적 지지를 얻었다. 그것을 지지하지 않는 사람들은 종종 인종차별주의자로 비난받는다.

우리가 이 책 뒷부분에서 나중에 다루게 될 용어인 '평등'과 '정의'라는 이름으로 다양한 변화가 요구된다. 그 가족 구조를 무너뜨리는 데 도움을 준 사람의 영향력을 추적하기 위해 잠시 멈춰 보자.

4. 마거릿 생어가 발전시킨 의제

문화막시즘의 이상에 영향을 받은 마거릿 생어(Margaret Sanger)는 미국 가정을 변형시켜 세상을 변화시키려는 혁명가였다. 1914년 3월, 그녀는 도덕적 정치적 무정부 상태를 조장하는 「여성의 반란」(*The Woman Rebel*)이라는 신문을 발간했다. 그녀의 좌우명은 "신도 없고 주인도 없다"였다. 논문에서 그녀는 미혼모, 피임의 미덕을 선전하며 이렇게 주장했다.

---

4 Watch Black Lives Matter cofounder Patrisse Cullors' interview with Real News Network, where she revealed, "Myself and Alicia [Garza] in particular are trained organizers. We are trained Marx- ists. We are super-versed on, sort of, ideological theories." You can see the interview at https://the- realnews.com/stories/pcullors0722blacklives.

여성은 이상을 갖고, 눈을 부릅뜨고 세상을 마주할 권리가 있으며, 관습에 반하여 말하고 행동할 권리가 있다.[5]

1920년 그녀의 책 『여성과 신인류』(*Women and the New Race*)에서 여성의 반란이 세상을 바꾸리라고 예측했다. 그녀는 진화론을 믿었고, 적격자는 부적격자보다 더 많은 자녀를 가져야 한다고 믿었다. 그녀는 여성에게 문란할 자격을 부여하고 자녀를 낳을지 말지 결정할 수 있는 '생식의 자유'를 지지함으로써 여성을 해방하기 위해 노력했다.

피임은 여성이 기본적 자유를 얻는 수단인 것처럼, 그것은 여성의 복종을 통해 초래된 악을 뿌리 뽑는 수단이기도 하다.[6]

그녀의 말을 놓치지 마라. 여자는 그동안 복종함으로 초래한 악을 스스로 극복해야 한다. "다른 말로 하면, 남편에게 복종하는 것은 악한 것이었다. 즉, 자녀를 양육하기 위해 집에 머무는 것은 노예처럼 자유를 잃는 일이며. 가정은 더는 아버지, 어머니, 자녀들로 구성되지 않는다. 해방은 역할의 평등, 소득의 평등, 성적 자유의 평등을 의미한다. 그녀는 결혼과 하나님에 대한 믿음의 성경적 역할은 진부하고 해로운 것으로 간주하였다.

혼외 자녀들은 가정과 부모 또는 교회에 헌신할 가능성이 적으므로 그들은 마르크스주의 대의에 매우 도움이 될 것이다. 가족의 뿌리가 없는 아이들은 세속적 가치와 국가가 제공하는 혜택에 더 쉽게 유혹을 받는다. 국가는 그들을 위해 부모가 하지 못한 것을 할 수 있다. 소득 평등에 대한 약속과 함께 성적 자유를 무한정 허용하면 사회는 마침내 해방될 수 있다는 것이다.

5　David Horowitz, *Dark Agenda: The War to Destroy Christian America* (West Palm Beach, FL: Humanix Books, 2018), 77.

6　Margaret Sanger, *Women and the New Race* (New York: Brentano's, 1920), 5.

이런 기본 전제에서 페미니즘은 낙태운동뿐만 아니라 성혁명, 동성애 결혼 그리고 최근에는 성전환자의 행복감을 증진시켰다. 놀랍게도 1969 년 '민주사회를 위한 학생회'(Students for a Democratic Society)의 일원 주디 스미스(Judy Smith)는 다음과 같이 우리의 미래를 예측했다.

> 우리는 여성 해방에서 남성과 여성의 본질적인 차이를 부정한다 …. 우리
> 는 모두 우리의 역할을 창조한 사회에 갇혀 있다. 우리는 결혼과 모성의
> 이상에 의문을 제기한다 … [그리고] 이러한 역할과 가치를 창출한 바로 그
> 사회에 의문을 제기해야만 한다.[7]

당연히 자연법은 평등을 추구하는 과정에서 폐기되어야 한다. 이 탐구는 마르크스주의적 비전을 달성하는 데 필요한 가족의 파괴를 가져올 최우선의 주문이 될 것이다. 오늘날 우리는 평등을 위한 이 같은 추구가 두 남자 또는 두 여자가 성관계를 가질 수 있고 이러한 '조합'이 정상화되어야 한다는 개념으로 이어졌다는 것을 알고 있다. 그뿐만 아니라 두 명의 동성 남자는 전통적인 어머니와 아버지와 마찬가지로 아기를 입양하고 돌볼 수 있다.

남자와 여자는 모든 면에서 똑같다는 교리(사실 이제 우리는 남자조차도 아이를 낳을 수 있다는 소리를 듣는다)는 이제 많은 진보주의자의 마음에 스며든 신앙 개조다. 여성의 성과 남성의 성의 차이를 찬양하는 사람들은 구식이고 당연히 세상과 단절된 사람들이며, "역사의 잘못된 편"에 서 있다고 한다.

남성과 여성의 역할과 기질이 상호 교환될 수 있다는 통설에 도전하는 사람들에게는 화가 있을 것이다. 2005년에도 학술회의에서 하버드대학교의

---

7   David J. Garrow, *Liberty and Sexuality: The Right to Privacy and the Making of Roe vs. Wade* (Berkeley: University of California Press, 1998), 390.

로런스 서머스(Lawrence Summers) 총장은 왜 그렇게 수학과 자연과학 분야에서 소수의 여성만 종신직을 받느냐는 질문을 받았다. 서머스는 그 이유가 남성과 여성의 다양한 능력 차이 때문일 수 있다고 쿨하게 답변했다.

> 과학과 공학 분야에서 특수한 경우, 내재적 적성, 특히 적성의 가변성 문제가 있으며, 이로 인해 고등분야에서 적성의 다른 가용성을 초래할 수 있다.[8]

퓨즈가 켜졌다.

이 말을 들은 MIT 생물학과 교수 낸시 홉킨스(Nancy Hopkins)는 이렇게 말했다.

> 심장이 두근거리고 숨이 가빠졌다. 이런 편견 때문에 몸이 거북하고 숨이 막힐 지경이었다. 내가 그 방을 나와 버리지 않았다면 나는 기절했거나 토했을 것이다.[9]

이후 서머스는 '불신임' 투표에 의해 강제 사임할 수밖에 없었다. 내가 아는 한, 아무도 그가 틀렸다는 것을 증명하는 견고한 데이터를 제시하지 않았다. 그러나 이 책의 뒷부분에서 보겠지만, 문화막시즘의 관점에서는 현재의 정통성을 유지하기 위한 역사, 생물학 그리고 이치 같은 것은 버려야 한다. 그에 반하는 언론의 자유나 다양한 의견은 엄격히 금지되어야 한다.

---

8   Lawrence H. Summers, "Remarks at NBER Conference on Diversifying the Science& Engineering Workforce", January 14, 2005, https://web.archive.org/web/20080130023006/http://www. president.harvard.edu/speeches/2005/nber.html.
9   Sam Dillon, "Harvard Chief Defends His Talk on Women", *The New York Times*, January 18, 2005, https://www.nytimes.com/2005/01/18/us/harvard-chief-defends-his-talk-on-women.html; Marcella Bombardieri, "Summers' Remarks on Women Draw Fire", Boston Globe, January 17, 2005, http://archive.boston.com/news/education/higher/articles/2005/01/17/summers_remarks_on_women_draw_fire/.

성전환운동(이 책의 뒷부분에서도 살펴볼 것임)은 성별 구분을 더욱 세분화하고 완전히 새로운 범위의 성별 선택권을 도입했다. 그리고 이성, 도덕, 과학은 계급과 성별 구분이 없는 사회라는 마르크스주의적 비전의 유행에 따라 다시 버려질 것이다.

그리고 우리는 아직 결말을 보지 못했다. 새로운 장벽이 교차하고, 새로운 이데올로기가 개발되고, 그리스도인들에게 기꺼이 받아들이도록 강요하는 새로운 법이 제정될 것이다. 이것은 진보가 무엇인지를 보여 준다. 그리고 이것은 성경적 관점에서 보면 잘못된 방향으로 진행되고 있다.

5. 여성운동의 이점

여성운동이 가져온 모든 변화가 부정적인 것은 아니라고 말할 수 있는 좋은 일들이 있다. 일부 주에서는 이미 여성에게 투표권을 부여했지만, 미국이 국가가 된 지 거의 150년이 지난 1920년에 그 권리를 성문화한 수정헌법 제19조가 채택되었다는 사실은 이해하기 어렵다. 우리는 2020년에 이 이정표의 100주년을 기념했다. 여성을 위한 많은 개혁과 마찬가지로 이 권리는 오래전부터 있었다.

노동에 합류하는 여성은 같은 노동에 대해 같은 임금을 받아야 한다. 그리고 우리는 여성이 종종 남편뿐만 아니라 고용주와 사회의 다른 사람들에게도 피해를 보았다는 데 동의한다. 분명히 미투운동(Me Too movement)은 때때로 잘못 사용되었지만, 오래전에 일어났다. 많은 문란한 남성이 마침내 여성 학대에 대한 책임을 지고 있다는 사실을 기쁘게 생각한다. 고맙게도 교회는 많은 가정에서 간과하거나 용인해서는 안 되는 학대가 있다는 사실을 깨달았다. 여성이 발언권을 가질 때다. 그리고 우리는 그리스도인으로서 가장 잘 청취했다.

성경은 성별의 가치는 동등하지만 역할은 다르다고 가르친다. 창조의 요구는 결혼과 가족과 관련하여 남성과 여성에 대하여 독특하고 보완적인 역할을 명시한다. 이러한 역할의 정확한 성격은 계속 논의하겠지만, 어머니와 아버지가 함께 아이들을 양육해야 한다는 것은 분명하다. 이상적인 것은 성경적으로 말하면 아버지가 일하고 공급하는 것이지만, 오늘날의 상당한 경제적 압박과 미혼 부모나 다른 어려운 가족 시나리오의 경우 그것이 항상 가능한 것은 아니다.

성경적 패턴을 따르고자 하는 사람들이 평화롭게 실천할 수 있었던 때가 있었지만, 오늘날 이런 이상을 고수하고자 하는 사람들은 조롱을 받고 있다.

6. 미디어가 선도하는 문화

1) 미디어의 의제

미디어는 문화를 반영할 뿐만 아니라 문화를 이끌고 있다. 그것은 진보적이며, 우리는 따라갈 것으로 예상한다.

문화막시즘 혁명의 초점이 성, 성별, 인종에 집중될 것이라는 사실은 놀라운 일이 아니다. 결국, 이러한 주제들은 우리 삶에서 지배적인 역할을 하며 특히 젊은이들에게 인상적이다. 성은 즐거움과 성취를 약속한다. 그것의 연결과 가치의 초월적인 감정은 지속적인 희망과 환상의 원천이다. 그것은 남성이나 여성으로서의 우리의 정체성의 기초다. 성생활은 우리에게 생식의 특권과 책임 그리고 미래세대에 대한 보장을 준다. 우리는 모두 성적 존재이다.

그러나 결혼에 대한 성경적 가르침이 재정의된다면 사회 질서는 변화될 것이다. 동성애운동가들은 괴롭힘, 위협 그리고 필요할 때 폭력을 통해 그들의 의제를 발전시킬 수 있다는 것을 일찍이 학습하였다. 그러나 그들의 의제를 사랑, 수용, 포용의 언어로 은폐함으로써 높은 도덕적 근거처럼 제시될 수도 있다. 이를 위해 운동가들은 문화막시즘자들이 반복적으로 사용하는 평등이라는 단어를 강조한다.

2) 미디어 이미지의 힘

당신은 그것을 놓쳤을 수도 있다. 분명히 그랬을 것이다. 그러나 만약 당신이 2014년 1월 26일 제56회 그래미상 시상식을 보았다면, 동성 관계에 대한 찬가 〈같은 사랑〉(Same Love)을 들었을 것이다. 그 후 퀸 라티파(Queen Latifa)는 게이, 이성애자, 다문화 및 다인종 등 33개의 다양한 커플을 무대에 초대하고, 그들에게 서로 반지를 교환하라고 요청하였다. 그리고 그녀는 이렇게 선언하였다.

> 배경의 흰색 윤곽이 반짝이는 성당의 창문처럼 무지개 색깔로 빛나고 있으므로 그들은 합법적으로 결혼했다.[10]

(7인조 보이그룹 방탄소년단은 2013년 3월 16일 트윗터에 이렇게 적었다. "랩몬스터입니다. 동성애에 관한 노래. 가사를 모르고 그냥 들어도 좋지만 가사를 보고 들으면 두 배는 더 좋은 노래. Macklemore & Ryan Lewis의 Same Love를 추천합니다." -역자 주)

마돈나는 〈마음을 열어라〉(Open Your Heart)를 부르기 위해 무대에 올랐고, 커플들은 부둥켜안고 울며 노래를 따라불렀으며 관중들은 기립박수를 쳤다. 그런 다음 메리 램버트(Mary Lambert)의 〈그녀는 나를 따뜻하게 한

---

10 Robert P. Jones, *The End of White Christian America* (New York: Simon & Schuster, 2016), 112.

다〉(She Keeps Me Warm)라는 코러스와 함께 합창단이 〈고린도전서 13장〉의
첫소절을 불렀다. 물론 이것은 동성애를 금지하는 성경에 대한 공격이었
다. 로버트 P. 존스(Robert P. Jones)는 그날 밤 사건을 이렇게 묘사했다.

> 일요일 밤 2,850만 명의 미국 시청자들 앞에서 동성애자 권리에 대한 종교
> 적 반대를 위한 직접적인 도전이었다.[11]

그날 저녁, 거의 3천만 명의 미국인이 기독교의 도덕을 조롱하는 애정
표현을 지켜보았다. 일반적으로 가족이나 사회 전반에 미치는 영향은 결
코 신경을 쓰지 않았다.

가사 중 하나에서 성경은 오래전에 쓰인 책이라고 일축하면서도 사랑에
대한 언급을 강조함으로써 같은 성경을 자신들의 편의적인 방식으로 수용
하였다. 이것은 오늘날의 문화가 그들이 좋아하는 성경 일부를 자신들이
유리한 부분만 수용하고 그렇지 않은 부분을 무시할 수 있다고 믿는 방법
을 보여 주는 훌륭한 예다. 그 사고방식은 우리 모두에게 위험하다.

주류 언론은 성혁명의 시녀다. 어떤 상황에서도 동성애운동의 어두운
면, 즉 제한 없는 성생활에 대한 죄책감, 부자연스러운 육체적 관계, 동성
애 관계를 정리하고 싶거나 성전환 수술을 받은 사람들 사이에 존재하는
깊은 후회와 혼란은 절대 보도하지 않을 것이다. 이 같은 매체는 자연법의
이점과 전통적 가정이 필요한 이유가 제시되는 것을 원하지 않는다.

사실 〈월과 그레이스〉(Will and Grace)와 같은 텔레비전 프로그램은 동성
관계에 반대하는 사람들을 편협하고, 무지하며, 고약한 것으로 묘사하여
세속적인 문화를 유머러스하게 표현해 왔다. 텔레비전에서 11년 동안 성
공적으로 방영된 드라마, 〈현대 가족〉(Modern Family)은 영리한 대본과 유
머로 전통적인 가족의 흔적을 없애려고 했다.

---

11 Jones, *The End of White Christian America*, 113.

서로 사랑에 빠진 두 남자가 섹스하는 것을 누가 반대할 수 있겠는가?

우리는 더 많은 사랑이 필요하지 않나?

성혁명만이 오늘날 교회가 직면하고 있는 유일한 도전은 아니지만, 이것은 확실히 가장 중요한 도전 중 하나다. 이 책에서 우리는 사회 정의, 인종차별, 사회주의, 선전선동 등을 다룰 것이다. 그러나 우리 사회의 성적 변혁을 받아들이라는 압력은 우리 집 대문 앞에 있다. 아니면 더 정확하게, 그것은 이미 우리 안방을 침범했다.

7. 우리에게 닥친 불길한 선택

1) 맞설 것인가, 타협할 것인가?

로버트 P. 존스는 그의 저서 『백인 기독교 미국의 종말』(*The End of White Christian America*)에서 보수적인 그리스도인들이 직면하고 있는 도전에 대해 다음과 같이 묘사하고 있다.

> 위태로운 것은 단지 정치적 논쟁의 결과만이 아니다. 보수적인 종교 단체들의 미래는 그들이 한계 상황에서 새로운 주류 언론을 향해 얼마나 적극적으로 항해할 것인가 하는 그들의 의지에 달려 있다. 동성 결혼에 대한 강한 반대에서 멀리 벗어나기 위해서는 심각한 정체성 위기가 촉발될 수 있으며, 현재 고령화된 지지 기반에서 지원을 잃게 되는 위험이 있다. 반면 재평가를 거부하는 것은 보수적인 종교 집단을 문화적 무관심으로 몰아가고 점점 더 많은 젊은이가 교회를 떠나면서 계속해서 쇠퇴할 수도 있다.[12]

---

12 Jones, *The End of White Christian America*, 133.

기본적으로 존스는 결혼에 대한 성경적 가르침을 고수하는 사람들은 '문화적 무관심'으로 내몰리는 것처럼 보이며, 이에 대한 증거는 젊은 세대가 교회를 떠나면서 교회 출석이 감소하고 있다는 것이라고 말하고 있다. 위의 인용문에서 존스는 오늘날의 그리스도인들이 직면하고 있는 도전에 대해 우리에게 설명한다.

세속주의자들은 "타인을 있는 그대로 인정하라"(live and let live)는 것에 만족하지 않는다. 그들은 다원주의와 사상의 교환에 만족하지 않는다. 그들은 단지 평등할 뿐만 아니라 지배하려고 한다. 한때 비난받았던 것을 단순히 인정받는 데 만족하지 않고 축하를 받아야 한다. 그리고 한때 축하받았던 것들은 비난받아야 한다.

그래야만 이들은 유토피아에 대한 그들의 비전이 실현되는 것을 볼 수 있을 것이다. 그들의 목표는 그들의 관점에 대한 문화의 완전한 항복이다. 반대의 목소리는 수치를 당하지 않기 위해 복종하거나 침묵하는 것이다.

믿는 사람들 일부는 교회가 동성애 의제를 받아들이지 않으면 학교는 문을 닫고 교회는 쓸모없게 될 것이라고 한다. 이미 기독교 대학들은 성경적 입장을 수정하라는 법적, 경제적 압력에 직면해 있다. 특히, 성적인 문제에 대해서는 더욱더 그렇다.

그렇다면 우리는 쓸모없게 되지 않도록 성혁명에 동참해야 할까?

그것이 일부 전문가가 우리에게 말하는 것이다. 우리가 교회로서 우리 시대의 강력한 문화적 흐름에 굴복하지 않으면, 우리는 문화 박물관의 유물이 되어 영향력과 목소리가 없는 역사적 호기심의 대상이 될 것이라고 경고한다. 다른 가능성은 역사적인 성경적 기독교를 지지하고 그 결과를 감수하는 것이다.

우리는 그 임무를 감당할 수 있을까?

8. 침묵하는 교회

교회가 나서서 높은 도덕적 기반을 장악할 때다.

우리나라의 급속한 변화를 목격한 우리 교회 구성원들은 이상하게도 침묵했다. 그리고 거기에는 그럴 만한 이유가 있다. 부끄럽게도 우리는 세속적 좌파를 두려워한다. 우리는 언론에 의해 잘못 인용되고, 특수 이익 단체에 의해 비난받고, 급진주의자들에 의해 위협받는 것을 두려워한다. 인종차별, 증오, 편견, 동성애 혐오 또는 다른 사람들에게 우리의 종교적 견해를 강요했다는 비난을 받는 것에 대한 기쁨이 없다.

나는 개인적으로 세속적인 텔레비전에서 이런 문제들에 대해 논평해 달라는 요청을 거의 받지 않아 기쁘다. 1982년, 나는 시청에서 토론을 위해 준비된 동성애 조례에 항의하기 위해 기자회견을 개최한 시카고 목사들의 일원이었다. 우리는 평소 비판을 경험했고 결국 전투에서 졌다.

나중에 무디교회의 비서 중 한 명이 나에게 온 전화를 받았다. 전화를 건 사람은 우리가 졌고 그들이 이겼다는 것을 상기시키려고 했다. 그는 내가 싸움에 휘말렸다고 꾸짖었다. 그리스도인인 우리는 우리의 구석에 머물면서 좌파들의 혁명에 경의를 표하고 기껏해야 입을 다물고 있으라는 말을 들었다.

내가 『동성 결혼에 관한 진실』(The Truth About Same-Sex Marriage)이라는 책을 썼을 때, 시위대가 무디교회의 계단에서 책을 찢으면서 저주를 외쳤다. 시위대 중 한 명은 이렇게 외쳤다.

"창문 중 하나에 벽돌을 던지고 싶다."

누가 이런 평판을 원할까?

우리가 침묵했던 또 다른 이유가 있다. 우리는 친절하고, 환영하며, 은혜 중심적이기를 원한다. 우리는 가능한 한 많은 사람에게 예수님을 구세주로 전하고 싶다. 우리가 세속 좌파의 의제에 대해 말하고 믿는 것이 공개된다면, 우리는 증오자, 은혜를 부인하는 자, 율법주의자라고 불릴 것이다. 우리

의 아주 작은 범죄도 확대하여 자세히 조사할 것이다. 우리는 급진주의자들
만큼 큰 소리로 외쳐서는 안 된다. 그래서 우리는 침묵 속으로 숨는다.

우리는 복음주의자들로서 우리의 작은 칸막이에 머물면 세속적인 문화
와 관련된 문제들을 피할 것으로 예상한다. 좌파가 승인한 경계를 넘어서
말하는 것은 굴욕과 비난을 초래할 위험이 있다. 한 무신론자가 말했듯이,
교회는 구석에 있는 한 괜찮다.

나는 이 책을 무거운 마음으로 쓴다. 여러 악한 군대가 연합하여 이스라
엘에 대항했을 때 금식을 명령한 여호사밧처럼 느껴진 것은 처음이었다.
그는 회개에 대한 필사적인 기도를 하고 하나님께 애원했다.

> 우리 하나님이여 그들을 징벌하지 아니하시나이까 우리를 치러 오는 이 큰 무리를 우리가
> 대적할 능력이 없고 어떻게 할 줄도 알지 못하옵고 오직 주만 바라보나이다(대하 20:12).

그러나 합창단이 하나님께 찬양을 부르기 시작했을 때 승리가 이루
어졌다.

분명히 모든 것을 아시고 계획하시는 주권자이신 하나님은 이 순간을
위해 우리를 준비시키셨다. 우리는 분열된 문화에서 그리스도를 대리할
준비가 되어 있다. 우리는 정확히 무엇을 해야 할지 모르지만, 여호사밧처
럼 "우리의 눈이 당신을 향하고 있다"라고 말해야 한다.

9. 이 책의 목적

목소리가 가장 큰 사람들이 논쟁에서 승리하는 문화에서 우리는 어떻게
용감하게 살 수 있을까?

기독교가 세속화된 문화에 더 편안하게 혼합되도록 공개적으로 재편성
되는 시기에 우리는 어떻게 살 수 있을까?

더 큰 파괴적인 의제에 무릎을 꿇도록 요청받을 때 우리는 어떻게 합법적인 부당함에 맞서 싸울 수 있을까?

나는 교회를 되찾는 것만큼
문화를 되찾기 위해 많은
글을 쓰지 않는다.

이 책의 목적은 우리에게 '미국을 되찾으라'고 고무시키는 것이 아니다. 우리는 동성 결혼법을 뒤집거나 성적인 규범을 파괴하는 문화의 강박관념을 고쳐시키며 우리가 공유한 역사를 지우려는 세속 문화의 집착을 막을 의지나 영향력이 없다. 군대에서 종교적 자유를 제한하는 법을 뒤집거나 가장 최근의 '성적으로 자유화된' 교과 과정을 자랑스럽게 채택하는 학교 위원회의 통제에서 공교육을 다시 되돌릴 가능성은 거의 없다.

우리는 너무 많은 단층선을 넘었다. 너무 많은 장벽이 너무 취약해서 우리나라를 침수시킨 미디어 중심의 문화적 흐름을 견딜 수 없다는 것이 입증되었다. 급진 좌파들은 자신을 좋게 만들고 그리스도인을 나쁘게 만드는 방법을 알고 있다.

나는 교회를 되찾는 것만큼 문화를 되찾기 위해 많은 글을 쓰지 않는다. 이 책은 여러 가지 목적을 가지고 있다. 가장 중요한 것은 교회가 우리의 증언을 타협하고 우리의 증언을 침묵시키려는 우리의 문화에 용감하게 맞서도록 고무시키고 싶다. 지금은 교회 벽 뒤에 숨어 있을 때가 아니라, 이미 우리에게 닥친 불길한 미래에 맞서 용감하게 서 있도록 우리 자신과 가족들을 준비할 때다. 우리는 우리 안에 있는 희망의 이유를 제시하고 '온유함과 두려움'으로 행동하는 조직과 개인들이 상호작용해야 한다.

> 너희 마음에 그리스도를 주로 삼아 거룩하게 하고 너희 속에 있는 소망에 관한 이유를
> 묻는 자에게는 대답할 것을 항상 준비하되 온유와 두려움으로 하고(벧전 3:15).

나는 예수 그리스도가 사데 교회에 말씀하신 것처럼 "남은 것을 굳게"(계 3:2) 해야 할 부담을 가진 사람을 위해 이 책을 쓴다. 나는 가족들에게 공립학교, 대학, 확장된 문화에서 자녀들이 직면하고 있는 문제를 알리려고 이 책을 쓴다. 나는 우리가 "단번에 모든 성도에게 전해졌던 믿음"(유 1:3)을 강하고 즐겁게 수호하기를 희망하며 이 책을 쓴다. 우리는 욕망에 의한 망상에서 비롯된 거짓과 진리를 분별해야 한다.

이 책은 깊은 회개를 동반한 기도의 부름이기도 하다. 지금은 우리가 하나님을 부르며 우리의 죄와 우리 교회와 국가의 죄를 고백해야 할 다니엘의 때다. 우리는 말만으로는 전진할 수 없고 행동과 결단으로, 그리고 전적으로 새롭게 하나님을 신뢰하며 나아가야 한다. 이 책은 오늘날 교회가 직면하고 있는 위협을 명확히 밝히는 것이지만, 이 정보는 순종과 연민을 동반한 하나님을 필사적으로 찾고자 하는 열망이 없으면 아무런 가치가 없을 것이다.

미국인들은 자신에 대한 의미를 찾으려고 애쓰며 그들에게 희망과 방향을 줄 하늘의 목소리를 들으려고 '신비주의 서비스 시장'에 21억 달러를 지출하고 있다.[13] 사상 전쟁에서 승리함으로써 이 거짓 문화에 맞서 싸울 수 있다고 생각한다면 그것은 우리의 착각이다. 최상의 아이디어들은 공허한 유토피아적 약속에 사로잡힌 문화에서 승리하지 못한다.

머리기사 뒤에는 기도와 회개에 이어 회개에 따른 행동으로만 맞설 수 있는 격렬한 영적 싸움이 있다는 것을 이해하는 것이 중요하다. 그래야만 이 나라에서 강력한 목소리를 낼 수 있다. 나는 우리가 직면한 역풍에 맞

---

[13] Erin Griffith, "Venture Capital Is Putting Its Money into Astrology", *The New York Times*, April 15, 2019, https://www.nytimes.com/2019/04/15/style/astrology-apps-venture-capital.html.

서려는 우리의 의지에 대해 회의적이다.

우리 자신이 문화 일부이기 때문에 확고한 상태를 유지하려는 결심을 어디에서부터 시작해야 하는지 모를 수도 있다. 우리는 물이 어디 있는지 궁금해하며 바다에서 헤엄치는 물고기와 같다. 어쩌면 우리는 죄가 우리 자신의 것이든 우리 문화에 만연한 것이든 죄를 경멸할 수 있는 능력을 잃었는지도 모른다.

10. 말벌, 칼 그리고 끔찍한 발견

조지 오웰(George Orwell)의 수필 중 하나에는 인간의 상실에 대한 이미지가 있다. 접시에서 잼을 빨아먹고 있는 말벌에 관한 이야기다.

> 말벌이 내 접시에서 잼을 빨아먹고 있었다. 나는 말벌을 반으로 잘랐지만, 말벌은 정신없이 식사를 계속했다. 절단된 말벌의 식도에서 작은 잼이 흘러나왔다. 마침내 말벌이 날아가려는 순간 비로소 자신에게 일어난 끔찍한 일을 알아챘다. 현대인도 마찬가지다.[14]

우리 사이에는 모든 것이 정상으로 보일 수 있다. 우리에게는 집, 직업, 급여가 있다. 말벌처럼 우리는 여전히 선거가 있고 법원이 있으므로 만족한다. 아직 의회와 대통령이 있다. 우리는 여전히 교회에서 복음을 전할 수 있다.

그러나 최근 우리는 정치적 논쟁과 양극화로 인해 전염병, 경제 위기, 고조된 인종 갈등에 직면했다. 오웰의 말벌처럼 우리는 세상의 성공에 취해 하복부가 잘린 줄 모르다가 날개를 펴는 순간 허리가 잘린 것을 깨달을

---

14 George Orwell, *The Collected Essays, Journalism & Letters of George Orwell, Volume 2: My Country Right or Left 1940–1943* (Boston: Nonpareil Books, 2000), 15.

때까지 우리의 진정한 상태를 인식하지 못할 수도 있다. 우리가 알고 있다고 생각한 미국은 이제는 없다. 그리고 우리 교회는 이러한 변화를 넋두리로 받아들였다.

우리는 미국의 미래를 향한 화염 속에 있다. 그러나 더 중요한 것은 우리 교회 내부도 화염 속에 있으며, 그중 일부는 이미 복음 대리 문화로 대체했다. 나는 우리에게 불길에서 도망치지 않고 불을 향해 걸어갈 용기를 갖게 하고 싶다. 하나님은 우리를 이 문화적 순간으로 인도하셨고, 우리의 미래는 당연한 것으로 받아들여질 수 없다. 이미 말했듯이 "보편적인 속임수의 시대에 진리를 말하는 것은 혁명적인 행위다."[15]

오직 회개와 믿음만이
우리의 문화적 역풍에
맞설 수 있도록 해 줄 것이다.

우리는 수치를 피하려고 침묵하지 않겠다고 결단하자. 우리는 다니엘서의 사드락과 메삭과 아벳느고처럼 말하고 절하지 않겠다고 결심하자.

---

15 이 인용은 조지 오웰에게서 기인했다고 하지만 그 명확한 출처는 확인되거나 알려지지 않았다.

11. 이 책의 배치와 용어

이 책의 앞부분에 있는 목차를 훑어보면, 좌파 문화가 미국을 재편하려는 방법에 대해 논의하는 것을 볼 수 있을 것이다. 각 장은 신자로서 이러한 도덕적, 영적 공격에 대한 우리의 응답에 대한 개인적인 격려의 말로 마친다.

마지막 장은 사데 교회에 하신 예수님의 말씀에 기반을 두고 있다.

> 너는 일깨어 그 남은 바 죽게 된 것을 굳건하게 하라(계 3:2).

나는 이것이 예수님이 오늘날 교회에 말씀하시는 것이라고 믿는다.

대부분, 나는 급진 좌파의 정치적 의미 때문에 '급진적 세속주의'라는 용어를 사용하는 것을 선호한다. 나의 관심은 정치적으로 우파나 좌파에 관한 것이 아니다. 그래서 다양한 정치적 관점에서 우리에게 부과되고 있는 문화적 변화에 대해 내가 선호하는 것은 급진적 세속주의자라는 용어를 사용하는 것이다.

또 다른 친숙한 용어인 '인본주의'를 사용한다. '급진적 좌파'라는 용어를 사용하면 이러한 경우는 다른 두 용어와 교환할 수 있다고 생각한다. 급진적 세속주의자들이 옹호하는 근본적인 철학과 태도는 우리 사회에서 너무나 지배적이어서 우리의 자유와 우리 교회의 힘에 대한 위협으로 식별하고 고려하여야 한다.

이 여정에 함께해 주셔서 감사하다. 나는 여러분이 우리 주변의 문제를 더욱 깊이 이해하고, 여러분의 믿음을 대변하는 데 더 많은 도전을 받도록 기도한다. 그리고 자기만족에 빠진 안일한 기독교의 날이 끝나야 한다는 확신으로 기꺼이 행동하기를 기도한다.

이 책의 각 장 마지막에는 우리 자신과 공동체를 위한 모범기도가 있다. 이 짧은 기도가 연장된 회개와 합심기도의 발판이 되기를 바란다. 우리는

오직 하나님만이 다가오는 멸망에서 우리를 구출하실 수 있음을 안다. 우
리는 그 어느 때보다 그분을 불러야 한다.

　여호수아에게 하신 하나님의 말씀을 들어 보자.

> 내가 네게 명령한 것이 아니냐 강하고 담대하라 두려워하지 말며 놀라지 말라 네가 어디
>
> 로 가든지 네 하나님 여호와가 너와 함께 하느니라 하시니라(수 1:9).

제2장

과거사를 다시 쓰고 미래를 지배

과거를 지배하는 자가 미래를 지배한다.[1]

조지 오웰(George Orwell)이 전체주의 국가를 설명하면서 한 말이다. 공산주의가 부상할 때 오웰은 과거를 다시 쓰거나 지울 수 있다면 사람들이 과거의 자신을 잊고 새로운 미래를 만들 수 있도록 도울 수 있다고 지적했다.

오웰은 그의 저서 『1984』에서 과거를 현재와 일치시키는 것이 책무였던 '진리부'를 묘사했다. 윈스턴 스미스의 임무는 진실을 거짓말처럼 보이게 하는 것이었고 거짓을 진실로 보이게 하는 것이었다. 빅 브라더가 말한 대로 이뤄지지 않았다면, 과거는 빅 브라더가 말한 것과 일치되도록 다시 써야 했다.

과거의 역사를 수정하는 것은 모든 사회 및 정치혁명의 핵심이다. 아마도 가장 좋은 예는 중국의 피비린내 나는 문화혁명(1966~1976)일 것이다. 마오쩌둥은 중국이 서구의 자본주의적인 영향력의 모든 흔적을 없애야 한다고 선언했다. 홍위병은 거리로 나와 기념비를 파괴하였다. 서구의 문학은 불에 탔고, 건물들은 현대 영웅들을 기리기 위해 도시와 거리의 이름이 새로 지정되었고 그에 따라 이름을 바꾸었다. 교회는 파괴되거나 용도 변경되었다. 정

---

1 George Orwell, *1984* (New York: Signet Classics, 1977), 34.

의와 평등이라는 새로운 마르크스주의 표준의 편에 서거나 그렇지 않거나 둘 중 하나였다. 승선하지 않은 사람들은 투옥되거나 살해되었다.

고맙게도 아직 미국에는 이런 일이 일어나지 않았다. 그러나 중요한 것은 혁명가들이 한 나라를 개조하고 싶을 때, 그들은 미래에 대한 그들의 비전에 합법성을 주기 위해 과거를 비방한다는 것이다. "진리부"가 과거를 다시 쓰면서 미국을 변화시키는 일에 바쁘다는 것은 분명하다.

그들은 그들의 목적이 "인종차별을 근절하는 것"이라고 말하지만 그들이 하는 일을 보면 훨씬 더 사악한 목표가 드러난다. 그들은 인종차별을 이용해 미국의 핵심을 공격하고 있다. 그것은 미국을 더 좋게 만드는 것이 아니라, 완전히 다른 기반 위에 미국을 건설하기 위해 과거를 파괴하는 것이다.

역사학자이자 존 F. 케네디 대통령의 전 측근인 아서 슐레진저(Arthur Schlesinger)는 다음과 같이 말했다.

개인에게 추억이 있는 것처럼 국가에는 역사가 있다. 기억을 잃은 사람은 자신이 어디서 왔는지, 어디로 가는지 모르고 얼이 빠져 혼란스러워한다.[2]

나는 기억을 잃은 사람은 누구든지 다른 사람을 자신이라고 믿도록 조작될 수 있다고 덧붙일 수 있다.

2   Sara E. Wilson, "Arthur M. Schlesinger, Jr., National Humanities Medal, 1998", *National Endowment for the Humanities*, https://www.neh.gov/about/awards/national-humanities-medals/ arthur-m-schlesinger-jr.

1. 기념물의 파괴

나는 왜 남부연합 기념비가 흑인 사회를 공격하고 심지어 비하하기까지 하는지 이해할 수 있다. 어떤 의미에서, 이 기념물의 제거에 대한 그들의 반응은 사담 후세인 동상이 땅에 쓰러졌을 때 이라크 사람들이 기뻐했던 것과 유사할 수 있다. 기념비는 누구의 것이든 신성한 것이 없다.

나는 미시시피주 의원들이 1894년에 채택된 남부연방 깃발의 이미지가 새겨진 주 깃발을 폐기하기로 한 결정을 기쁘게 생각한다.

그러나 급진주의자들은 남부연합 기념비의 파괴를 넘어서 우리 건국의 아버지들에 대한 공격을 지시했다. 그들의 근본적인 사악한 의도는 이 나라의 유대-기독교 유산을 파괴하는 것이다. 이로 인해 우리는 다음과 같은 나머지 질문을 하게 된다.

미국의 과거 노예 역사가 유대-기독교적 가치를 버려야 할 이유인가?

기념비의 파괴는 미국인이라 의미하는 것을 파괴하려는 더 큰 시도의 일부다. 인종차별을 제거하려는 의도가 아니라, 미국의 건국 문서를 작성하고 오늘날 미국을 만든 기본 원칙을 수립한 사람들이 한 모든 일을 부정하려는 의도다. 많은 사람의 마음속에서 미국은 고칠 수 없을 정도로 끔찍하다. 인종주의와 자본주의가 없는 급진적 사회주의 의제에 따라 파괴되고 재건되어야 한다.

그들은 자본주의가 빈익빈 부익부를 심화시킨다고 주장한다. 그들은 자본주의가 미국에 사는 사람들이 전부는 아니더라도 대부분의 다른 국가보다 더 높은 생활 수준을 누릴 수 있을 만큼 자신의 성공을 창출할 기회를 무수한 사람들에게 주었다는 사실을 무시한다.

샌프란시스코의 조지워싱턴고등학교에는 조지 워싱턴의 벽화가 미국 원주민과 흑인 미국인들에게 불쾌감과 모욕감을 준다는 불평 때문에 조지 워싱턴의 벽화를 가려야 한다고 주장하는 사람들이 있다. 이사회 구성원은 이 작품이 "학생과 지역 사회 구성원에게 트라우마를 안겨 준다"라고 말한다.

1936년에 그린 벽화는 워싱턴의 삶에서 일어난 사건 중 일부를 묘사하기 위해 13개의 패널로 구성되어 있다. 한 이미지는 워싱턴이 사망한 한 미국 원주민의 시신 옆을 걷고 있는 탐험가 그룹을 향해 손짓하는 모습을, 또 다른 이미지는 워싱턴이 일부 노예 옆에 서 있는 모습을 보여 준다.[3]

「SF 위클리」(*SF Weekly*)는 이 벽화의 유지를 주장하는 사람이 이사진 중 단 한 사람도 없었다고 보도했지만, 사실은 이 벽화가 고통과 모욕감을 준다고 주장하며 비난한 이사는 소수였으며, 남의 일에 참견하기 좋아하는 일단의 작은 외부 집단이 이 벽화를 제거하기 위해 학생들과 연합했다. 아무리 부정확해도 일단 "인종차별주의자"나 "백인우월주의자"(Ku Klux Klan)라는 단어가 어떤 것에 붙여지면, 진보주의자들은 그것을 옹호함으로써 그들의 명성이 위태롭게 되는 것을 막으려 할 것이다.[4]

미국 역사를 해체하려는 세속주의자들의 약속에 대해 정치 평론가 안젤라 라이(Angela Rye)는 다음과 같이 말했다.

> 여기서 우리는 문제의 핵심을 파악해야 한다. 핵심은 우리 중 많은 사람이 미국 역사를 배운 방식이다. 미국 역사가 다 영광스러운 것은 아니다. … 조지 워싱턴은 노예 소유주였다. 우리는 노예 소유주들을 불러내어 그들이 어떤 사람인지 알아봐야 한다. 그들이 미국의 자유를 보호한다고 생각했든지 그렇지 않았든지 그들은 내 자유를 보호하지 않았다. 나는 사람이 아니었다. 내 조상은 인간으로 여겨지지 않았다. 나는 조지 워싱턴 동상이든 토머스 제퍼슨이든 상관하지 않는다. 그들의 동상은 모두 내려와야 한다.[5]

3   Graham Piro, "High school may erase mural of George Washington: 'traumatizes students'", *The College Fix*, May 2, 2019, https://www.thecollegefix.com/high-school-may-erase-george-washington-murals-traumatizes-students/.

4   James P. Sutton, "It's Curtains for a George Washington Mural in San Francisco. Or Paint, or Pan- els. Just Hide It!", *National Review*, June 20, 2019, https://www.nationalreview.com/2019/06/ george-washington-mural-san-francisco-progressive-politics/.

5   Ian Schwartz, "CNN's Angela Rye: Washington, Jefferson Statues 'Need to Come

조지 워싱턴이든 토머스 제퍼슨이든 동상은 모두 내려와야 한다!

이 책을 저술하는 동안에 워싱턴에서는 워싱턴과 제퍼슨 기념비는 여전히 서 있지만, 포틀랜드의 조지 워싱턴 동상은 이미 무너졌다.[6]

필라델피아 워싱턴 광장의 무명 용사 무덤은 파괴되고 훼손되었다.[7]

경찰은 크리스토퍼 콜럼버스(Christopher Columbus)의 기념비가 보스턴의 여러 도시에서 파괴되는 것을 지켜보았다. 그의 기념비는 전 세계가 보도록 '참수'되었다.[8]

캘리포니아에서는 미국 국가 〈성조기〉 가사를 쓴 프란시스 스콧 키(Francis Scott Key)의 기념비가 파괴되었다.[9]

놀랍게도 위스콘신주 매디슨의 폭도들은 이민자이자 노예제도 폐지운동의 지도자인 한스 크리스티안 헤그(Hans Christian Heg)의 동상을 파괴했다![10]

그리고 내가 이것을 쓰고 있을 때, 비록 믿기지 않지만, 노예들을 해방시킨 에이브러햄 링컨의 기념비를 무너뜨리라는 요구가 있다!

Down'", *Real-Clear Politics,* August 18, 2017, https://www.realclearpolitics.com/video/2017/08/18/cnns_angela_rye_washington_jefferson_statues_need_to_come_down.html.

6 CBS News, "George Washington statue toppled by protesters in Portland, Oregon", June 19, 2020, https://www.cbsnews.com/news/protesters-portland-oregon-topple-george-washington-statue/.

7 CBS3 Staff, "Tomb of the Unknown Soldier of the American Revolution Vandalized in Phil- adelphia's Washington Square", *CBS Philly,* June 12, 2020, https://philadelphia.cbslocal.com/2020/06/12/tomb-of-the-unknown-soldier-of-the-american-revolution-vandalized-in-phil- adelphias-washington-square/.

8 Greg Norman, "Christopher Columbus statue is beheaded in Boston", *Fox News,* June 10, 2020, https://www.foxnews.com/us/christopher-columbus-statue-beheaded.

9 Daily Wire News, "Rioters Tear Down Statue of Francis Scott Key. He Wrote The Star-Spangled Banner", *The Daily Wire,* June 20, 2020, https://www.dailywire.com/news/watch-rioters-tear-down-statue-of-francis-scott-key-he-wrote-the-star-spangled-banner.

10 State Journal Staff, "So who was Hans Christian Heg? Here's why the Civil War hero had a statue", *Wisconsin State Journal,* June 25, 2020, https://madison.com/wsj/news/local/crime-and-courts/photos-so-who-was-hans-christian-heg-heres-why-the-civ-il-war-hero-had-a/collection_31313606-691a-52d2-a4fa-cbe4eca84f73.html.

많은 기념비가 훼손되었으며, 그 목록은 점점 더 늘어나고 있다.

이 모든 것은 미니애폴리스에서 일어난 조지 플로이드(George Floyd)의 살인으로 인해 크게 촉발되었다. 우리는 이 끔찍하고 부당한 사건이 일으킨 분노를 확실히 이해할 수 있다. 그 영상을 봤을 때 "안돼! 그럴 수 없어!"라고 외치고 싶었다. 이에 대한 반응으로 우리는 모두 합리적이고 합당한 경찰 개혁을 원했다.

수년간 경찰의 부당한 표적이 되었다고 느꼈던 많은 흑인 미국인은 이것이 의미 있는 변화를 촉구하는 집회의 외침임을 알게 되었고, 나는 그들의 분노를 알리고자 하는 평화로운 시위자들을 전적으로 지지한다. 그러나 뒤따른 폭동은 경찰 개혁에 관한 것도 인종차별 철폐에 관한 것도 아니었다. 그것은 혁명에 관한 것이었다.

폭도들은 더 이상 바랄 게 없었다. 일부 도시에서는 선출직 공무원들은 경찰들에게 물러나라고 말했다. 실제 또는 상상 속에 인식된 압제자들을 향한 폭도들의 불타는 복수심은 끝이 없었다. 경찰이 급진주의자들의 요구에 굴복하여 미니애폴리스와 나중에 시애틀의 관할 구역을 버리고 철수할 때, 우리의 선출직 공무원들은 어깨를 으쓱했다.

폭도들의 마음속에 사업체들(폭도들이 돕고 싶다고 공언한 가장 가난한 소수 공동체에 있는 사업체들)의 파괴는 정당화되었다. 그들은 '백인우월주의'를 파괴하기 위한 신성한 임무를 띠고 있었다. 그리고 그들이 마침내 그들이 추구하는 사회의 변화를 가져올 때 그 자리에는 정의로운 사회가 등장하리라는 것이다.

이곳 시카고에서는 그랜트파크에 있는 크리스토퍼 콜럼버스 동상에서 경찰과 시위자들이 충돌했다. 시위자들은 얼음 물병, 돌, 화염병 등을 경찰에 투척, 최소 18명의 경찰관이 다쳤다. 이 '평화로운 시위자'들 중 1,000명이 시장 관저에 나타나 경찰의 '예산을 삭감'하고 도시의 크리스토퍼 콜럼버스 동상 두 개를 제거하라고 요구하자 시장은 폭도들의 요구에 응했다. 다음날 새벽 3시에 시청 직원들이 두 동상을 모두 제거했다. 물론

이것은 폭도들을 대담하게 했을 뿐이었고, 곧 그들은 또 다른 요구를 충족
시켜야 한다고 주장했다.

다음 도미노는 무엇일까?

여러분의 교회?

폭도의 사고방식이 국가를 압도할 때 아무도 그들을 막을 수 없다. 2020
년 6월 22일 운동가 숀 킹(Shaun King)은 자신의 트위터에 이런 글을 게
시했다.

> 백인 예수의 모든 벽화와 스테인드글라스 창문, 그의 유럽인 어머니와 백
> 인 친구들도 내려와야 한다. 그들은 백인우월주의의 총체적인 형태이며,
> 억압의 도구로 만들어졌다. 인종차별주의자들은 모두 내려와야 한다.[11]

그의 트윗은 삭제되었지만, 스크린 캡처는 다른 여러 곳에서 나타난다.
그렇다. 다음은 예수님의 벽화와 그림이 내려올 수도 있다.

약탈과 방화에 직면한 일부 선출직 공무원들의 침묵은 우리가 문명 자
체를 위한 싸움에서 지고 있음을 보여 준다. 길거리에서 미국은 완벽하지
않으면 좋을 수 없다는 말이 있다. 그리고 미국이 완벽하지 않다는 것이
확실하므로 미국의 사회적, 문화적, 법적 구조는 파괴되어야 한다. 그리고
혁명의 반대편에는 정의와 평등이 있을 것이다. 혁명가들은 자신이 다른
사람들에게는 그토록 분명하게 보이는 모든 죄악에 대해 결백하다고 생
각한다.

그들을 추종하는 미디어는 모르겠지만, 급진파들은 자신이 하는 일을
정확히 알고 있다. 우리는 지금 미국의 해체를 목격하고 있다.

---

11 Aila Slisco, "White Jesus Statues Should Be Torn Down, Activist Shaun King Says", *News-week*, June 22, 2020, https://www.newsweek.com/white-jesus-statues-should-torn-down-black-lives-matters-leader-says-1512674.

1968년 구소련의 체코슬로바키아 점령에 반대하고 1989년 『벨벳 혁명』(*The Velvet Revolution*)이라는 책을 쓴 체코의 유명한 작가이자 역사가인 밀란 쿤데라(Milan Kundera)는 친구와의 대화에 대해 다음과 같이 썼다.

> 나의 전부인 그러나 블라인드 친구인 밀라노 후블은 1971년 어느 날 바르톨로미스카 거리에 있는 나의 작은 아파트로 나를 찾아왔다. 우리는 창밖으로 성의 첨탑을 내다보았고 슬펐다. 후블은 국민을 개조하는 첫 단계는 기억을 지우는 것이라고 말했다.
> "책, 문화, 역사를 파괴하라. 그리고 나서 누군가가 새로운 책을 쓰고, 새로운 문화를 만들고, 새로운 역사를 발명하도록 하라. 얼마 지나지 않아 국가는 그것이 무엇이고 무엇이었는지 잊기 시작할 것이다."[12]

그렇다. 과거가 파괴되면 새로운 문화와 역사가 등장할 것이라고 기대할 수 있다. 우리는 우리가 누구였는지 그리고 우리가 누구인지도 잊을 것이다.

로빈 웨스트(Robin West)는 자신의 저서 『진보적 헌법주의』(*Progressive Constitutionalism*)에서 이렇게 말했다.

> 미국의 정치사는 대체로 거의 상상할 수 없는 노예에 대한 잔혹성, 미국 원주민에 대한 대량학살과 증오, 백인이 아닌 문화에 대한 인종차별적 평가절하, 여성에 대한 성적 평가절하의 역사다.[13]

---

12   Cynthia Haven, "The president of forgetting", *The Book Haven*, Stanford University, December 4, 2014, https://bookhaven.stanford.edu/2014/12/the-president-of-forgetting/.

13   Robin West, *Progressive Constitutionalism: Reconstructing the Fourteenth Amendment* (Durham, NC: Duke University Press, 1994), 17-18.

그녀에게 이것은 미국의 과거를 요약한다. 물론 우리는 모두 인종 관계에서 더 잘할 수 있다는 것을 알고 있다.

그러나 이것이 앞으로 나가기 위해 과거로부터 배우기 위한 길인가, 아니면 단순히 그것을 비방하기 위한 길인가?

우리의 눈앞에서 우리의 공유된 역사가 지워지고 있다.

16세기의 인상적인 건물에서 나와 거리를 걷는 자신을 상상해 보라. 뒤돌아보면 여행이 어디에서 시작되었는지 그 기원을 분명히 알 수 있다. 하지만 당신이 코너를 돌았다고 가정해 보자. 되돌아보니 당신이 지나왔던 곳과 전혀 다른 21세기 건물이 보인다.

세속주의자들은 우리가 과거의 유대-기독교적 영향력을 상실하도록 모퉁이를 돌라고 주장하고 있다. 그리고 만약 우리가 뒤돌아본다면, 그들은 우리가 우리의 종교사를 축복이 아니라 얼룩으로 보기를 원한다. 그들은 우리가 우리의 역사적인 종교적 뿌리를 그들의 세계관으로 대체하기를 원한다. 그들은 우리가 역사를 잃으면 우리의 미래는 사라지고, 그들이 통제하고자 하는 미래를 갖게 되리라는 것을 알고 있다.

노예제도가 혐오스러운 일이라는 것에 동의한다. 그러나 미국의 건국에 대한 악한 면보다 좋은 면이 훨씬 더 많다.

앨런 블룸(Allan Bloom)은 『미국 정신의 폐쇄』(The Closing of the American Mind)에서 이렇게 말했다.

> 우리는 이 나라의 건국자들이 인종차별주의자, 인디언 살인자, 계급 이익의 대표자라는 이야기를 듣는 데 익숙하다. … 미국의 원칙과 영웅들의 진실이나 우월성에 대한 우리의 신념을 깨뜨린다.[14]

---

14 Allan Bloom, *Closing of the American Mind* (New York: Simon & Schuster, 2008), 26, 56.

급진적 세속주의자들은 목표를 가지고 있다. 우리가 누구인지에 대한 지식을 부정하여 이 나라가 세워진 원칙을 파괴하는 것이다. 전략은 미국의 범죄와 죄악을 강조하고, 건국 영웅들의 명성을 파괴하고, 우리의 역사를 사용하여 우리를 가르치고 단결시키기보다는 우리를 분열시키려 한다. 무엇보다도 미국이 역사상 가장 위대한 문명을 달성했으며 세계가 부러워한다는 사실은 무시한다. 그러나 이주자 대부분에게 살고 싶은 곳을 물어보면 일부는 서유럽 국가를 언급하지만 대다수는 미국이 1위를 차지한다.

급진적 세속주의자들은 미국 건국자들의 결점을 인정하고 우리가 어떻게 나아가고 더 나은 일을 하도록 영감을 줄 수 있는지 배우는 것만으로는 충분하지 않다고 믿는다. 세속주의자들은 미국의 전체 유산을 제거하고 완전히 새로운 미국을 창조하기를 원한다.

그들은 이것이 과거의 모든 잘못을 바로잡는 유일한 방법이라고 믿는다. 그래야만 욕심과 착취, 불의와 인종차별이 없는 사람들이 미국을 통치할 수 있다고 믿는다. 그러나 그들은 우리가 누구인지에 대한 비난을 당하고도 여전히 뒤에 남아 있는 한 그런 일은 일어날 수 없다고 말한다.

밀란 쿤데라의 친구(위에 인용)가 옳았다. 머지않아 우리나라는 과거에 무엇이었는지 그리고 우리가 누구인지조차도 잊게 될 것이다.

2. 미국 마르크스주의 역사

만약 당신의 아이들이 미국을 증오하며 학교에서 돌아온다면, 그 이유는 미국이 폭정과 이익을 위해 건국되었다고 공언한 마르크스주의자 하워드 진(Howard Zinn)의 『미국의 인민사』(*A People's History of the United States*)와 같은 교과서를 읽었기 때문일 수 있다. 그는 이렇게 말했다.

> 미국 혁명은 … 천재의 작품이었고, 건국의 아버지들은 수 세기 동안 받은
> 경외심을 받을 자격이 있다. 그들은 현대에 고안된 가장 효과적인 국가 통
> 제 시스템을 만들었다.[15]

진은 이어 '독립선언문'에 관해 이렇게 말하고 있다.

> '독립선언문'은 혁명적인 권리장전이 아니었다. [그것은] 부자들에게 이익
> 을 주기 위해 인기 있는 집단을 조종하여 영국 왕을 전복시키는 냉소적인
> 수단이었다.[16]

그의 책은 미국의 핵심을 경멸한다. 그는 미국의 업적, 부러워할 만한
과학적 진보, 전 세계적으로 사람들의 삶을 훨씬 더 윤택하게 만든 많은
위대한 발명품에 대해서는 한마디도 하지 않는다.

매우 편리하게도 이 교과서는 공산주의의 잔혹성과 유토피아의 약속을 이
행하지 못한 것에 대한 어떠한 언급도 생략했다. 그는 미국을 가장 높은 이
상으로 판단하고, 미국이 세계 대부분의 다른 나라들의 억압, 가난, 후진성
에 비해 밝게 빛난다는 것을 알고 있으므로, 또는 적어도 그는 인정하고 있
으므로 결코 미국을 다른 많은 나라의 문화와 비교할 수 없을 것이다.

나중에 살펴보겠지만 진이 마르크스주의를 옹호하는 교과서를 출판할
수 있었던 자유는 마르크스주의가 다른 사람들로부터 빼앗으려는 바로 그
자유다.

---

15 Howard Zinn, *A People's History of the United States: 1492-Present* (New York: Routledge, 2013), 59.

16 David Horowitz, *Unholy Alliance: Radical Islam and the American Left* (Washington, DC: Regnery Publishing, 2004), 105.

1) 1619년에 시작된 미국?

「뉴욕타임스매거진」(*The New York Times Magazine*)은 1619년을 진정한 건
국으로 기념함으로써 미국의 역사를 '재편'하려는 프로젝트를 완성했다.
그해에는 첫 번째 노예들이 제임스타운에 도착했을 때인데, 그들은 그것
을 미국 건국의 중심 사건으로 보고 있다. 그들은 노예제도가 미국 건국의
기초가 된다고 결론짓고, 노예제도와 함께 자본주의의 시작인 농장이 들
어왔다고 결론지었다.

「뉴욕타임스」에 따르면 이 두 가지 악은 "우리 민주주의의 건국 이념이
쓰였을 때 그것은 거짓이었다는 것을 보여 준다."[17] 다시 말해 "모든 사람
은 평등하게 창조되었다. 창조주로부터 양도할 수 없는 특정한 권리를 부
여받았다"라고 쓴 '독립선언문'의 저자들은 자신들이 쓴 것도 믿지 않았
다는 것이다.

이 프로젝트의 편집자인 니콜 한나 존스(Nikole Hannah-Jones)는 1995년에
"백인 인종이 현대 세계에서 가장 큰 살인자, 강간범, 약탈자, 도둑"이라는
수필을 썼다. 백인 종족은 "야만적인 악마, 흡혈귀"로 구성되었으며[18] 콜럼
버스는 히틀러와 다르지 않았다. 분명히 그녀가 감독한 프로젝트는 그녀의
견해를 반영하기 위한 것이었다.

이것이 미국 역사에 대한 공정한 독서인가, 아니면 올바른 독서인가?

---

17 Nikole Hannah-Jones, "The 1619 Project", *The New York Times*, August 14, 2019, https://
www.nytimes.com/interactive/2019/08/14/magazine/black-history-american-democ-
racy.html.

18 Jordan Davidson, "In Racist Screed, NYT's 1619 Project Founder Calls 'White Race' 'Bar-
baric Devils', 'Bloodsuckers', Columbus 'No Different Than Hitler'", *The Federalist*, June
25, 2020, https://thefederalist.com/2020/06/25/in-racist-screed-nyts-1619-project-
founder-calls-white-race-barbaric-devils-bloodsuckers-no-different-than-hitler/. Also
see the original Nikole [Nicole] Hannah-Jones article here: https://www.scribd.com/
document/466921269/NYT-s-1619-Project-Founder-Calls-White-Race-Barbaric-
Devils-Bloodsuckers-No-Different- Than-Hitler-x#from_embed.

다시 말하지만 나는 노예제도가 혐오스럽다고 반복한다. 나는 돌멩이도 울릴 노예무역에 관한 이야기를 읽었다. 어떤 사람도 다른 사람을 소유해서는 안 되며, 노예를 사고파는 미국의 역사는 모든 끔찍한 측면에서 문서로 만들어지고 비난받아야 한다. 그리고 확실히 흑인 미국인 사회만이 그들의 역사에서 노예제도의 지속적인 영향을 경험적으로 알고 있다.

'독립선언문'이 채택된 순간 노예제도가 끝나지 않은 것은 사실이다. 그것은 몇 년 동안 몇 번의 승리와 많은 패배로 점철되었다. 그러나 미국은 그 선언으로 다른 나라들이 거의 착수하지 않은 여행을 시작했다. 그리고 미국만큼 과거의 잘못을 바로잡기 위해 열심히 일한 나라는 없다. 그렇다. 물론 우리가 할 수 있는 일은 아직 더 많다. 그러나 우리는 건국의 아버지들을 비방만 할 것이 아니라 그들로부터 배울 좋은 것을 분리하여 함께해야 한다. 그래야 우리가 어떻게 더 잘할 수 있는지 배울 수 있다.

> 오늘날에도 4천만 명의
> 노예가 여전히 세계의 다른
> 나라에 존재하고 있다!

슬프게도 노예제도는 문명 그 자체만큼이나 오래되었고, 노예들이 제임스타운에 도착했을 때쯤에는 스페인과 포르투갈은 이미 100년 이상 사람들을 노예로 삼고 있었다. 노예제도는 고대에는 널리 퍼져 있었고, 슬프게도 오늘날에도 여전히 인도와 아프리카에 4천만 명의 노예가 있다. 2017년 8월, CNN은 리비아에서 경매에 부쳐지는 노예들을 비디오로 포착했다.[19]

---

19 Nima Elbagir, Raja Razek, Alex Platt and Bryony Jones, "People for Sale", *CNN*, Novem-

급진주의자들이 하는 말을 들으면, 당신은 서구가 노예제도를 발명했다고 생각할 것이다. 우리는 팻 뷰캐넌(Pat Buchanan)이 지적했듯이 "서구는 노예제도를 발명하지 않았고, 서구가 노예제도를 종식했다"[20]는 것을 잊는다. 그리고 영국에서 노예무역을 끝내기 위해 지칠 줄 모르고 일했던 윌리엄 윌버포스(William Wilberforce)와 같은 그리스도인들의 헌신이 있었다.

「뉴욕타임스」는 다른 나라의 역사를 노예의 소유권을 허용하기 시작한 시점을 바탕으로 다시 쓸 것인가?

당신은 그들이 그렇게 하지 않으리라는 것을 확신할 수 있다. 1619 프로젝트는 단지, 모든 사람에게 평등과 정의를 가져다줄 문화막시즘의 기반 위에 뿌리를 박고 재건해야 하는 미국이 인종차별적이고 자본주의적인 국가이기 때문에 미움을 받아야 한다는 것을 보여 주기 위해 계획된 노력의 하나일 뿐이다.

1619 프로젝트의 배후에 있는 사람들은 사실은 만약 당신이 미국을 다른 나라들과 비교한다면, 미국을 싫어하게 할 수 없다는 것을 너무 잘 알고 있다. 미국은 150년 전에 노예제도를 종식했지만, 오늘날에도 전 세계 많은 곳에서 여전히 시행되고 있다. 동시에 우리는 아직 인종 문제에서 우리가 원하는 곳에 있지 않다. 과거의 실패를 인정해야 하며 용서와 화해만이 앞으로 나아갈 길이다.

거듭되는 비난의 위험을 무릅쓰고, 미국의 초기 역사를 점철시킨 악덕, 스캔들, 범죄를 얼버무려서는 안 된다고 다시 한번 강조한다. 그러나 그 역사의 어두운 시기가 이야기 전체는 아니다. 우리 과거의 특정한 잘못에 대한 기억 때문에 그동안 이룬 승리들과 성취된 선을 망각해서는 안 된다. 우리는 과거를 극복하는 데 큰 진전을 이루었고 앞으로 그러한 더 많은 성취를 기대한다. 사실상 모든 나라는 침략, 전쟁, 노예제도로 시작되었다. 급진적 세

---

ber 14, 2017, https://edition.cnn.com/2017/11/14/africa/libya-migrant-auctions/index.html.

20   Patrick J. Buchanan, *The Death of the West* (New York: Thomas Dunne Books, 2002), 58.

속주의자들은 미국을 불가능한 기준으로 판단하고 선과 악을 비난한다.

과거 아메리카 대륙의 오점을 최소화해서는 안 되지만, 권리장전, 건국 아버지들의 종교적 신념 그리고 우리의 자유가 구축되는 유대-기독교 원칙인 미국 헌법 역시 무시해서는 안 된다. 과거 미국의 잘못이 급진적인 세속주의자들에게 하나님을 공공 광장에서 몰아내고, 믿음을 행사하려는 사람들의 권리를 막을 권리를 주지는 않는다.

급진주의 목표가 건국의 아버지와 미국의 유대-기독교 유산에 대한 위신을 실추시키는 것임을 잊지 마라. 그리고 모든 서구 역사의 위신을 실추시키고, 오늘날 우리가 누리고 있는 문명을 우리에게 가져다준 사람들을 비난하기 위함이라는 것을 잊지 마라.

2) 서구 문명에 대한 매도

세속주의자들이 자신들의 역사관을 홍보함에 따라 서구 문명의 위대한 업적이 점점 더 빈번하게 비난받고 있다. 예를 들어, 예일대학교의 영어 전공자들은 오랫동안 초서, 스펜서, 밀턴, 워즈워스(Chaucer, Spenser, Milton 및 Wordsworth)를 다루는 과정을 수강해야 했다. 그러나 2016년에 학생들은 이 과정의 종료를 청원했다. 이들의 불만은 이 저작을 읽는 것이 "특히 유색 인종 학생들에게 적대적인 문화를 만든다"는 것이었다.[21] 이것은 서양 문화가 예술, 문학, 역사에 기여한 것에 대한 현대적 경멸을 표현한다.

모든 역사가는 과거에 대해 가장 중요하다고 생각하는 것과 무시해야 할 것을 선택한다. 그러나 이것이 사실과 다를 때 이를 증명하려고 역사에 접근하는 것은 불공평하다. 인종차별과 다른 여러 가지 죄악은 세상 사람들 사이에 똑같이 분포되어 있다. 우리가 논의하는 그룹이나 인종과 관계없이 긍정

---

21 Victor Wang, "Student petition urges English department to diversify curriculum", *Yale Daily News*, May 26, 2016, https://yaledailynews.com/blog/2016/05/26/student-petition-urges-english-department-to-diversify-curriculum/.

적 기여와 부정적 기여를 구별하고 승리와 패배를 구별해야 한다.

히틀러를 낳은 독일은 또한 우리에게 이동식 인쇄기를 준 독일이라는 것을 기억해야 한다. 바로 이 독일이 우리에게 양심의 자유가 자라는 씨앗인 종교개혁을 주었다. 마틴 루터가 "나의 양심은 하나님의 말씀에 사로잡혀 있다. 나는 철회할 수 없고, 철회하지 않을 것이다"라고 말했을 때 1,000년의 종교적 억압을 깨뜨렸다.

그때까지 누구도 자신의 양심이 교황이나 전통을 대체할 수 있으리라 상상할 수 없었다. 루터는 신자의 제사장직과 개인의 양심의 권리에 대한 인식을 일깨워 결국 종교의 자유를 가져왔다. 홀로코스트의 독일은 독일 계몽주의의 아버지인 괴테(Goethe)와 쉴러(Schiller)의 독일이기도 하다.

제국주의로 널리 비판을 받는 영국은 우리에게 대헌장(Magna Carta)을 준 나라로, 왕조차도 법에 복종해야 한다는 참신한 생각을 제시했다. 우리에게 성경을 영어로 번역하고 그것을 읽고자 하는 모든 사람이 이용할 수 있도록 주장한 존 위클리프(John Wycliffe)를 낳은 것은 영국이다. 영국 계몽주의의 아버지로 인정받고 미국 헌법에 반영된 존 로크(John Locke)의 글을 우리에게 준 것이 영국이다. 영국과 그 밖의 지역에서 노예제도를 종식하려는 노력이 성공하도록 한 윌리엄 윌버포스를 우리에게 준 것이 영국이다.

노예제도로 역사가 더럽혀진 미국, 건국의 아버지가 노예 소유주였던 미국, 그 미국이 우리에게 헌법, 권리장전, 전화, 심박조절기, 전구, 최초의 전자 디지털 컴퓨터, 인터넷과 같은 발명품을 주었다. 열두 명의 남자를 보내 달 위를 걸으며 우주 탐사와 과학적 진보를 더한 나라가 미국이다. 교육, 기술, 의학, 심지어 자선 활동의 발전을 통해 전 세계의 많은 다른 사람에게 긍정적인 영향을 준 문명을 가능하게 한 것이 미국이다.

국가에서 발견되는 선과 악의 혼합은 개인에게도 적용된다. 기독교와 문명을 만든 많은 사람은 우리에게 경고의 역할을 하는 사각지대를 가지고 있다. 예를 들어, 종교개혁을 시작해서 독일에 독자적인 방언으로 성경을 준 마틴 루터를 생각해 보자. 같은 루터는 유대인들을 상대로 증오스러운 비방을 했다. "모든 사람은 평등하게 창조되었다"라는 멋진 말을 쓴 토머스 제퍼슨은 노예를 소유했다.

우리의 교과서는 시민권, 음악, 군대, 과학 등에 큰 공헌을 한 흑인 미국인 역사와 그 영웅들의 공헌과 균형을 이루어야 한다. 그런 다음 미국에서 인종과 성별로 인해 비행 훈련에서 제외된 수학자 베시 콜맨(Bessie Coleman)과 같은 여성이 있다. 그녀는 파리로 유학하여 항공을 공부하고 국제 항공 면허를 받은 최초의 여성이 되었다.

그녀는 미국으로 돌아와 에어쇼에 참가하여 급강하와 공중회전 등의 묘기를 선보였다. 뛰어난 수학자로서 그녀는 항공 분야에 크게 이바지했다. 기업가 정신, 설교 및 스포츠와 같은 다른 분야에 대한 흑인 미국인의 공헌은 물론 전설적이다.

나의 간청은 우리가 '더 완벽한 조합'을 위해 함께 일해야 한다는 것이지만, 우리가 우리 과거의 관점을 바라보고 더 나은 미래로 나아가기 위해 개인적, 집단적 책임을 거부하는 한 이것은 이루어질 수 없다. 미국에 사는 우리 대부분은 다른 나라에서 유래했다. 우리는 다른 피부색, 다른 기대 그리고 제공할 다른 재능과 기술을 가지고 있다.

우리는 서로의 말을 들어야 한다. 우리는 서로의 역사에 대한 불의에 관해 이야기하면서 회개와 용서가 모두 필요하다는 것을 인정해야 한다. 그리고 우리는 앞으로 나아가야 한다. 그렇지 않으면 우리는 인종 관계에서 결코 진전을 이룰 수 없을 것이다.

급진적 세속주의자들의 눈에는. 미국은 문화막시즘만이 해결할 수 있는 체계적인 인종적, 경제적, 정치적 불공평이라는 차이가 있다. 그들은 더 나은 기반 위에서 미국을 건설하기 위해서는 종교가 인본주의적인 가치로 대체되어야 한다고 한다. 결국, 종교, 특히 기독교는 억압과 사회적 통제의 도구로 사용되고 있으며, 백인 특권은 우리의 체계적인 병폐의 근원이라고 한다.

3) 헌법 재작성

세속주의 의제를 가로막는 것은 우리의 기본 자유, 권력 분산, 정당한 절차를 보장하는 건국 문서인 미국 헌법이다. 법원, 특히 미국 대법원에 공석이 생길 때마다 전선이 형성된다.

왜 각 당이 첨예한 대립을 할까?

논쟁의 요지는 새로운 지명자가 헌법을 따를 것인지 아니면 변화하는 문화적 규범에 부합하는 법률에 투표할 의지가 있는지다. 세속주의자들은 최근 세속주의 세계관을 고수하지 않는 헌법 판사들이 미국 대법원 판사로 임명되었기 때문에 화가 나 있다.

급진적 세속주의자들은 정부의 권력을 영구적으로 장악하겠다는 제안을 했다. 2020년 1월 권위 있는 「하버드 법리뷰」(*Harvard Law Review*)는 "동맹을 꾸려라(Pack the Union):평등한 대표를 보장하기 위한 헌법 개정을 목적으로 새로운 주를 인정하는 제안"이라는 기사를 실었다.

그 기사의 일부를 보자

> 헌법을 더 쉽게 개정하는 방법은 다음과 같다. 의회 대표들이 불평등한 대표성의 문제를 해결하는 새로운 수정안을 제안하고, 수정안을 비준하는 데 필요한 충분한 수의 기존 다수당과 연합하여, 자신들이 신뢰하는 다수의 새로운 주를 승인한다. 의회가 단순 다수결로 새로운 주를 인정할 수 있으므로, 이것은 쉽게 달성 가능한 정치적 문턱을 제공할 것이다.[22]

---

22 "Pack the Union: A Proposal to Admit New States for the Purpose of Amending the
Constitution to Ensure Equal Representation", *Harvard Law Review*, January 10, 2020,
https://harvardlawre-view.org/2020/01/pack-the-union-a-proposal-to-admit-new-
states-for-the-purpose-of-amending-the-constitution-to-ensure-equal-representation/.

이 기사는 의회에서 보수적인 다수를 상쇄하기 위해 컬럼비아 지구 내에 127개의 새로운 주를 추가로 만들어야 할 것이라고 설명한다. 이것의 목적은 미묘하지 않지만, 세속주의자들의 의제는 분명히 명시되어 있다. 이러한 새로운 주가 컬럼비아 특별구 내에 추가되어야 하는 오직 한 가지 이유이다.

> 2016년 선거에서 워싱턴 D.C.는 모든 측정 가능한 구역에서 민주당에 압도적으로 투표했기 때문에 D.C. 내에 새로운 주를 추가하면 그들과 같은 생각을 하는 대표들을 위해 투표할 것이라는 의회 내 민주당위원회에 확신을 주리라는 것이다.[23]

이 '새로운 의회'가 들어서면 헌법을 수정하려 할 것이다. 상원의 역할은 하원이 통과시킨 법안을 검토할 수는 있지만, 입법을 막을 수 없는 다소 의례적인 상원인 영국의 상원과 닮도록 바뀔 것이다. 그리고 50개 주 모두가 국가 정치 분야에서 동등한 목소리를 낼 수 있도록 돕는 선거인단은 폐지될 것이다.

또 뭐가 있을까?

우선 불법 거주자들의 투표를 허용하고 수정헌법 2조(무기 소지권)는 폐지될 것이다. 그 후 필요에 따라 다른 변화들이 이루어질 수 있다. 세속주의자들은 미국의 종교 역사가 마침내 그들의 새로운 진보적 의제를 진전시키기 위해 충분할 것이라고 확신할 수 있었다. 헌법에 굴복하지 않아도 되는 판사를 임명할 수 있다. 그들은 문화와 세속적인 가치에 따른 자신의 취향에 맞는 법을 제안할 수 있다.

---

23 "Pack the Union: A Proposal to Admit New States for the Purpose of Amending the Constitution to Ensure Equal Representation."

이 기사에 명시되어 있지는 않지만 사유 재산은 폐지될 수 있으며 각 주의 권리는 하나님이 부여한 권리를 대체할 것이다. 마침내 철저한 사회주의 국가에 대한 급진적인 비전이 현실이 될 것이다.

헌법은 시대에 뒤떨어진 것이라고 한다. 그것은 노예 소유주들에 의해 '백인 특권'의 도구로 쓰였다. 앞서 언급한 「하버드 법리뷰」 기사에 요약된 급진적인 제안은 우리를 유대-기독교 과거로부터 해방하고 순수하게 세속적인 기초 위에 재건할 수 있게 해 줄 것이다.

3. 세속주의자들의 토대

몇 년 전, 나는 『인본주의 선언』(The Humanist Manifesto)을 읽었지만, 최근까지 그것이 마르크스주의, 세계주의 문서라는 것을 잊고 있었다. 원본은 1933년에 쓰였지만, 여기서 나는 에드윈 H. 윌슨(Edwin H. Wilson)과 폴 커츠(Paul Kurtz)가 편집한 두 번째 버전(1973년)의 말을 인용한다. 많은 사람은 커츠를 세속적 인본주의의 아버지로 여긴다.

예상대로 이 문서는 모든 형태의 초자연주의를 부정한다.

> 불멸의 구원에 대한 약속이나 영원한 저주에 대한 두려움은 환상적이고 해롭다.[24]

인간 종은 '자연적인 진화로부터 출현한 것'이며 생명이 육체의 죽음에서 살아남았다는 믿을 만한 증거는 없다고 한다. 우주는 스스로 운행하는 것으로 간주한다.

『인본주의 선언』은 세계화를 강력하게 옹호한다.

---

24 Paul Kurtz, *Humanist Manifestos I and II* (Indiana: Prometheus Books, 1973), 16-17.

우리는 민족주의로 인한 인류의 분열을 개탄한다. 우리는 국가 주권의 한계를 초월하고 세계 공동체의 건설로 나아가는 것이 최선의 선택인 인류 역사의 전환점에 이르렀다. … 따라서 우리는 세계 법체계와 초국가적인 연방정부에 기초한 세계 질서의 발전을 기대한다.[25]

여기에 기후 변화에 대한 협력이 연결되어 있다.

지구는 단일 생태계로 간주하여야 한다. … 개발도상국에 막대한 기술, 농업, 의료 및 경제적 지원을 제공하는 것은 선진국의 도덕적 의무다.[26]

따라서 미국과 같은 국가는 기후 변화에 맞서기 위해 다른 국가에 막대한 지원을 제공해야 한다. 세계화의 목표는 모든 인류를 위해 보편적인 자유와 인권이 증진될 수 있는 세계 시민권이다. 인본주의자들은 이러한 목표를 달성하기 위해 국가 간의 경제가 서로 밀접한 연관을 맺어야 한다고 주장한다.

1933년 원본 문서의 제14조는 단순히 다음과 같이 언급한다.

인본주의자들은 공유된 세계에서 공유된 삶을 요구한다.[27]

이 운동에 대해 깊이 생각해 보자.

급진적 세속주의자들의 눈에는 부의 축적은 가난한 사람들의 등에 의지하여 이루어졌고, 사회 정의는 그들의 부를 재분배하도록 요구한다는 것을 명

---

25 Kurtz, *Humanist Manifestos I and II*, 21.

26 Kurtz, *Humanist Manifestos I and II*, 21-22.

27 "About Humanism", American Humanist Association, https://web.archive.org/ web/ 20111107221355/http://www.americanhumanist.org/who_we_are/about_humanism/ Humanist_Manifesto_I.

심하라. 그리고 만약 당신이 세계적으로 생각한다면, 미국은 다른 나라들의 피해로 부유해졌다고 한다. 따라서 미국은 다른 나라들에 빚을 지고 있다.

그러니 다른 나라들에 기후 변화에 맞서 싸울 수 있는 자원을 줌으로써 이 부를 재분배하는 것은 얼마나 좋은 일인가?

애국심은 의심의 여지없이 비난받게 되었다. '미국 예외주의'가 살아 있는 한 세계주의 의제를 달성할 수 없다. 아마도 이제 우리는 왜 세속주의자들이 미국 국기를 인종차별, 억압, 백인 특권, 부패한 민족주의와 자본주의의 상징으로 보는지 이해할 것이다. 미네소타의 한 도시에서는 애국심을 조장하고 소수민족에 너무 상처를 주기 때문에 충성 서약을 금지하려는 움직임이 있었다.[28]

호주에서는 일부 이슬람교도가 애국가를 부르는 것은 "강제 동화"에 지나지 않는다고 말한다.[29]

미국에서 그 말을 듣기까지 시간이 얼마나 걸릴까?

미국은 황폐해져야만 한다.

이러한 세계화의 장애물을 극복하기 위해 인본주의자들은 국가 시민권의 개념마저 지워야 하므로 어떤 대가를 치르더라도 국경 개방을 밀어붙인다. 안전하고 통제된 국경이 존재하면 세계 공동체 발전에 도움이 되지 않는다. 그래서 인본주의자들은 국경 없는 세계를 갈망한다.

국경 개방이 달성되면 인본주의자들의 가장 중요한 두 가지 목표를 이루게 된다.

---

28 Antonia Noori Farzan, "A Minnesota city voted to eliminate the Pledge of Allegiance. It didn't go over well", *The Washington Post*, June 28, 2019, https://www.washingtonpost.com/nation/2019/06/28/minnesota-city-voted-eliminate-pledge-allegiance-it-didnt-go-over-well/.

29 Glen Clark, "Muslims in Australia: Singing National Anthem Is 'Forced Assimilation!'", *The Federalist Papers*, January 24, 2016, https://thefederalistpapers.org/us/muslims-in-australia-singing-national-anthem-is-forced-assimilation.

첫째, 다른 나라에서 온 수백만 명의 사람이 존재하게 되면, 결국 건국 이래 미국을 지배해 온 백인과 인종차별주의 문화의 지속적인 영향력에 균형을 맞추게 되리라는 것이다.

둘째, 통제되지 않은 이민자 수백만 명이 결국 정부에 의존하고 사회주의 국가를 이루기 위해 노력하는 사람들에게 큰 도움이 될 것이라는 점이다. 앞으로도 살펴보겠지만 사회주의는 사람들에 대한 정부의 지원에 의해서만 발전할 수 있다. 국경에 들어오는 모든 사람에게 무료 주택, 무료 의료 및 기타 무료 혜택을 제공함으로써, 그러한 사람들은 항상 가장 많은 정부 유인책을 약속하는 정당에 투표할 것이다. 이 모든 것은 동정심과 정의의 기치 아래 팔린다.

물론 예상대로 그들은 국경을 개방해 우리나라에 입국하는 폭력조직, 마약, 성매매, 범죄자들에 대해서는 사실상 아무 말도 하지 않는다. 엄격한 처벌로 시행되는 억제책으로 국경 통제가 없다면, 우리는 우리의 친절을 이용하는 사람들이 주인 노릇을 하게 하는 자신을 발견하게 된다. 그 대가로 우리나라로 불법적으로 건너오는 범죄자들은 범죄를 지속하고 우리 문명을 오염시킨다.

합법적인 이민에 대한 합리적인 정책은 오래전에 이루어졌다(이민에 대한 보다 상세한 논의를 위해, 나는 내 책 『바벨론 교회를 바라보라!』[CLC 刊]에서 제7장 "이슬람, 이민 그리고 교회"를 보기를 제안한다).

한편으로, 나는 안전한 국경을 믿는 사람들이 인종차별적이고 동정심이 부족하다는 생각을 거부한다. 우리는 아기를 품에 안고 우리에게 오는 어머니들을 기쁘게 환영한다(우리를 무관심하다고 색칠하려는 국경 개방 광신자들과는 대조된다). 나는 우리가 세상의 모든 절망적인 어머니와 아이들을 받아들일 수 있기를 바라지만, 그것은 불가능하다. 그리고 국경이 통제되지 않으면 장기적인 결과로 우리는 사실상 우리나라를 잃게 될 것이다.

하지만 우리는 지금 그 시기에 살고 있다.

우리의 소명과 특권은

이 격동적인 역사의 순간에

그리스도를 대리하는 것이다.

---

4. 역사에서 배우기

어려운 질문에 쉬운 대답은 없다.

우리나라의 역사가 다시 쓰이거나 심지어 삭제될 때 그리스도인으로서 우리는 무엇을 해야 할까?

그리고 우리 아래서 문화적 토대가 변화하고 있을 때 우리는 어떻게 대응해야 할까?

우리의 소명과 특권은 이 격동적인 역사의 순간에 그리스도를 대리하는 것이다.

우리는 다음과 같은 질문에 마주친다.

과거에 솔직하게 맞설 것인가, 아니면 우리 주변에서 일어나는 일에만 반응해야 할까?

우리는 여전히 자유를 가질 것인가, 아니면 급진주의자들의 불가능한 압력에 굴복하여 그들의 요구를 수용할 것인가?

우리는 자녀와 손자 손녀들이 어떤 나라를 상속받기를 원하는가?

미국은 계속해서 세계의 희망과 자유의 등대가 될 수 있을까?

아서 M. 슐레진저 주니어(Arthur M. Schlesinger Jr.)가 언급한 "다른 사람이 기억을 잃으면 자신이 누구인지 알지 못한다"라는 말을 바꿔 말해 보겠다.

"국가가 역사를 잃으면 사람들이 말하는 그대로가 된다. 그리고 일반적으로 가장 크고 가장 성난 목소리가 이긴다."

지금은 우리가 역사의 부정적인 부분을 부정하고 과거의 죄와 인종차별을 무시하는 그림을 그릴 때가 아니다. 우리는 역사를 파괴하지 않고 역사로부터 배울 수 있다. 미국은 배울 의지가 있음이 역사적으로 입증되었다.

상점들이 약탈당하고 기념물이 파괴된 대가로 얼마나 많은 아이가 우리 학교에서 더 나은 교육을 받을 것인가?

우리 의회 지도자 중 한 명이 제안한 대로 우리나라의 수도에 있는 남부연합 동상이 제거됨으로써 매년 7만 명 이상의 사람들을 죽이는 오피오이드(마약의 일종) 중독을 더 잘 다룰 수 있을 것인가?

이 기념물들은 우리 역사의 일부분이며 우리에게 경고하고 지시하는 좋은 것과 나쁜 것에 대한 교육 기회를 제공하는 역할을 하도록 해야 한다.

우리는 또한 급진 좌파들에게 몇 가지 질문을 해야만 한다.

경찰에 자금을 지원하지 않으면 어떻게 범죄를 억제할 수 있는가?

이것은 물론 이론적인 질문은 아니다. 여기에 "미네아폴리스, 시카고, 시애틀의 치명적 주말"이라는 머리기사가 있다. 뉴욕시에서 총격 사건이 증가했다고 보고하면서 이 기사는 이어서 말한다.

> 미국의 주요 도시에서는 조지 플로이드가 경찰 구금 상태에서 사망한 이후 경찰 부서의 예산을 줄이고 해체하라는 요청이 늘어나는 가운데 '유혈의 주말'을 보내고 있다.[30]

그 주말 동안 시카고에서 104명이 총에 맞았고 15명이 사망했다.[31]

30 Edmund DeMarche, "Deadly weekend in Seattle, Chicago, Minneapolis as New York City reports uptick in shootings", *Fox News*, June 22, 2020, https://www.foxnews.com/us/deadly-weekend-in-seattle-chicago-minneapolis-as-new-york-city-reports-uptick-in-shootings.

31 "104 shot, 15 fatally, over Father's Day weekend in Chicago", Fox 32, June 21, 2020, https://www.fox32chicago.com/news/104-shot-15-fatally-over-fathers-day-weekend-in-chicago.

그렇다. 물론 우리는 과잉 진압을 하고, 배지를 착용할 자격이 없다는 것을 보여 준 경찰관을 퇴출해야 한다. 범죄를 저지른 사람은 기소되어야 한다. 그러나 그들 중 대대수는 매일 집을 떠나 '봉사하고 보호'하기 위해 목숨을 걸고 있다. 그들은 무정부 상태에 대한 우리의 마지막 마지노선이다.

전국의 경찰이 진정한 억압의 주체라면서, 무정부주의자는 그렇지 않다는 생각을 어떻게 하게 되었을까?

2020년 5월 31일, 갱단이 상점을 약탈하고 기업이 수백만 달러의 상품을 잃었을 때, 시카고는 60년 만에 가장 피비린내 나는 주말을 경험했다. 24시간 동안 18명의 사람이 총에 맞아 사망했다.[32]

급진주의자들은 도심범죄 문제에 대한 해결책을 가지고 있는가?

모든 흑인 생명이 중요하지 않은가?

우리는 위기에 처해 있다. 우리가 근본적인 가치를 공유하지 않는 한 미국은 세상에 지속적인 희망을 줄 수 없다. 우리가 누리는 질서 있는 자유는 미국인이 대체로 덕망 있는 사람들일 때만 유지될 수 있다. 1798년 매사추세츠 민병대 제3사단 제1여단과 대화한 미국 제2대 대통령 존 애덤스(John Adams)는 '불법과 사치'를 행하면서 '정의와 절제의 언어'를 취하는 사람들에 대해 경고하며 이런 유명한 진술로 대화를 마무리 했다.

> 고래가 그물을 벗어날 때 탐욕, 야망, 복수 또는 용감함은 우리 헌법의 가장 강력한 줄을 터트릴 것이다. 우리 헌법은 도덕적이고 종교적인 사람들을 위해서만 만들어졌다. 그것은 다른 나라의 어떤 정부에게도 완전히 부적합하다.[33]

---

32 Tom Schuba, Sam Charles, and Matthew Hendrickson, "18 murders in 24 hours: Inside the most violent day in 60 years in Chicago", *Chicago Sun Times*, June 8, 2020, https://chicago. suntimes. com/crime/2020/6/8/21281998/chicago-deadliest-day-violence-murder-history-police-crime.

33 Charles Francis Adams, *The Works of John Adams, Second President of the United States; With a Life of the Author Notes and Illustrations of his Grandson Charles Francis Adams. Vol.*

급진적인 세속주의는 환상적인 약속과 함께 항상 언론의 자유와 종교의 자유로운 운동을 없애려고 노력할 것이다. D.H. 로렌스(D.H. Lawrence)는 이렇게 말했다.

> 사람들은 자유를 위해 싸운다. 그리고 역경을 통해 그것을 쟁취한다. 그러나 그들의 아이들은 쉽게 자랐고, 그것을 다시 흘려 보냈다. 가없은 바보들. 그리고 그들의 손주들은 다시 한번 노예가 된다.[34]

자유에 작별을 고할 때 우리는 폭정을 환영해야 한다.
하지만 교회는 어떤가?
우리는 도망가서 숨을 것인가?

5. 미국, 교회 그리고 우리의 미래

지금은 미국을 급진주의자들에게 넘겨줄 때가 아니다. 하나님께서 우리를 이 시간에 여기로 데려오셨다. 이제 우리는 높은 도덕적 근거를 가지고 마틴 루터처럼 말할 때이다.
"우리는 여기에 서 있다.
우리는 다르게 할 수 없다!"
성경은 우리에게 그리스도인으로서 원수를 사랑하라고 가르치고 있다 (마 5:44). 누군가가 지적했듯이 그것은 우리가 이념적 원수도 사랑해야 함을 의미한다. 분노하는 것은 그 대가로 오히려 더 많은 분노를 불러일으킬 뿐이다. 어떤 사람들에게는 감정이 이성과 예의를 지배하여 이러한 문제

IX (Boston: Little, Brown, 1854), 228-229 (emphasis added).
34 D.H. Lawrence, Wikiquote, https://en.wikiquote.org/wiki/D._H._Lawrence.

에 대해 합리적으로 논의하기 어려울 수 있음을 기억해야 한다.

그리고 우리는 우리에게 동의하지 않는 사람들을 존중해야 한다. 우리는 역사에 대한 우리의 주장과 해석을 평가하기 위해 이러한 의견 불일치를 사용해야 하며, 우리의 관점 중의 일부는 틀릴 수도 있음을 인정할 수 있는 겸손이 필요하다.

우리는 또한 비록 우리가 보기에 그것이 파괴적으로 보일지라도 세상을 더 나은 곳으로 만들기 위해 노력하고 있다고 말하는 사람들의 말을 경청해야 한다. 그리고 우리가 그들의 견해에 동의하지 않는다면 우리는 용감하지만 다르게 이끌어야 한다. 우리는 진리를 옹호해야 하며 예상되는 조롱에 굴복해서는 안 된다. 우리는 자유를 위해 싸워야 하지만 "사람이 성내는 것이 하나님의 의를 이루지 못함이라"(약 1:20)는 것을 기억해야 한다. 즉, 우리는 인종차별주의자라고 불리는 것이 두려워 급진주의자들을 곁에 두고 항복할 수 없다.

나는 '목사들이 교회를 지키고 기독교 유산이 사라지는 것을 허용하지 않겠다는 다짐을 했다'[35]라는 제목에 가슴이 벅찼고 슬펐다. 나는 시애틀에 있는 목회자들이 교회를 지키기 위해 함께 뭉쳤다는 사실에 기뻤다. 나는 그러한 머리기사가 미국 전역에 나타날 것을 생각하고 슬펐다.

이 기사는 '평화적 모임 운동'(Peaceably Gather movement)의 창시자인 브라이언 깁슨(Brian Gibson) 목사가 인종적 노선을 넘어 다른 목사들을 만나 이렇게 말했다고 전한다.

> 그리스도의 이미지를 파괴하고 예배당을 훼손하라는 BLM 지도자들의 요구는 신앙인들에 대한 테러 위협에 지나지 않는다 …. 미국 전역의 그리스도인들은 이 폭력적인 종교적 차별에 맞서서 신성한 땅을 보호하기 위해

---

35   Caleb Parke, "Pastors vow to 'defend' houses of worship, 'not allow Christian heritage to be erased'", *Fox News*, June 26, 2020, https://www.foxnews.com/us/jesus-statue-church-pastors-defend-protests.

일어서야 한다.

루이빌에 있는 복음세계기도센터(Evangel World Prayer Center)의 케드릭 팀보(Kedrick Timbo) 목사의 말을 들어 보자.

다음에 그들은 십자가를 내놓으라고 할 것이다.[36]

목사들은 그들의 교회를 훼손한 사람은 누구든 기소하기로 동의했다. 그들은 또한 만약 그들이 경찰에 신고한다면(나도 그들이 필요하다면 그렇게 해야 한다고 동의한다) 그들이 인종차별주의자라고 불릴 위험이 있다는 것을 안다. 우리는 미국에서 우리 국민(목사와 그들의 신자들을 포함)이 우리의 재산을 방어해야 할 때가 오지 않기를 기도한다.

내가 이 글을 쓰면서 폭력 채팅의 배후에 있는 무정부주의자들과 시위자 중 일부가 '조지 플로이드의 죽음'이 법의 심판을 받은 후 뒤늦게 일어났다는 것에 대해 감사한다. 그러나 수백 명 이상의 사람은 그들의 범죄로 인해 기소되지 않을 것이다.

그리스도인으로서 우리는 이런 문제들로 그들이 우리를 분열시킨다면 어떻게 대응해야 하는가?

동료 신자로서 우리는 흑인 미국인 형제자매들의 정당한 우려를 과도한 시위를 부추기면서 우리 역사를 파괴하려는 급진주의자들의 주장에서 분리해야 한다. 우리는 세속주의자들이 우리의 역사를 해석하는 방식에 주의 깊게 귀를 기울이고, 우리가 그리스도 안에서 연합하기 위해 노력할 때, 성경적 진리의 관점에서 차이점을 논의해야 한다. 이것은 하나님께서 우리를 부르신 초국가적 공동체를 보여 주는 시간이다.

---

36 Parke, "Pastors vow to 'defend' houses of worship, 'not allow Christian heritage to be erased.'"

인종적 화해에 관한 책들이 많이 쓰였기 때문에 여기서 그것을 다루는 것이 나의 의도는 아니지만, 교회는 화해를 향해 나아가야 하고, 그것에서 벗어나서는 안 된다. 나는 필라델피아에 있는 에피파니펠로우십(Epiphany Fellowship)의 설립자 겸 목사인 에릭 메이슨(Eric Mason)이 쓴 글을 좋아한다.

> 우리는 닮을 필요가 없다. 피부색의 다름에는 아름다움이 있다. 하지만 우리는 내면에서 우리가 모두 같은 사람처럼 보이려고 애쓰고 있다는 것에 기뻐한다. 우리는 모두 가족이고 거룩하므로 형님 되신 예수님처럼 보이려고 애쓰고 있다.[37]

그렇다. 우리의 형님이신 예수님처럼 보이기는 쉽지 않다. 그것은 서로 듣고, 이해하고, 회개하는 것을 포함한다. 이것이 우리의 특권이자 소명이다.

역사를 통틀어 교회는
해체 문화에서 발생하는 반대와
박해의 한 가운데서 번성해 왔다.

그러나 우리 민족의 궤도와 역사의 파괴에 대한 더 큰 질문에 어떻게 답해야 할까?
여기서 우리는 기본으로 돌아가야 한다.

---

37 Eric Mason, *Woke Church: An Urgent Call for Christians in America to Confront Racism and Injustice* (Chicago: Moody Publishers, 2018), 70.

터가 무너지면 의인이 무엇을 하랴(시 11:3).

첫째, 소망의 말씀
둘째, 끔찍한 경고

소망의 말씀은 우리가 이미 알고 있는 것을 다시 배워야 한다는 것이다. 예수 그리스도의 교회는 미국 헌법 위에 세워지지 않았다. 교회는 18세기 헌법과 권리장전이 있기 전에 출범했다. 교회는 미국주의가 아니다. 그것은 우리의 건국 아버지들의 기초 위에 세워지지 않았지만, 그들의 공헌 역시 중요하다. 미국의 기독교가 유대-기독교 뿌리로부터 이익을 얻었다는 것은 의심의 여지가 없지만, 우리는 이러한 지원 없이 살아남는 법을 배워야 한다.

우리가 올바르게 대응하면 우리의 문화적 지원이 약해지더라도 교회는 더 강하게 성장할 수 있다. 역사를 통틀어 교회는 해체 문화에서 발생하는 반대와 박해의 한가운데서 번성해 왔다.

예수께서 "또 내가 네게 이르노니 너는 베드로라 내가 이 반석 위에 내 교회를 세우리니 음부의 권세가 이기지 못하리라"(마 16:18)라고 말씀하실 때, 그분은 이교도 숭배의 중심인 빌립보 가이사랴에 서 계셨다. 예수님은 이교도의 땅에 서서 다양한 국가적 공동체를 만들 것이라고 예언하셨다. 이 교회는 흑인이나 백인이나 유럽인이나 동양인만의 교회가 아니다. 예수님은 십자가 아래에 문화와 인종이 만나는 공동체를 건설하고 계셨다. 우리는 의도적으로 교회의 독립된 재단으로 돌아가야 한다.

여태까지는 그런대로 괜찮다.

현재의 경고 : 회개하라. 그렇지 않으면…

교회의 미래는 오직 예수님에게만 달렸는가?
우리에게만 달렸는가?

아니면 둘 다인가?

최근 뉴스에 "캐나다 교회가 2040년까지 사라질 수 있다"라는 제목의
기사가 실렸다.[38]

그렇다. 뉴스 보도에 따르면 2040년까지 캐나다 성공회교회에는 참석
자도 기부자도 없을 것이다. 성공회교회는 재정적으로나 수치상으로 자유
낙하하고 있으며 이 추세가 계속되면 국가에서 사라질 것이다.

이 소멸의 원인은 누구이며 무엇인가?

수십 년 전 성공회 주요 교회 지부는 복음에서 사회 정의 문제로 전환
하여 주류 문화에 더 적합해졌다. 지도자들은 성경의 기적을 믿기에는 너
무 세련되었기 때문에 20세기와 21세기 사람들의 사고방식에 맞도록 재
해석되었다. 그것은 문화에 흡수되었기 때문에 회원들에게 선물할 영원하
고 초월적인 것이 없었다. 그런 교회가 살아남아야 할 이유는 거의 없는
것 같다.

그러나 이 무서운 보고서에 대해 한 교구의 목사는 "교회를 구원하는 것
은 우리의 일이 아니다"라고 말했던 전 캔터베리 로완 윌리엄스 대주교의
말에 위안을 받았다. 교구의 목사는 이렇게 말했다.

> 우리는 좋은 청지기로 부름을 받았을 뿐이다. 하나님은 하나님께서 하실
> 일을 하실 것이다.[39]

교회를 구원하는 것은 우리의 일이 아니다.

---

38 "Church of Canada May Disappear by 2040, Says New Report", *CEP Online*, Novem-
ber 18, 2019, https://cep.anglican.ca/church-of-canada-may-disappear-by-2040-
says-new-report/.

39 John Longhurst, "Church of Canada may disappear by 2040, says new report", *Religion
News Service*, November 18, 2019, https://religionnews.com/2019.11/18/church-of-
canada-may-disappear-by-2040-says-new-report/.

정말일까?

어떤 면에서 이 의견은 완전히 사실이다. 말씀하신 대로 예수님은 2000년 전에 교회를 세우셨으며 교회를 구원하는 것은 그분의 일이다. 하나님의 주권을 굳게 믿는 자로서 나는 오직 하나님만이 교회를 구원하실 수 있다는 데 동의한다. 그것은 우리가 아니라 그분의 손에 달렸다. 그러나 우리는 그리스도인으로서 생존과 예수 그리스도의 교회의 지속적인 영향력에 일조하므로 그것은 대단히 중요하다.

예수님이 에베소에 있는 교회에게 쓴 내용을 생각해 보라. 그는 진리에 대한 그들의 헌신과 그들의 일과 인내를 칭찬하며 말씀하셨다.

> 또 네가 참고 내 이름을 위하여 견디고 게으르지 아니한 것을 아노라(계 2:3).

얼마나 빛나는 보고서인가?

모든 교회의 평가자이신 예수님은 선한 행위와 올바른 교리를 지키는 교회, 그리고 거짓 문화의 압력을 이기는 교회에게 A$^+$를 주실 것이다.

그런 다음 이 폭탄이 나온다.

> 그러나 너를 책망할 것이 있나니 너의 처음 사랑을 버렸느니라 그러므로 어디서 떨어졌는지를 생각하고 회개하여 처음 행위를 가지라 만일 그리하지 아니하고 회개하지 아니하면 내가 네게 가서 네 촛대를 그 자리에서 옮기리라(계 2:4-5).

나는 너의 촛대를 옮기러 올 것이다. 그들의 촛대가 옮겨질지 말지는 그들의 회개에 달려 있었다. 교회를 구원하는 것이 그들의 일은 아니었지만, 회개와 선행을 통해 첫사랑을 회복했는지가 교회 존속의 여부를 좌우한다. 분명히 그들은 그러지 않았고 그들의 촛대는 제거되었다. 왜냐하면, 에베소 교회는 지난 수 세기 동안 존재하지 않았기 때문이다.

미국에 있는 우리는 교회를 유지하는 데 도움이 되는 질서 있는 자유의 축복을 받았다. 그리스도인들이 신앙을 지키도록 자유를 허용한 정부, 헌법상 자유에 대한 공통된 믿음, 널리 퍼져있고 일반적으로 받아들여지는 기독교의 도덕적 가치 등이다.

이러한 지지대가 해체되고 있는데 미국 교회가 지지대 없이 살아남을 수 있을까?

아마도 그럴 것이다. 또는 아마도 그렇지 않을 것이다. 점점 더 어둠이 짙어가는 이 시기에 일부 등불이 깜박이고 다른 등불이 꺼지는 것은 얼마나 비극적인가. 너무나 흔히 우리는 우리의 세상적 가치와 그리스도에 대한 열정 없는 반응을 회개하지 않고 과거의 축복에 기대고 있다. 예수님은 다음과 같이 예언하셨다.

> 불법이 성하므로 많은 사람의 사랑이 식어지리라(마 24:12).

우리가 회개에 관해서만 이야기할 것인지 아니면 실제로 회개할 것인지는 우리 아래에 있는 변화기 쉬운 토대에 대해 얼마나 필사적인가에 달려 있다.

우리는 예수님의 말씀을 읽는 것 뿐만 아니라 실제로 그 말씀에 귀를 기울이고 있는가?

우리는 행하고 있는가?

그의 시대에 다윗은 다음과 같이 질문한다.

> 터가 무너지면 의인이 무엇을 하랴(시 11:3).

감사하게도 다음 구절에서 그의 질문에 대한 답이 있다.

> 여호와께서는 그의 성전에 계시고 여호와의 보좌는 하늘에 있음이여 그의 눈이 인생을 통촉하시고 그의 안목이 그들을 감찰하시도다. 여호와는 의인을 감찰하시고 악인과 폭력을 좋아하는 자를 마음에 미워하시도다(시 11:4-5).

하나님은 의인을 시험하실 때도 주권을 유지하고 계신다. 우리가 시험을 통과하면 등불은 여전히 켜질 수 있고 혼란스러운 나라에서 하나님은 올바른 정신으로 돌아가는 길을 보여 주실 것이다. 그러나 그 대가는 지속적인 회개와 개인적인 희생이다. 그리고 그것은 우리 중 일부가 기꺼이 지불해야 하는 것보다 더 많을 수 있다.

우리가 주류 문화의 변화를
목격하더라도, 하나님의 왕국은
흔들리지 않고 있다는 것을 알자.

아우구스티누스(Augustine)는 로마를 사랑했다. 그는 파괴자들이 로마를 파괴했다는 말을 들었을 때, 이렇게 말한 것으로 알려졌다.

> 인간이 무엇을 세우든 인간은 그것을 파괴할 것이다. 그러니 하나님의 나라를 건설하는 일을 계속하자.

우리가 주류 문화의 변화를 목격하더라도, 하나님의 왕국은 흔들리지 않고 있다는 것을 알자. 하나님은 우리에게 우리의 첫사랑을 회복하고 우리나라 전역의 많은 촛대에 불을 켜는데 그와 함께하라고 말씀하신다. 우리는 오늘날의 세속주의와 인본주의의 어둠 속에서 빛나는 빛의 등불로서 교회를 유지하기 위해 부지런히 노력할 필요가 있다. 만약 우리가 겸손과

믿음으로 그리스도의 발아래 몸을 던지고 다시 한번 용기를 내어 하나님
께 복종한다면 우리의 촛대는 제거되지 않을 것이다.

교회의 유일한 토대는 예수 그리스도요, 그는 교회의 주인이시다.

> 교회의 유일한 기초는
> 예수 그리스도, 그녀의 주시다
> 그녀는 그의 새로운 창조물
> 물과 말씀으로
> 하늘로부터 오셔서
> 그의 거룩한 신부가 될
> 그녀를 찾으신다.
> 자신의 피로써 그는 그녀를 샀고
> 그녀의 생명을 위해 죽으셨다.[40]

교회는 우리가 구원할 것이 아니다. 그러나 우리의 회개와 개인적인 희생
이 없으면 촛대는 제거될 수 있다. 역사는 종종 이것이 사실임을 증명했다.

코리 텐 붐(Corrie ten Boom)은 이렇게 말했다.

> 기도의 놀라운 점은 아무것도 할 수 없는 세상을 떠나 모든 것이 가능한 하
> 나님의 영역에 들어간다는 것이다.[41]

---

40   Samuel John Stone, "The Church's One Foundation", 1866.
41   Corrie ten Boom, *I Stand at the Door and Knock: Meditations by the Author of The Hiding Place* (Grand Rapids, MI: Zondervan, 2008), 95.

6. 우리 모두의 기도

우리 아버지 하나님!

우리는 자비와 은혜를 위해 오늘 예수님의 이름으로 당신에게 나아갑니다. 여호사밧이 큰 군대가 그에게 오고 있다는 소식을 들었을 때 그가 여호와의 얼굴을 구하기 위해 얼굴을 여호와께 향하고 온 유다에 금식을 선포한 것에 감사드립니다(대하 20:3).

우리 교회와 우리나라를 위해 당신의 얼굴을 구하도록 가르쳐 주소서. 우리가 분쟁과 갈등의 시기에 화해와 희망의 대리인이 되도록 도와주소서. 우리에게 회개와 지혜가 절실히 필요함을 깨닫게 해 주소서. 우리는 역사의 배후에 선과 악, 하나님과 사탄 사이에서 벌어지는 영적 전투가 있다는 것을 알고 있습니다. 우리는 여호사밧처럼 우리가 당신을 의지해야 함을 인정합니다.

> 우리 하나님이여 그들을 징벌하지 아니하시나이까 우리를 치러 오는 이 큰 무리를 우리가 대적할 능력이 없고 어떻게 할 줄도 알지 못하옵고 오직 주만 바라보나이다 하고 (대하 20:12).

여호사밧과 그의 백성들이 금식하고 기도한 후에, "이 큰 무리로 말미암아 두려워하거나 놀라지 말라 이 전쟁은 너희에게 속한 것이 아니요 하나님께 속한 것이니라"(대하 20:15)라고 보증해 주신 것에 감사드립니다. 그들이 하나님을 찬양할 때 당신은 당신의 백성을 구원하셨습니다. 우리는 당신의 것이므로 낙관과 기쁨으로 미래를 맞이할 수 있도록 도와주소서.

당신의 이름 덕분에 모든 인종으로 구성된 당신의 교회를 위해 기도합니다. 서로 사랑하고 구주께서 기도하신 '하나 됨'을 나타내도록 가르쳐 주소서. 오늘은 남의 죄가 아니라 우리 자신의 죄를 돌아보고 회개하게 하소서, 우리 자신의 필요와 실패에 압도당하지 않도록 도와주소서. 기도를 책임회피로 사용하지 않고 권위와 자신감으로 말하고 경청으로 도전자들과 마주하길 원합니다.

듣고 배우고 일어서게 하소서!

예수님의 이름으로 기도합니다. 아멘.

제3장

분열과 파괴를 위한 다양성 이용

문제를 해결하지 말고, 그것들을 이용하라!

이것이 사울 알린스키(Saul Alinsky)의 동료가 시카고의 유명한 급진적 공동체 조직가의 철학을 설명하는 방법이다. 알린스키는 『급진주의자들을 위한 규칙』(Rule for Radicals)의 저자로 그 책을 루시퍼에게 헌정하였다.

> 루시퍼 … 최초의 급진주의자, 기득권에 반발하고 그것을 아주 효과적으로 수행하여 결국 자신의 왕국을 얻었다.[1]

알린스키는 1976년에 세상을 떠났지만, 그의 책은 여전히 미국을 근본적으로 변화시키려는 급진 좌파들의 추종을 받고 있다.

나는 아내와 콜로라도에서 휴가를 보내는 동안 우연히 알린스키의 동료 중 한 명을 만났다. 1970년대 초, 이 남자는 시카고의 가난한 지역 사회를 돕고자 하는 열망으로 알린스키와 합류했다. 그는 알린스키가 자신의 정치적, 경제적 목적을 취하려는 문제들을 간파하고 그런 그의 계획을 막았다고 말했다.

---

1   Saul D. Alinsky, *Rules for Radicals: A Pragmatic Primer for Realistic Radicals* (New York: Vintage Books, 1989), ix.

데이비드 호로위츠(David Horowitz)에 따르면, 알린스키가 지역 사회 조직원들에게 왜 그와 합류하려는지 물으면 그들은 "가난하고 억압받는 사람들을 돕기 위해서"라고 말하곤 했다. 그러면 알린스키는 다음과 같이 외쳤다.

"아니!

너는 권력을 위해 조직하고 싶어 해!"

알린스키는 좌파 조직인 '민주사회를 위한 학생회'(Student for Democratic Society)와 뜻을 같이했는데 이 단체는 다음과 같이 공공연히 주장했다.

> 문제는 결코 문제가 아니다.
> 문제는 항상 혁명이다![2]

사울 알린스키 자신의 말을 들어 보자.

> 조직의 책임자는 불평과 불만을 유발해야 한다.…그는 반드시 오랫동안 이전 상황을 받아들인 것에 대한 근본적인 죄책감을 떨쳐 낼 수 있는 체계를 만들어야만 한다. 이 구조에서 새로운 공동체 조직이 생성된다.[3]

불평불만을 불러일으켜라. 문제를 해결하지 말고 이용하라라. 죄책감을 만들어라. 알린스키는 자신이 마르크스주의 국가의 '평등'을 가져오는 혁명이 없다면 억압받는 자와 압제자들 사이의 갈등은 지속적이고 끝이 없으며, 만족스러운 해결책이 없다고 믿는 헌신적인 마르크스주의자라는 사실을 비밀로 하지 않았다. 그는 "공산주의를 낙원"이라고 묘사했다.

---

2   David Horowitz, *Dark Agenda: The War to Destroy Christian America* (West Palm Beach, FL: Humanix Books, 2018), 84.

3   Alinsky, *Rules for Radicals*, 117.

카를 마르크스에게 있어서 갈등은 주로 자본가들과 프롤레타리아, 부자와 가난한 사람들 사이에 있었다. 알린스키의 눈에는 경제학뿐만 아니라 인종 문제도 이 갈등의 하나로 보았다. 인종차별은 그가 추구했던 혁명을 조장하는 데 이용될 것이다. 따라서 변화를 요구하는 것은 결코 인종, 성별, 경제적 지위에 관한 것이 아니다. 오직 혁명과 권력만을 위한 것이었다.

앞서 나는 미네소타 경찰이 조지 플로이드를 비극적으로 살해한 후 발생한 폭동이 어떤 사람들에게는 인종이나 경찰의 잔혹함이 문제가 아니라는 것을 보여 주었다고 지적했다.

상점을 약탈하고 "정의가 없으면 평화도 없다"라고 외쳤던 갱단은, 인종차별은 단순히 구실이고 권력이 목표라는 사울 알린스키의 말을 따르고 있었으며, 수천 명의 진실한 사람들이 인종차별에 대한 연대를 표현하기 위해 무릎을 꿇었지만 아마도 그들은[4] 폭동 이면의 더 큰 파괴적인 의제에 관해서는 알지 못했던 것 같다.

인종 간 화해가 공통점을 찾고, 이해를 구하고, 차이를 최소화하고, 유사점과 공유된 약속에 초점을 맞추는 시기가 있었다. 우리는 기업, 교육기관과 교회에 다양한 민족과 인종 그룹을 포함함으로써 발전이 이루어졌다고 믿었다. 우리는 서로를 존중하기 위해 헌신했다.

---

4 For a better understanding of the goals of Black Lives Matter, I suggest going to their web- site to learn about their larger agenda: https://blacklivesmatter.com. Watch Black Lives Mat- ter cofounder Patrisse Cullors' interview with Real News Network, where she revealed, "Myself and Alicia [Garza] in particular are trained organizers. We are trained Marxists. We are super- versed on, sort of, ideological theories." You can see the interview at https://therealnews.com/ stories/pcullors0722blacklives. And read African-American Christian and prolife speaker and author Ryan Bomberger's article "Top 10 Reasons I Won't Support the #BlackLivesMatter Move- ment", which is found here: https://townhall.com/ columnists/ryanbomberger/2020/06/05/ top-10-reasons-i-reject-the-blm-n2570105.

하나님은 다양성을 사랑하신다.
특히, 그것이 그리스도 안에서
일치의 모자이크로 합쳐질 때
더욱 그렇다.

내가 36년 동안 담임목사로 섬긴 시카고의 무디교회에서 우리는 매주 일요일 아침 70개 이상 국가 출신의 사람들이 예배에 참석한 것을 기쁘게 생각한다. 우리는 항상 우리가 원하는 곳에 있지는 않았지만, 그곳을 향해 가고 있었다. 무디교회는 우리 동네의 다양성을 반영하는 교회다. 우리는 모든 사람이 어린양을 찬양할 날을 고대한다.

> 그들이 새 노래를 불러 이르되 두루마리를 가지시고 그 인봉을 떼기에 합당하시도다 일찍이 죽임을 당하사 각 족속과 방언과 백성과 나라 가운데에서 사람들을 피로 사서 하나님께 드리시고(계 5:9).

하나님은 다양성을 사랑하신다. 특히, 그것이 그리스도 안에서 일치의 모자이크로 합쳐질 때 더욱 그렇다. 인종적, 민족적 적대감과 모든 사람의 고유한 존엄성을 부정하는 것은 죄악이며, 특히 그리스도의 몸 안에서 더욱 그렇다. 우리는 그리스도인으로서 '다양성 속에서의 연합'에 지도력을 부여하는 최전방에 서야 하며, 인종적 분열과 의심보다는 사랑과 수용을 위해 노력해야 한다.

그러나 지난 두 세대 동안 많은 진전을 얻었음에도 불구하고 미국의 인종 격차는 좁혀지는 것이 아니라 더 넓혀지고 있다. 확실한 한 가지 이유는 우리의 국가적 논쟁에서 고조된 정치적 수사다. 우리는 정치적 스펙트럼의 모든 면에서 중상모략, 왜곡, 열띤 비난에 슬퍼한다. 어떤 정치인들은 이성과 예의가 아니라 자존심과 구호로 움직인다.

인종 분열이 커지는 또 다른 주요 이유는 통일이 아닌 인종 분열을 장려하는 문화막시즘이 널리 수용되었기 때문이다. 공산주의는 그것을 채택한 모든 국가에서 이미 실패했지만, 모든 남녀가 법에 따라 '평등'하도록 강요받는 사회에 대한 마르크스주의 비전은 죽지 않았다. 미국에서는 이것이 '사회 정의'와 '정치적 올바름'으로 탈바꿈되었다. 우리는 심지어 다양성과 평등이라는 단어를 추가할 수 있다. 이 용어들은 의미 있는 화해의 희망이 아닌 인종 간의 갈등을 존속시키는 데 사용되었다.

우리는 '각성 세대'에 살고 있다. 어떤 사람들에게는 그것은 당신의 깨달음을 의미하고, 우리 사회의 불의를 설명하기 위해 역사, 인종차별, 경제가 어떻게 융합되는지 이해한다는 것을 의미하는 긍정적인 용어다. 다른 사람들에게는 수학과 같은 엄격한 과학 분야 등 거의 모든 곳에서 여러 겹의 억압을 본다는 것을 의미한다. 우리의 충성 서약에서도 부당함과 억압이 만연해 있다.

여기에서 우리는 무엇이 위험한지 이해할 수 있도록 이 평등의 개념을 자세히 살펴보겠다.

1. 평등의 다양한 얼굴들

좋은 출발점은 토머스 제퍼슨(Thomas Jefferson)이 자주 인용한 '독립선언문'의 서문에 있는 이 인용문이다.

> 모든 사람은 평등하게 창조되었다. 우리는 이러한 진리를 자명한 것으로 본다.[5]

---

5 The Declaration of Independence, National Archives, https://www.archives.gov/founding-docs/declaration.

에이브러햄 링컨은 그의 유명한 게티즈버그 연설에서 이렇게 말했다.

이 나라는 자유 속에서 탄생했으며, 모든 사람이 평등하게 창조되었다는
명제에 헌신했다.[6]

모든 인간은 하나님 앞에서 동등한 가치를 가지고 창조되었으며, 생명,
자유, 행복 추구의 권리가 있다.

그러나 어떤 사람들은 평등이란, 삶의 모든 측면에서 평등을 추구하고
이를 실현하기 위해 설득, 입법, 협박, 수치심을 사용해야 한다는 것을 의
미한다고 말한다. 그러나 제퍼슨이나 링컨은 모든 사람이 능력, 교육, 기
회, 수입 등에서 평등을 기대하지 않았다. 그들은 하나님이 주신 권리, 즉
삶, 자유, 행복 추구의 평등을 믿었다. 하나님 앞에서 가치가 평등하다. 능
력, 독창성, 지능 및 소득의 평등이 아니다.

오늘날 '평등'이라는 단어는 상상할 수 있는 모든 사회적 원인에 적용
된다. 우리는 '결혼 평등'(동성 결혼), '경제 평등'(사회주의), '생식 평등'(낙
태), '건강 관리 평등'(자유/사회보장 의료), '성 평등'(성전환자에 대한 법적 보
호) 등이 있다. 그러나 '인종 평등'의 긍정적인 목표는 신중하게 정의되어
야 한다.

홀마크 채널(Hallmark Channel)은 두 여성이 서로 키스하는 광고를 선보
인 후 시청자가 비판적으로 반응하자 광고를 중단했다. 그러나 광고가 중
단되자 LGBTQ(Lesbian, Gay, Bisexual, Transgender, Queer[레즈비언, 게이, 양성,
성전환자, 퀴어])의 반발이 일어났다. 광고를 의뢰한 회사는 모든 키스와 커
플이 동등하다고 주장하고 홀마크 채널의 모든 광고를 취소했다. 결국, 홀
마크는 결정을 뒤집었다.[7]

6   Gettysburg Address, Wikipedia, https://en.wikipedia.org/wiki/Gettysburg_Address#-
Text_of_the_Gettysburg_Address.
7   Dave Nemetz, "Hallmark to Reinstate Ads Featuring Same-Sex Wedding, CEO Apolo-

세속주의자들에 따르면 '평등'이 요구하는 것은 이것이다. 2019년 하원에서 통과되었지만, 아직 상원에서는 통과되지 않은 평등법(우리나라의 차별금지법)이 통과되면 고용관행에서 모든 종교의 자유는 파괴될 것이다.

> 성전환 소년들이 소녀들의 화장실을 사용할 수 있고 그 반대도 가능해 질 것이다.[8]

하나님께서 모든 남자와 여자를 그분의 형상대로 창조하셨으므로 그 가치가 동등하다는 사실을 반복하겠다. 그러나 성경에서 남자와 여자는 세상에서 독특한 위치와 역할을 가지고 있다. 또한, 하나님은 축복과 은혜를 동등하게 분배하지 않으셨다. 하나님은 함무라비(Hammurabi)를 아브라함처럼 대하지 않으셨다. 그는 앗시리아인들을 유대인들처럼 대하지 않으셨다.

예수님은 12명의 제자가 있었지만, 그들 중 세 명에게만 특권을 주셨다(베드로, 야고보, 요한만이 변화산에서 그분과 함께 있었고 이 세 사람만이 겟세마네 동산에서 그분과 함께 기도하도록 초대받았다). 어떤 종류의 불평등은 세계와 인간의 본성에 내재되어 있다.

성경이 가르치는 것은 우리가 받은 은사와 재능에 근거한 동등한 책임이다.

> 알지 못하고 맞을 일을 행한 종은 적게 맞으리라 무릇 많이 받은 자에게는 많이 요구할 것이요 많이 맡은 자에게는 많이 달라고 할 것이니라(눅 12:48).

gizes", *TV Line*, December 15, 2019, https://tvline.com/2019/12/15/hallmark-chan-nel-reversed-reinstating-ads-same-sex-wedding-zola-controversy/.

8 H.R.5—Equality Act, Congress.gov, https://www.congress.gov/bill/116th-congress/house-bill/5/text.

더 큰 선물은 더 큰 책임을 의미한다.

> 내 형제들아 너희는 선생된 우리가 더 큰 심판을 받을 줄 알고 선생이 많이 되지 말라
> (약 3:1).

그리고 성경은 다시 이렇게 말씀하신다

> 누가 너를 남달리 구별하였느냐 네게 있는 것 중에 받지 아니한 것이 무엇이냐 네가 받
> 았은즉 어찌하여 받지 아니한 것 같이 자랑하느냐(고전 4:7).

예수님은 한 사람이 여행을 떠나면서 자신의 재산을 세 명의 다른 청지
기에게 맡기는 비유를 말씀하셨다.

> 각각 그 재능대로 한 사람에게는 금 다섯 달란트를, 한 사람에게는 두 달란트를, 한 사람
> 에게는 한 달란트를 주고 떠났더니(마 25:15).

다섯 달란트를 받은 사람과 두 달란트를 받은 사람들은 모두 그것을 투
자하여 두 배로 늘렸고 똑같은 칭찬을 받았다.

> 그들의 주인이 이르되 잘하였도다 착하고 충성된 종아 네가 적은 일에 충성하였으매 내
> 가 많은 것을 네게 맡기리니 네 주인의 즐거움에 참여할지어다(마 25:21, 23).

그러나 한 달란트를 받은 사람은 투자를 거부했고, 그의 주인의 이익을
위해 자신에게 맡겨진 달란트의 사용을 꺼려 땅에 숨겼다. 주인은 화가 나
서 말했다.

두려워하여 나가서 당신의 달란트를 땅에 감추어 두었었나이다 보소서 당신의 것을 가지셨나이다. 그 주인이 대답하여 이르되 악하고 게으른 종아 나는 심지 않은 데서 거두고 헤치지 않은 데서 모으는 줄로 네가 알았느냐(마 25:26-27).

게으른 하인은 혹독한 평가를 받았다.

예수님은 한 달란트를 받은 사람이 다섯 달란트를 얻을 것으로 기대하지 않으셨다. 다른 사람들처럼 그는 단순히 투자를 두 배로 늘렸어야 했다. 하나님의 공평함은 재능의 분배에서가 아니라 우리가 가진 것에 대한 우리의 신실함을 기대할 때 나타난다. 우리는 우리가 가진 것에 대해 심판을 받는 것이며, 우리가 가지고 있지 않은 것에 대해 심판받는 것이 아니다.

유대인들은 이방인들이 갖지 못한 특권을 받았지만, 이러한 특권과 함께 다른 나라들에 빛이 될 책임이 있었다. 그들은 실패했고 그것 때문에 심판을 받았다. 특권을 가진 사람들은 특권이 덜한 사람들을 도울 책임이 있다. 그렇지 않다면 그들은 그것에 대해 하나님 앞에 책임을 져야 한다. 그러나 우리는 소득, 생활 방식 또는 성과에서 평등을 달성할 것이라는 환상을 가지고 살아서는 안 된다.

마르크스는 국가 통제를 통한 소득, 지위, 권력의 평등을 주장했다. 그러나 그것은 역사도 인간 본성도 이해하지 못하는 유토피아들의 꿈이다. 자유는 결과의 불평등이 수반된다. 경제 평등을 부과하는 이론은 독창성, 전통, 재능의 자유를 근절한다.

소련이 붕괴되기 몇 년 전, 아내와 나는 모두가 본질적으로 같은 임금을 받는 공산주의 국가를 방문했다. 의사들은 병원 청소를 하는 사람들보다 약간 더 많은 급여를 받았다. 그 덕분에 모든 사람이 소득 평등을 누렸지만, 이 나라에 의사가 부족한 것은 놀랄 일도 아니다. 윈스턴 처칠이 말했듯이, "자본주의에 내재한 악은 축복을 불평등하게 나누는 것이며, 사회주의에 내재한 미덕은 불행을 동등하게 나누는 것이다."[9]

미국에서 많은 대학 교수가 그들의 업적에 상관없이 모든 사람이 똑같은 보상을 받아야 한다고 가르친다. 일부 교육자는 심지어 시험에 저항하기도 한다. 왜냐하면, 실패하는 사람들은 성공하는 사람들과 동등하지 않은 것으로 보일 것이기 때문이다.

그리고 다른 사람처럼 성공하지 못해도 평등할 자격이 있으므로 자신의 잘못이 아니라는 말을 듣는다. 다른 사람의 성공은 자신의 비용으로 얻어졌다고 추정한다. 이 이론은 모든 사람이 본질에서 평등하므로 당신이 가난한 이유는 당신의 후원으로 다른 사람이 부자가 되었기 때문이다. 당신이 성공하지 못하면 그 책임은 압제자(성공한)들에게 있다.

억압이 존재하고 많은 소수집단에게 올라야 할 더 높은 언덕(때로는 불가능한)을 남기는 것은 사실이다. 그래서 그리스도인으로서 우리는 억압받는 사람들을 적극적으로 방어하고 공평한 경쟁의 장을 찾아야 한다. 그러나 기회의 평등이 결과의 평등을 보장할 수 없다.

가톨릭대학교 철학대학 명예학장인 주드 패트릭 도허티(Jude Patrick Dougherty)는 이렇게 말했다.

> 사람들은 힘, 지성, 야망, 용기, 인내 등 성공을 이끄는 다른 모든 면에서 다르다. 사람들을 자유롭고 평등하게 만들 방법은 없다.[10]

사람들을 자유롭고 평등하게 만드는 방법은 없다!

앞으로 살펴보겠지만, 그리스도인으로서 우리는 정의로운 법을 위해 싸우고 억압받는 사람들을 도울 책임이 있다. 그러나 우리는 국가가 필요에 따라 우리의 자유를 억압하는 인위적 평등을 부과해야 할 것이라

9   Winston Churchill, House of Commons, October 22, 1945.

10   Patrick J. Buchanan, *Suicide of a Superpower* (New York: Thomas Dunne Books, 2011), 207.

고 기대해서는 안 된다(사회주의에 관해서는 다음 장에서 더 자세히 논의할 것이다). 또한, 세속주의가 요구하는 다양한 종류의 강제적 평등을 옹호해서도 안 된다.

2. 사회 정의에 대한 탐구

사람들이 "사회 정의"를 위해 노력한다고 말할 때, 우리는 그것이 의미하는 바를 물어볼 필요가 있다. 우리는 신속하게 판단해서는 안 되며, 듣기는 빨리하고 말하기는 더디 해야 한다. 그들이 말하는 사회 정의가 가난한 사람들을 옹호하고, 병자를 돕고, 소외된 사람들을 위해 목소리를 내고, 평등한 기회를 위해 일하는 것으로 정의한다면, 이것 역시 모든 그리스도인의 책임이다. 정의를 구하는 것은 성경에서 반복적으로 가르치고 있다.

특히, 과부, 불의의 희생자, 가난한 사람들을 위해 선한 사마리아인은 정의를 넘어서 자비를 나타낸다. 엄밀히 말해, 그는 상처를 입은 사람에게 시간과 돈을 빚진 적이 없었지만, 두 가지 면에서 관대했으며 자비를 베푼 것에 대해 칭찬받았다(눅 10:37). 그리스도인으로서 우리는 공의를 넘어 큰 개인적 대가를 치르더라도 궁핍한 사람들에게 자비를 베풀어야 한다.

성경적으로 정의는 법 아래서 평등을 주장하는 것을 의미한다. 우리는 억압을 반대하고 궁핍한 사람들과 가난한 사람들의 편을 든다(사 10:1-2 참조). 마틴 루터 킹 주니어(Martin Luther King Jr.)는 『버밍엄 감옥에서 보낸 편지』(Letter from Birmingham Jail)에서 정의로운 법에 대한 간결한 정의를 우리에게 제공했다. 그의 훌륭한 말을 들어 보자.

법이 정당한지 불의한지 어떻게 판단하는가?
정의로운 법은 도덕법이나 하나님의 법과 맞물리는 인간이 만든 법칙이다. 부당한 법은 도덕법과 조화를 이루지 않는 법이다. 성 토마스 아퀴나스의

용어로 말하면, 부당한 법은 영원 또는 자연적인 법칙에 뿌리를 두고 있지 않은 인간의 법칙이다.[11]

인종차별과 흑인 미국인에 대한 동등한 권리를 위한 루터 킹의 싸움은 정의로웠다. 왜냐하면, 이것은 우리 건국 아버지들의 원래 비전이었던 평등과 정의의 일종이며, 그러한 평등과 정의는 모든 사람이 하나님의 이미지로 창조되었다는 성경적 가르침과 일치하기 때문이다.

슬프게도, 복음주의 교회의 일부 사람은 모든 인간이 동등한 가치를 가지고 있다는 성경적 가르침에 근거한 루터 킹의 인종 평등에 대한 비전에 반대했다. 그는 우리 모두는 싸워야 할 것을 위해 싸웠고, 그것은 법에 따른 평등이다. 그리고 가능한 기회의 평등이다.

그러나 이것은 우리가 주의 깊게 살펴보아야 할 부분이다. 이것은 많은 대학과 대중문화에서 지배적으로 사용하는 정의에 대한 이해가 아니다. 오늘날 정의는 신성한 법과 분리되어 있으며 평등이라는 단어처럼 다양한 의제에 연결되어 있다. 정의는 부풀려진 용어가 되었다.

앞서 언급했듯이 우리에게는 환경 정의, 성별 정의, 교육 정의, 이민 정의, 경제 정의 및 생식 정의를 요구하는 정치인과 운동가가 있다. 우리는 함부로 정의라는 단어를 받아들이지 않고 그것을 죄악이나 악한 가치에 적용하지 않는다. 나는 소위 사회 정의 전사들이 미가 6:8의 유명한 말씀을 인용하는 것을 들었다.

사람아 주께서 선한 것이 무엇임을 네게 보이셨나니 여호와께서 네게 구하시는 것은 오직 정의를 행하며 인자를 사랑하며 겸손하게 네 하나님과 함께 행하는 것이 아니냐 (미 6:8).

11 Martin Luther King Jr., "Letter from a Birmingham Jail", April 16, 1963, Stanford University, The Martin Luther King, Jr. Research and Education Institute, https://kinginstitute.stanford.edu/king-papers/documents/letter-birmingham-jail.

그런 다음 그들은 정의가 요구하는 것에 대한 자신의 견해에 대해 말하기 위해 "정의를 행하라"라는 문구를 발판으로 사용한다. 그러나 그들은 대부분 성경보다 마르크스주의에 더 기초한다. 오늘날 사회 정의는 억압된 소수민족에 대한 자원과 권력의 재분배로 정의된다. 억압자들은 다른 사람들의 실패에 대한 원인으로 식별되고 비난받아야 한다. 한마디로 사회 정의는 사회주의의 한 형태로 정의될 수 있다.

이런 종류의 정의는 특정 인종의 우월성을 유지하려고 지배적인 집단에 의해 만들어진 사회적 구성이라고 가르치는 "비판적 인종이론"(CRT; Critical Race Theory)으로 알려진 것에 기반을 두고 있다. 그것은 백인 우월주의와 인종적 권력이 우리 사회 병폐의 근원이라고 한다. 이러한 지배적인 집단은 피지배자를 종속시키고 억압하기 위해 법, 언어 및 다양한 형태의 권력을 사용한다고 한다.

이러한 문제에 대해, 우리 모두가 읽어야 할 세심한 분석을 쓴 닐 셴비(Neil Shenvi)는 이렇게 말한다.

> 현대 비판 이론은 권력의 렌즈를 통해 현실을 보고, 인종, 계급, 성별, 성지향, 신체적 능력, 나이와 같은 다양한 축을 따라 사람들을 억압받는 집단과 억압하는 집단으로 나눈다.[12]

비판적 인종이론에서 사람들은 개인 간의 차이가 거의 또는 전혀 없는 그룹으로 분류된다. 한 그룹이 성과를 내지 못한다면 그것은 성취자의 잘못이다. 한 그룹이 가난하면 그것은 부자의 잘못이다. 그들의 목표는 단합이나 공통 기반을 조성하는 것이 아니라 비난을 할당하고 사람들을 여러 범주(집단 또는 진영)로 분류하여 그룹 간의 긴장을 고조시키고 유지할 수

12　Neil Shenvi, "Intro to Critical Theory", https://shenviapologetics.com/intro-to-critical-theory/.

있도록 하는 것임을 기억하라.

이로 인해 우리 대학에서 억압과 희생을 강조하는 많은 강좌가 생겨났다. 헤더 맥도널드(Heather Mac Donald)의 지적을 보자.

> 비판적 인종이론을 공부하는 학생들은 동료 학생들과 교수들에 대항하여 끊임없이 인종 문제를 제기하여 긴장된 자기검열 분위기를 조성한다.[13]

이러한 사회 정의이론에 반대하는 사람들은 인종차별, 동성애 혐오, 편협 또는 더 나쁜 것으로 불린다.

1) 다양성 연구 입문

사회 정의 수업에 등록하는 우리 대학의 많은 학생이 인종적 화해를 가져오는 데 도움을 주기 위해 좋은 의미를 부여할 뿐 아니라 종종 그러한 연구로부터 이익을 얻는다는 것에 의심의 여지가 없다.

하지만 나는 교실에서의 강좌와 인터넷 담론들이 차이를 부채질하고 억압자를 목표로 삼아 억압받고 있다고 말하는 사람들을 격분시키도록 고안되었다고 확신한다. 피해자들은 가해자들과 맞서야 한다고 한다. 억압당한 몇몇 집단의 범위를 줄일 수 있으므로 일반적인 근거는 허용되지 않는다. 그리고 양보만으로도 충분하지 않다.

독일계 미국인 마르크스주의 철학자 헤르베르트 마르쿠제(Herbert Marcuse)는 기독교와 전통적 도덕의 영향을 파괴하기 위한 전략을 마련하고 있었다. 그는 우리가 피해자 연합이라고 부를 수 있는 것을 찾았다.[14] 그는

---

13 Heather Mac Donald, *The Diversity Delusion* (New York: St. Martin's Press, 2018), 64.
14 William S. Lind, "The Sourge of Cultural Marxism", *The American Conservative*, May/June 2018, 12, https://www.theamericanconservative.com/pdf/mayjune-2018/mobile/index.html#p=12.

억압받는 집단을 활용하여 그들의 억압에 대해 기독교와 자본주의를 비난했다. 그는 이것이 마르크스주의의 적들의 죽음을 재촉하여 마르크스주의 국가를 수립하는 데 도움이 될 것이라고 믿었다. 이 모든 것에서 하나님은 궁극적인 억압자로 여겨졌다.

'인종', '민족성', '성정체성' 등의 '다양성'의 문제가 모든 연구 분야에서 다뤄지고 있다. 당신이 누구인가는 당신이 속한 집단에 달려 있다. 당신이 압제자이든 피압제자이든 간에 우리는 "우리 역할을 만든 사회에 갇혀 있으므로"[15] 어떤 집단은 그들의 압제자들에 대해 억압하는 방식을 연구해야 한다. 우리는 그들의 편협함이 매우 교묘한 방식으로 어디에나 존재한다고 들었다.

그리고 타락한 세상에서 모든 사람은 누군가에 의해 희생된다.

사회 정의의 이론적 목표는 지배적 집단의 권력과 우월성을 공격함으로써 소수자들을 해방하는 것이다. 비판적 인종이론은 백인들이 어떻게 흑인 미국인을 억압했는지, 남성이 여성을 어떻게 억압했는지, 이성애자가 동성애자를 어떻게 억압했는지, 그리스도인이 무슬림을 어떻게 억압했는지 등을 강조함으로써 사회 정의를 옹호한다. 이 모든 것은 '억압받는 사람들을 위해 정의를 추구한다'라는 기치 아래 팔리고 있다.

당신이 선의의 사람들에게 억압당했음에도 불구하고 열등감을 느끼게 하는 미세 공격 대화의 희생자가 될 수 있다는 것을 증명하기 위한 연구가 행해졌다.

예를 들어, 사투리를 사용하는 사람을 만나 어디서 왔냐고 묻는다면, 그 사람은 자기가 그들에게 속해 있지 않은 것처럼 느끼게 하여 불쾌감을 준다고 주장할 수도 있다. 헤더 맥도널드가 쓴 글과 같다.

---

15   David J. Garrow, *Liberty and Sexuality: The Right to Privacy and the Making of Roe vs. Wade* (Berkeley: University of California Press, 1998), 390.

그 과정에서 그들은 불법행위법에서 특히 삶의 사소한 충돌로 상처를 입은 선천적으로 연약한 개인들로 소위 '난각 원고'(Eggshell Plaintiffs, 계란 껍질 원고, 소위 상처받기 쉬운 피해자)라는 것을 만들었다. 그 결과는 앞으로 몇 년 동안 우리에게 영향을 미칠 것이다.[16]

이런 분위기 속에서 억압자들에게 이제는 그들이 직면해야 하고 앉아서 들어야 할 차례라고 말해야 한다. 그리고 필요하다면 피해자들의 고충을 들을 수 있도록 학교나 사업체를 폐쇄해야 한다. 이 접근 방식을 옹호하는 사람들은 그러한 무자비한 전술에 반대하면 억압자들의 편임을 증명할 뿐이라고 말한다.

그리고 만약 당신이 억압자(보통 백인, 시스젠더[타고난 성과 생각이 일치한 성], 이성애자)라면, 당신이 살아남을 수 있는 유일한 방법은 당신의 편견과 판단주의를 고백하고 당신이 특권을 가진 죄가 유죄임을 인정하는 것이라고 한다.

피해자는 억압으로 인식되는 것에 노출되면 그 결과로 생긴 불안과 상처받은 감정을 다룰 수 있는 '안전한 장소'를 요구해야 한다고 한다(이를 안전 주의라고 한다). 이것은 신체적 안전의 문제가 아니라 그들에게 가해진 해악 때문에 정서적인 지원과 치유의 문제가 된다. 이러한 입장은 심지어 어떤 초청 연사가 한 대학 캠퍼스에서 연설하도록 허용할지 말지를 결정한다.

만약 학생들이 연사가 '공포' 또는 다른 사람을 '충동'하는 것으로 여겨지는 것을 말할 수 있다고 예상되면, 그 연사는 불청객이 되거나 초청이 취소된다(우리는 이 문제를 다음 장에서 더 완전하게 다룰 것이며, 이는 언론의 자유와 관련이 있다).

---

16 Mac Donald, *The Diversity Delusion*, 63.

2) 교차성

교차성의 개념은 좌파 법학 교수인 킴벌 크렌쇼(Kimberlé Williams Crenshaw)
의 연구를 통해 개발되었다. 로비 소아베(Robbie Soave)의 표현대로 교차성은
"진보적 운동가의 사고를 지배하게 된 철학적 틀"이다.[17] 간단히 말해서 여
러 가지 억압의 원천인 인종, 계급, 성별, 성적 지향 등이 있다. 이것은 하나
의 억압의 요소로 작용할 뿐만 아니라 결합하여 사람의 삶에서 교차할 수 있
다. 크렌쇼는 이 모든 것이 권력에 관한 것이라고 말한다. 이제는 압제자들
(대부분 백인)이 억압받는 사람들의 말을 들을 때라고 말한다.

> 요청하는 것이 아니라 요구하는 것이다. … 권력 자체의 그 얼굴을 바꾸는
> 것이다.[18]

연구는 '무의식적 편견'을 증명하기 위해 발명되었는데, 이것은 당신이
편협하지만 그것을 인지하고 있지 못할 수도 있다는 것을 의미한다. 실제
든 상상이든 주변의 '억압자'에 대한 비난을 퍼붓는다.

수상 경력이 있는 UCLA 교육학 교수인 발 러스트(Val Rust)는 비교교
육 분야의 선구자였으며 전 세계에서 온 학생들을 조언하는 데 시간을 보
냈다. 그의 학생들은 그의 연민과 성실함에 대해 그를 칭찬했다. 그러나
논문 준비에 관한 대학원 수업에서 그는 학생 시위의 대상이 되었다. 그
는 학생들이 논문 작성에서 문서 형식을 지정하는 방식으로 '시카고 스타
일 매뉴얼'(Chicago Manual of Style, 시카고 스타일 매뉴얼은 시카고대학교출판부가

---

17 Robby Soave, "Think the Green New Deal Is Crazy? Blame Intersectionality", *Reason*, February 8, 2019, https://reason.com/2019/02/08/green-new-deal-intersectionality-ocasio/.

18 Rudy Gray, "SBC Resolution 9: Statement on Critical Race Theory & Intersectionality Point of Controversy and Disagreement", *The Courier*, June 27, 2019, https://baptistcourier.com/2019/06/sbc-resolution-9-statement-on-critical-race-theory-intersectionality-point-of-controversy-and- disagreement/.

1906년부터 발행한 미국 영어의 스타일 가이드로, 미국에서 가장 널리 사용되고 있는 스타일 가이드 중 하나이다. 특히, 미국 영어에 초점을 맞추고, 문서 작성 및 서식뿐만 아니라 문법 및 사용법을 포함한 편집 방법들을 다루고 있다.-역자 주)을 따라야 한다고 하였고, 그가 적절한 구두법이라고 생각하는 것에 대해 정치적 의미로 비판을 받았다.

이것은 결국 급진적인 학생들이 그의 교실에 난입하는 결과를 초래했고, 무엇보다도, 그에 대해 다음과 같이 고발했다.

우리의 인식론, 우리의 지적 엄격함 그리고 우리가 학급과 공유해 온 방법론적 족보의 잘못된 구성에 따라 지시된 인종적인 미시적 침략이다.[19]

이 모든 진행 과정에서, 대학 행정부나 그의 동료들은 그를 옹호하지 않았다. 심지어 학장이 러스트가 1년 동안 수업을 못 하게 될 것이라고 발표했지만, 그것이 급진주의자들에게는 충분하지 않았다. 학교는 그에게 사임을 강요했고, 대학 당국은 학생들과 영합했다.

나르시시즘적(자기애적) 피해자의 부당한 요구에 대해서는 아무 말도 하지 않았지만, 이 문제를 논의하기 위한 위원회가 구성되었다. 최종 보고서는 다음과 같이 주장했다.

최근에 한 그룹의 학생들이 우리 지역 사회에서 [우리의] 사명을 수행하는 방법에 대해 성찰하도록 용기 있게 도전했다. 우리는 이 학생들에게 감사의 빚을 졌다.[20]

19   Mac Donald, *The Diversity Delusion*, 65-66.
20   Mac Donald, *The Diversity Delusion*, 68.

이를 통한 교훈은 분명하다. 학생의 문법과 철자를 수정하면 당신은 편협하다고 불릴 수 있고 직장을 잃을 수도 있다.

당신이 생각하는 것과는 달리, 이것은 특정 극단적인 예가 아니다. 이와 같은 일은 일부(전부는 아님) 대학에서 규칙적으로 발생한다. 편견, 인종차별, 또는 증오의 비난을 두려워하는 교수와 학생들 모두 그들이 자신들을 인종차별주의자나 편협한 사람으로 낙인찍힐 말을 하지 않도록 자제하기 위해 큰 노력을 기울인다.

3) 교회 안 비판적 인종이론(CRT: Critical Race Theory)

'정치적 올바름'의 세계에서 논쟁은 사회적 힘과 수치심에 의해 해결되는 것이지, 토론하고 증거를 평가하려고 하지 않는다. 이런 종류의 히스테리는 인종 간의 화해에 거의 도움이 되지 않는다. 사회정의론도 일부 교회, 특히 동성 결혼 등을 받아들인다는 의미의 '포용적'이라는 진보적 성향의 교회에도 침투했다.

나는, 몇몇 복음주의 교회에서 조차도 비판적 인종이론을 수용한 것에 대해 비통해하는 닐 셴비의 의견에 동의한다. 일부 그리스도인은 이러한 이론들이 사실상 모든 면에서 반기독교적이라는 것을 이해하지 못하는 것 같다. 비판적 인종이론은 개인의 정체성이 자신이 속한 그룹에서 분리될 수 없다고 가르친다. 백인으로 태어난 사람은 성격이나 개인적 태도에 상관없이 억압자라는 꼬리표를 붙인다. 개성은 자신이 속한 집단 내에서 상실된다.

그리고 만약 당신이 백인으로 태어나서 인종차별의 혐의에 맞서 자신을 변호하기로 한다면, 그것은 당신이 정말로 인종차별주의자라는 것을 증명해 줄 뿐이다!

부유한 흑인은 특권층으로 여겨지지 않지만, 비참한 가난 속에서 태어난 백인은 특권층으로 여겨진다. 거기에는 개성이나 친절, 용서나 의미 있는 화해의 여지가 없다.

더욱 중요한 것은 순전히 세속적인 비판적 인종이론의 적용에서, 구속은 하나님의 구원의 은혜에 따른 복음에 의해 죄에서 해방되는 것이 아니라, 한 집단을 억압자와 분리하는 것으로 간주된다. 비판적 인종이론의 근본적인 관점에서 구원은 당신의 압제자들 위에 순수 마르크스가 권력을 잡는 것이다.

셴비가 지적한 바와 같이, 비판적 인종이론은 객관적 진실보다 삶의 경험이 훨씬 더 신뢰할 만하다는 마르크스의 말에 동의한다. 억압받는 사람들은 억압자들이 알지 못하는 독특한 방식으로 현실을 본다고 한다. 우리는 이것이 우리가 억압받는 집단의 구성원에게 복종하여 미국 헌법이나 성경을 해석해야 하는 이유라고 듣고 있다.

이 모든 것의 이면에는 진실은 오직 억압자가 억압받는 자를 굴복시키기 위해 사용하는 것이라는 마르크스의 사상이 있다. 억압받는 사람들은 독특한 관점을 가지고 있으므로, 억압자들은 조용히 앉아서 경청해야 한다.[21]

우리는 모두 "죽은 늙은 유럽 백인 남성"(dead old European white males)이라는 경멸적 표현을 들었다. 그들은 적어도 세 가지 면에서 압제자라고 한다. 그들은 유럽인이었고 백인이었고 남성이었다. 그들은 과학, 의학, 교육 또는 사람들의 복지와 관련된 어떤 것에 기여했는지와 관계없이 공공연히 비난받아야 한다. 이것은 오늘날 서구 문명의 많은 위대한 성취와 업적이 비난받고 있는 이유를 설명한다.

그렇더라도, 백인들은 다른 민족 배경에서 온 형제자매들의 우려에 민감할 필요가 있다. 나는 흑인 미국인 신학교 학생들에게 그들의 교회 역사 과정은 유럽의 백인 신학자들에 의해 지배당해 왔다고 말했다. 그들은 자

---

21 See Southeastern Baptist Theological Seminary, *Social Justice*, Critical Theory, and Christianity: Are They Compatible?, Neil Shenvi, https://youtu.be/E33aunwGQQ4.

신과 동일시할 수 있는 사람, 즉 자신들의 문화적 배경을 가진 사람이 쓴 책을 갖고 싶어 했다. 이런 우려를 귀담아듣고 북아프리카의 초기 신학자까지 거슬러 올라가는 기독교 역사에 대한 논의에 흑인 역사와 작가가 포함되도록 해야 한다. 과거를 부정하지 않으면서도 우리는 우리의 신학교와 교회에서 더 포용적이고 균형을 잘 잡을 수 있다.

그러나 비판적 인종이론은 답이 아니다.

남침례교협약(SBC)에 워크니스(사회 정의 문제에 대한 인식)와 사회 정의론이 침투했다는 증거가 커지고 있다. 2019년, 비판적 인종이론을 비판한 결의안은 실제로 비판적 인종이론이 최소한 어느 정도 신뢰성을 갖도록 주장하기 위해 진보주의자들에 의해 수정되거나 변경되었다. 대표단은 비판적 인종이론/교차성은 세계관은 아니지만 "분석적 도구"라고 명시한 결의안을 채택했다. 많은 대의원의 생각에 "이것은 비판적 인종이론이 남침례회가 아니라 남침례신학교에서 받아들이고 있다는 추가 증거였다."[22]

그 후, 이 결의안에 반대표를 던진 남침례회의 주요 지도자이자 남침례신학교의 총장인 앨버트 모흘러(Albert Mohler) 박사는 자신의 견해를 명확히 할 필요성을 느꼈다.

> 비판적 인종이론과 교차성은 고등 교육과 정책에서 점점 더 지배적이며 지속적으로 변형된 마르크스주의 일부다. 비판적 인종이론은 기독교 신앙에 직접적으로 반대하는 세계관과 사상가들에게서 나왔다.[23]

여기서 우리는 신중해야 하겠지만, 나는 종종 '인종 화합'이라는 기치 아래 '백인'과 '백인 특권'에 대한 노골적인 인종적 공격이 위장되었다는

---

22 "SBC 2019: Resolutions Committee 'severely altered' resolution against identity politics", *Capstone Report*, June 13, 2019, https://capstonereport.com/2019/06/13/sbc-2019-resolutions-committee-severely-altered-resolution-against-identity-politics/32605/.
23 Gray, "SBC Resolution."

것을 알아차렸다. 실질적인 화해에는 거의 관심이 없는 것이 분명해지고, 단지 한 인종이 다른 인종에게 유리하다는 것에 대한 비난일 뿐이다. 개인의 차이와 책임은 무시된다.

그리고 우리는 아직 이 분석을 끝내지 않았다. 이제 우리는 비판적 인종 이론의 또 다른 측면, 즉 백인의 죄책감 문제로 관심을 돌려야 한다.

3. 백인의 죄에 관한 논란

인종 분리를 경험한 한 흑인 미국인에 대한 첫 번째 소개는 캐나다에서 온 존 퍼킨스(John Perkins)이며, 그가 쓴 『정의가 무너지도록 내버려 두어라』(*Let Justice Roll Down*)라는 책을 권하고 싶다. 그는 모든 이야기에서 인종 화해의 위대한 영웅 중 한 명이며, 내가 무디교회에서 설교하도록 초대한 사랑하는 형제다.

나는 그가 짐 크로우(Jim Crow) 시절 딥사우스에서 자라면서 경험한 불의와 희생에도 불구하고 그의 큰 용서에 놀랐다. 또한, 그의 가장 최근 저서인 『하나의 피: 인종과 사랑에 관해 교회에 고하는 이별의 말씀』(*One Blood : Parting Words to the Church on Race and Love*)도 도움이 될 것이다.

우리는 인종 분리가 대체로 과거의 문제인 것에 감사할 수 있지만, 여전히 특정한 형태의 인종차별이 존재하는 현실을 간과해서는 안 된다.

한 가지 예를 들자면, 시카고에 있는 많은 흑인 미국인 지역 사회는 부동산을 매입하고 높은 임대료를 부과하면서도 그들의 이익을 다시 지역 사회에 재투자하지 않는 백인 지주들에 의해 착취를 당했다. 흑인 미국인 형제자매들과 대화해 보면, 그들은 종종 보이지도 않고 심지어 백인 커뮤니티의 사람들에 의해 경험한 이해도 안 되는 인종차별의 여러 가지 예를 여러분에게 들려줄 것이다.

그러나 동시에 최근 몇 년 동안 백인들은 "백인의 죄, 즉 집단으로서 백인들은 과거뿐만 아니라 현재에 대해서도 죄책감을 느껴야 한다는 말을 듣는다"라는 오명을 쓰고 있다. 그들은 본래 '백인 특권'을 가지고 있는데, 이것은 직업, 교육, 주택 등에서 흑인 미국인들의 발전을 저해한다고 한다.

나는 백인이 우리 문화에서 유리하다는 것에 동의한다. 나는 나의 피부색 때문에 교회나 다른 환경에서 받아들여질지 걱정해 본 적이 없다. 인종차별주의는 해결해야 할 우리 문화의 많은 불평등을 설명한다. 하지만 이 이야기에는 또 다른 측면도 있다.

흑인 미국인 지도자 셸비 스틸(Shelby Steele)은 『백인 죄책감-흑인과 백인이 함께 시민권 시대의 약속을 파기하는 방법』(*White Guilt : How Blacks and Whites Together Destroyed the Promise of the Civil Rights Era*)이라는 책을 저술했다. 비록 모두가 스틸의 의견에 동의하는 것은 아니지만, 그는 자기의 작품으로 널리 칭찬받고 있다. 시카고 선타임스는 이 책을 추천하면서 이렇게 말했다.

> 이 나라의 흑백 갈등의 끝없는 대치 상황에 관계된 사람은 누구나 셸비 스틸의 책을 읽을 의무가 있다.[24]

스틸 자신도 백인우월주의의 인종적 불의를 경험했지만, 백인우월주의에서 백인 죄책감으로의 전환이 흑인 미국인 사회에 좋지 않았다고 믿는다. 간단히 말해서 그는 인종 분리 기간 동안 백인 미국인들은 책임이 있지만 보상할 필요는 없다고 주장한다. 현재 시민권이 발전하면서, 흑인 미국인들은 때때로 책임감 없이 보상을 추구했다.

---

24   Shelby Steele, *White Guilt: How Blacks and Whites Together Destroyed the Promise of the Civil Rights Era* (New York: HarperCollins, 2006), cover.

비록 흑인 미국인들이 과거의 백인우월주의에 의해 희생당했지만, 그는 이제 일부 흑인 미국인 지도자를 조롱하고 그들이 백인 죄책감을 사용하여 흑인 미국인의 희생을 정체성으로 조장하고 있다고 경고한다.

민권법 제정 이후에 일어난 일에 대해 그는 이렇게 썼다.

> 흑인이라는 리트머스 시험은 인종적 희생을 자신의 삶에서 가끔 일어나는 사건이 아니라 지속적인 정체성 문제로 받아들이도록 요구했다. 피해자 정체성을 가지면 실제 피해자가 없는 곳에서도 피해자의 열렬한 분노를 불러일으킬 수 있다. 백인의 죄책감의 대상은 권력이었고, 이 정체성은 무장단체 지도자들이 그 권력에 접근하기 위한 수단이었다. 불행하게도, 이 모든 것은 진정한 목적이 없으며, 흑인들에게 백인의 죄책감을 조작하는 것 이상의 정치적 정체성을 부여했다.[25]

우리가 스틸의 의견에 동의하든 하지 않든, 그는 백인 죄책감이 일부 흑인 미국인들에 의해 책임감 없이 보상을 얻기 위한 수단으로 이용되고 있다고 주장한다. 우리는 마르크스주의자인 사울 알린스키가 추종자들에게 "잠재적인 죄책감"을 이용하라고 말한 것을 기억한다. 어떤 사람들은 죄책감이 소수민족이 얻지 못한 특권을 주장할 수 있는 수단으로 사용된다고 말할 것이다. 이것은 피해자가 스스로 자격이 있다고 느끼도록 고무한다.

무엇이 흑인 미국인 사회 대부분을 제도적 빈곤에 빠뜨리는가?

마틴 루터 킹 주니어와 함께 시민권 투쟁을 했던 흑인 미국인 목사 빌 오웬스(Bill Owens)는 아마도 스틸 목사의 말에 동의할 것이다. 오웬스는 자신의 저서 『탈선된 꿈 - 좌익이 시민권을 볼모로 영구적인 하층민을 만드는 방법』(*A Dream Derailed: How the Left Hijacked Civil Rights to Crate a Permanent Underclass*)에서 복지국가가 흑인 미국인들을 영구적인 하층민으로 전락시

---

25 Steele, *White Guilt*, 72-73.

킨다는 문서화된 증거를 제시한 후, 사실상 흑인 미국인들로부터 자존심을 훔친 것은 진보주의 사회 정책이라고 주장한다.

> 미국 흑인들에게는 … 연방정부가 납세자에 의해 제공되는 소위 무료 서비스와 유인책을 더 많이 제공할수록, 더 많은 흑인이 정부에 의존하도록 장려된다. 이 시스템으로, 더 적은 수의 흑인들만이 교육을 받고, 가족을 위해 열심히 일하며, 기업가, 전문가 그리고 비즈니스 지도자가 될 가능성이 있다. 이 시스템으로 더 적은 수의 흑인들만이 자부심과 위엄을 가지고 서 있을 것이다. 다시 한번 우리의 도시들을 보라.
> 당신은 당신이 보는 것이 마음에 드는가?[26]

백인 죄의식과 백인 특권에 관한 모든 논쟁에서, 우리는 서로의 피부색으로 판단하지 말고 인성의 내용으로 판단해야 한다는 것을 일깨워 준 마틴 루터 킹 주니어의 말을 기억하는 것이 좋을 것이다.

무엇이 더 인종차별적인가?

우리는 피부색을 바꿀 수는 없지만, 서로의 말을 듣고 어떻게 하면 인종 관계에서 앞으로 나아갈 수 있는지 물어볼 수 있고, 한 집단이 다른 집단을 희생시키면서 다른 집단을 일으켜 세우려는 논쟁으로 불필요하게 옆길로 새지 않을 수 있다.

우리 무디교회의 회원 중 한 명에게(그는 가나에서 태어났지만, 시카고 남쪽에서 자랐기 때문에 진정한 흑인 미국인이라고 부른다) 많은 대학 캠퍼스의 사회 정의 교과 과정에 대해 어떻게 생각하느냐고 물었더니 다음과 같이 말했다.

---

[26] Rev. Bill Owens, *A Dream Derailed: How the Left Hijacked Civil Rights to Create a Permanent Underclass* (Fulshear, TX: A New Dream Publishers, 2019), 42.

"우리는 매일 점점 더 멀어지고 있으며 백인들이 특정 요구를 충족시켜 주지 않으면 화해는 있을 수 없다는 말을 듣고 있다. 이러한 요구는 불가능하므로 교착 상태가 지속된다."

2020년 시위와 폭동 이후, 다양하게 정의되는 제도적 인종차별에 맞서는 데 필요한 변화가 이루어지기를 바란다. 하지만 나는 또한 이 어려운 사회 정의의 전사들에게는 어떤 것도 충분하지 않을 것이라고 확신한다. 그들의 목표는 화해가 아니라 끝없는 보복이다.

4. 각성한 수학

사회 정의는 우리가 일반적으로 인종차별과 관계가 없다고 생각했던 학문으로도 확산되고 있다. 분명히 수학과 같은 소위 자연과학은 객관적이며 사회학, 역사 및 정치와 같은 분야에 적용되는 사회 정의 및 인종이론에 종속되지 않았다. 하지만 이제는 그렇지 않다. 이러한 이론은 현재 수학에도 적용되고 있다.

2019년 10월 22일 로비 소아베(Robby Soave)는 "시애틀공립학교가 수학이 억압적이라는 것을 가르치기 시작할 것"이라는 머리기사를 썼다.

> 새로운 민족학 교과 과정은 학생들에게 고대 수학적 지식은 서양 문화의 전유물이었다고 가르칠 것이다.
> 수학은 제국주의, 비인간화, 소외된 사람들에 대한 억압 등 더 심각한 범죄의 장본인을 육성한 혐의를 받고 있다.[27]

27   Robby Soave, "Seattle Public Schools Will Start Teaching That Math Is Oppressive", *Reason*, October 22, 2019, https://reason.com/2019/10/22/seattle-math-oppressive-cultural-woke/.

제안된 수학 교과 과정은 '저항과 해방의 역사'는 물론 '권력과 억압'에 초점을 맞춘 사회 정의 문제가 내포되어 있다. 다시 말씀드리지만, 이것은 수학 분야다. 아직 이 교과 과정이 필수과정은 아니지만, 수학 교실에 인종학을 도입하기를 원하는 교사들에게 자원으로 제공되고 있다. 목표는 'K-12(고등학교 과정까지) 스펙트럼 전체에 걸쳐 모든 과목에 인종 연구를 주입하는 것'이다.

소아베는 제안된 프레임 작업에 대해 다음과 같이 말했다.

> 영리하게 들리지만 실제로는 엉터리 사회 정의 전문용어로 가득 차 있다. 경험적 학습을 통해 수학을 다시 인간화하고 독립적이고 상호의존적으로 학습을 촉진할 것이라고 말할 때 그것은 무엇을 의미하는가?[28]

제안서 자체는 학생들이 "유색 인종과 공동체를 억압하고 소외시키는 데 사용되는 표준화된 시험 시스템의 내재적 불평등을 파악할 수 있을 것"이라며 "수학이 경제적 억압을 어떻게 지시하는지 설명할 수 있을 것"이라고 명시하고 있다.[29]

인종에 관한 논쟁 없이 2+2=4에 모두 동의할 수 없는가?

그들은 분명히 아닌 것 같다.

방화범인 소방관이 자신이 저지른 화재를 진압하려는 것처럼, 사회 정의 전사들은 자신들이 문제를 만들고 해결책을 찾는다고 주장한다. 사실, 심지어 사울 알린스키조차도 인종 문제를 영구적이고 해결되지 않은 갈등상태로 남기는 것보다 더 좋은 계획을 기대할 수 없었다고 했다. 우리는 그가 무덤에서 "문제를 만들어라. 그리고 그것을 사용하라"라고 외치는

28 Soave, "Seattle Public Schools Will Start Teaching That Math Is Oppressive."
29 Seattle Public Schools, "K-12 Math Ethnic Studies Framework"(20.08.2019), https://www.k12.wa.us/sites/default/files/public/socialstudies/pubdocs/Math%20SDS%20ES%20Frame-work.pdf.

소리를 들을 수 있다.

5. 국가 투쟁에서 가족의 중요한 역할

제도적 인종차별이 존재하는가?

그렇다. 수년 동안 불평등을 선호하고 흑인 미국인 공동체를 소외시키는 시스템이 있다. 그리고 심지어 우리가 법에 따라 평등하다고 선언할 때도, 인종차별은 여러 가지 방법으로, 때로는 눈에 띄게, 때로는 미묘하게 존재할 수 있다. 오직 우리의 흑인 미국인 형제자매만 이러한 차별을 경험하는 것이 어떤 것인지 말할 수 있다. 그리고 우리는 그들이 누구든지 간에 다양한 사람과 집단에 대해 행해진 잘못을 바로잡기 위해 우리가 할 수 있는 모든 것을 해야 한다.

하지만 이것은 매우 중요하다. 나는 외부에서 해결할 수 없는 심각한 문제들이 문화에 내재하고 있다고 믿는다. 우리가 듣는 모든 제도적인 인종차별 문제가 적절하게 다루어졌다고 해도, 이것은 우리 문화의 근본 문제를 제거하지는 못할 것이다. 문화에는 그러한 문화 내에서만 해결할 수 있는 제도적인 문제가 있다. 그리고 우리 집 안에서도 그렇다.

우리 집 안에서 의미 있는 변화가 없다면, 대학이나 국가사회 프로그램의 어떤 과정도 우리나라의 인종과 경제적 병폐를 치유할 수 없다. 우리는 백인들이 변해야 한다는 말을 끊임없이 듣고 있고, 그들은 변해야 한다. 그러나 흑인 미국인 사회를 포함한 모든 사회는 자신들의 시스템 내부 문제에 대해서도 책임을 져야 한다. 궁극적으로 이러한 '문화 내' 문제의 해결은 인종이나 민족과 관계없이 각 가족 내의 개별적인 책임으로 귀결된다.

여러분의 정치적 성향이 어떻든 간에, 2008년 6월 15일 아버지의 날 시카고에 있는 하나님의사도교회에서 버락 오바마 전 대통령이 한 연설을 읽어 보자. 주로 흑인 미국인들에게 한 연설이지만, 그가 말한 것은 우리 모두에게 해당한다. 나는 몇 단락을 발췌했다.

> 만약 우리가 우리 자신에게 솔직하다면, 우리는 너무 많은 아버지가 너무 많은 삶과 가정에서 실종되었다는 것을 인정하게 될 것이다. 그들은 책임을 저버리고 남자 대신 사춘기 청소년처럼 행동했다. 그리고 그것 때문에 우리 가족의 기초는 더 약하다. 당신과 나는 이것이 흑인 미국인 사회에 있다는 것을 알고 있다.
>
> 우리는 모든 흑인 미국인 아이의 절반 이상이 편부모 가정에서 살고 있다는 것을 알고 있는데, 이는 우리가 어렸을 때보다 두 배로 늘어났다. 우리는 아버지 없이 자란 아이들이 가난하게 살고 범죄를 저지를 확률이 5배 더 높다는 통계를 알고 있다.
>
> 학교를 중퇴할 확률은 9배 더 높고 감옥에 갈 확률은 20배 더 높다. 그들은 행동 장애가 있거나 가출을 하거나 스스로 십 대 부모가 될 가능성이 더 크다. 그리고 우리 공동체의 기반은 그것 때문에 더욱 취약하다. … 하지만 우리는 아이들을 키울 가족들도 필요하다. 우리는 아버지의 책임감이 임신에서 끝나지 않는다는 것을 깨달아야 한다. 우리는 그들이 당신을 남자로 만드는 것이 아이를 가질 수 있는 능력이 아니라 아이를 키울 수 있는 용기라는 것을 깨달아야 한다.[30]

훌륭한 말이다.

백인 사회에 편부모 가정, 이혼, 만연한 마약 남용 및 범죄의 비중이 증가하고 있음을 강조하고 싶다. 오바마 전 대통령이 말한 내용은 모든 문화, 인종과 민족 공동체에 동일하게 적용된다.

---

30 "Text of Obama's fatherhood speech", *Politico*, June 15, 2008, https://www.politico.com/story/2008/06/text-of-obamas-fatherhood-speech-011094.

정신과 의사인 테오도르 달림플(Theodore Dalrymple)은 그의 저서 『밑바닥에서의 삶-하위 계층을 만드는 세계관』(*Life at the Bottom-The Worldview That Makes the Underclass*)에서 사람들을 하위 계층으로 끌어내리는 가장 강력한 영향력은 인종이 아니라 도덕적 문제임을 보여 준다. 기록상, 달림플의 아버지는 공산주의자였다. 달림플 자신은 무신론자지만 사회적 진보 개념은 개인의 책임을 최소화하고 폭력, 성병, 복지 의존, 약물 복용 등으로 고통받는 하위 계층을 양산한다고 주장했다.

그렇다면 무엇이 영구적인 하위 계층을 초래하는가?

그의 주장을 살펴보자.

> 이(사회적 병리학)는 하위 계층에 만연한 성관계의 체계보다 더 사실적이다. 그 결과 현재 우리 병원의 출생자 중 70퍼센트가 사생아다(남아시아 대륙에서 온 이민자 수가 많지 않다면 100퍼센트에 근접할 수 있는 수치다).[31]

그에 따르면, 하위 계층의 가장 큰 가해자는 인정되지 않는 성관계다. 남아시아에서 온 사람들은 결혼하고, 함께 지내고, 교육을 받고, 열심히 일하므로 대부분이 하위 계층에 속하지 않는다.

달림플은 계속 이어 간다.

> 이 도덕적 해이함과 내 환자들의 비참함과의 연관성이 너무나 명백해서 그것을 부정할 수 있으려면 상당한 지적 정교함(그리고 부정직함)이 필요하다. 도덕적, 문화적, 지적 상대주의의 풍토—지식인을 위한 단순한 유행놀이로 시작된 상대주의는 파괴적인 실용적 효과에 저항할 수 없는 사람들에게 성공적으로 전달되었다.[32]

31 Theodore Dalrymple, *Life at the Bottom: The Worldview That Makes the Underclass* (Chicago: Ivan R. Dee, 2001), x.

32 Dalrymple, *Life At The Bottom*, xi–xii.

나는 마약, 알코올, 도박 중독과 마찬가지로 부도덕, 성적 해방, 그리고 미혼의 10대 부모들은 달림플이 말하는 "영구적 하층민"으로 전락할 것으로 생각한다. 그리고 그것은 그들을 곤경에 빠뜨리는 내부 도덕적 문제를 돌아보지 않는 모든 인종, 문화, 민족성이 포함될 것이다. 곤경에 처한 사람이 자신만이 고칠 수 있는 문제에 눌려 있다면, 그 사람은 그 문제로 인해 다른 사람을 비난하는 것을 멈출 때가 되었다.

부서진 우리 문화의 조각을
집어 들고 더 나은 길을 보여
주기 위해 자신의 생명과 재산을
바치는 사람들은 복이 있다.

이런 파탄 속에 교회는 책임 있게 나서서 교회가 되어야 한다. 나는 이곳 시카고(및 다른 도시)에서 가장 자원이 부족한 지역 사회의 목사들이 가족과 함께 일하고 자원을 공유하고 복음 사역을 유지하여 빈곤과 절망의 순환에 갇힌 사람들에게 희망을 주는 분들을 매우 존경한다.

이어지는 내용에서 아이들과 가족들에게 상황이 달라질 수 있다는 비전을 심어줄 필요가 있다는 것을 직접 보여 주는 사역의 예를 들겠다. 이것은 어렵지만, 반드시 해야 한다. 부서진 우리 문화의 조각을 집어들고 더 나은 길을 보여 주기 위해 자신의 생명과 재산을 바치는 사람들은 복이 있다. 가장 필요한 곳에서 교회가 교회의 역할을 감당하는 것을 보고 기뻐한다.

6. 독성 문화 속의 교회

교회는 그들이 받아 마땅하다고 여기는 '권리'와 '정의'를 얻기 위해 아우성치는 이 성난 목소리의 불협화음 속에서 무엇을 해야 하는가?

답은 마르크스주의가 아니라 복음이다. 우리는 단순히 문화에 반응하는 것이 아니라 능동적으로 행동하고 앞장서야 한다.

첫째, 우리는 사회정의론이 우리를 계속해서 분열시키도록 허용해서는 안 된다. 사회 정의 또는 비판적 인종이론의 가르침은 우리가 어떤 집단에 속해 있는지에 따라 서로 고정관념(선입견)을 가지고 있다고 주장하기 때문에 우리가 인종과 성별에 대해 정직한 대화를 하는 것을 더욱더 어렵게 만들었다. 성경학 교수이자 복음문화센터 소장인 데니 버크(Denny Burk)는 다음과 같이 동의한다.

> 교차성은 내가 지금까지 본 것 중 가장 지독하고, 관대하지 못하며, 무자비한 율법주의다. 선을 넘으면 용서나 구원이 없다. 특권의 원죄는 소멸하지 않는다. 수치심과 치욕의 블랙홀밖에 없다.[33]

비판적 인종이론의 수사학은 너무나 위협적이다. 따라서 오해받을 두려움에 우리를 안전한 침묵으로 유혹할 수 있다. 이것은 실수다. 고맙게도 대부분의 흑인 미국인 지도자는 피부색 때문에 사람들을 미리 판단하지 않고 정직한 토론을 환영한다. 그리고 그것은 우리 모두에게도 마찬가지여야 한다.

이제 좋은 소식이 있다!

---

33   Tom Ascol, "Yes, the Social Justice Movement Is a Threat to Evangelicals", Founders Ministries, https://founders.org/2019/09/04/yes-the-social-justice-movement-is-a-threat-to-evangelicals/.

십자가 아래에서 우리는

세계의 모든 인종과 민족적

다양성 사이에 공통된 근거가

있음을 고백한다.

복음은 비판적 인종론이 할 수 없는 일을 한다. 교회는 비판적 인종이론이 가지고 있지 않은 장점이 있다. 우리는 악의 근원이 극단적 시스템뿐만 아니라 모든 인간의 마음속에 있는 죄악이라고 믿는다. 그러므로, 우리는 인종 간의 공통성을 위해 노력하고, 우리의 차이점을 강조하려고 노력하지 않는다. 십자가 아래서 우리는 세계의 모든 인종과 민족적 다양성 사이에 공통된 근거가 있음을 고백한다.

우리는 죄인으로 함께 서서 우리의 개인적 구원의 필요를 고백한다. 우리는 우리 밖이 아니라 우리 안에서 악의 근원을 본다. 우리는 누군가가 말했듯이 피부색이 문제가 아니라 죄악이 문제라는 것을 인정한다.

우리는 거듭남이라고 불리는 하나님의 용서와 마음의 변화를 받았음을 고백한다. 우리는 복음이 예수님을 위해 우리가 할 수 있는 것이 아니라 예수님이 우리를 위해 해 주신 것임을 고백한다. 마틴 루터는 이렇게 간단히 표현하였다.

당신은 나의 '의'입니다. 그러나 나는 당신의 죄입니다.[34]

둘째, 복음주의 교회는 인종차별에 대한 무관심과 수동성을 회개해야 한다. 나는 토니 에번스(Tony Evans)의 말을 좋아한다.

---

34 Martin Luther, *Letters of Spiritual Counsel*, ed. Theodore G. Tappert, Library of Christian Classics (London: SCM Press, 1955), 110.

우리는 우리와 다른 사람들과 우정을 나누는 것부터 시작하고, 의도적으로 가족과 동반자로 연결되어야 한다. 우리는 다른 사람들을 위해 기꺼이 자신을 희생할 수 있음을 보여 주어야 한다. 예수님은 우리를 구속하기 위해 특권과 능력을 버리셨다. 그분은 겸손과 희생의 모범이다. 좋은 출발점은 다음과 같은 질문을 하는 것이다.

'어떻게 하면 형제자매들의 필요를 나 자신보다 우선시할 수 있을까?'

우리는 인종적 울타리 너머로 서로에게 소리칠 필요가 없다. 우리는 앉아서 이야기하고 듣고 서로 도울 수 있다. 그리스도께서 이미 세우신 연합을 반영하도록 서로 도울 수 있다. 이 겸손한 인정은 모든 의미 있는 화해의 핵심이다.

A.D. 1세기에는 유대인과 이방인들 사이의 적대감이 깊었다. 하지만 놀랍게도, 그리스도는 모든 것을 바꾸셨다.

> 그는 우리의 화평이신지라 둘로 하나를 만드사 원수된 것 곧 중간에 막힌 담을 자기 육체로 허시고 법조문으로 된 계명의 율법을 폐하셨으니 이는 이 둘로 자기 안에서 한 새 사람을 지어 화평하게 하시고 또 십자가로 이 둘을 한 몸으로 하나님과 화목하게 하려 하심이라 원수된 것을 십자가로 소멸하시고(엡 2:14-16).

그리스도 안에서 우리는 피부색이 아닌 우리의 인격에 따라 판단해야 한다는 마르틴 루터 킹 주니어의 말에 동의한다.

적개심을 죽여라!

그리스도께서는 새로운 것을 창조하셨다. 교회는 공동의 관심사를 가진 개인들의 집합체가 아니라 공동의 삶을 공유하는 사람들의 집합체다. 골로새서에서는 인종, 민족, 문화 및 사회적 차이가 있는 사람들을 나열한다. 그러나 그것들을 다른 범주로 나누는 것이 아니라 그리스도 안에서 연합된 것으로 본다.

> 거기에는 헬라인이나 유대인이나 할례파나 무할례파나 야만인이나 스구디아인이나 종
> 이나 자유인이 차별이 있을 수 없나니 오직 그리스도는 만유시요 만유 안에 계시니라
> (골 3:11).

이것은 진짜 급진적이다.

지면상, 나는 복음이 불러온 통합에 대해 바울이 전한 나머지 가르침에 관해 설명하려는 유혹을 뿌리칠 것이다. 우리에게도 같은 구원자가 있을 뿐 아니라 같은 생명을 공유하고 같은 성전 안에 있는 돌이라고 해도 족하다.

> 너희도 산 돌 같이 신령한 집으로 세워지고 예수 그리스도로 말미암아 하나님이 기쁘게
> 받으실 신령한 제사를 드릴 거룩한 제사장이 될지니라(벧전 2:5).

이제 그리스도께서 우리를 화해시키셨으므로 우리는 질문해야 한다.

우리는 어떻게 서로 도울 수 있는가?

우리는 듣는 것으로 시작한다. 흑인 미국인들은 백인들이 놓치는 것들을 본다. 우리 각자는 우리 자신의 렌즈, 우리 자신의 배경, 우리 자신의 가족 경험 그리고 확실히 우리 자신의 인식을 통해 삶을 바라본다. 백인으로서 나는 흑인 형제자매들의 입장이 되어 백인이 지배하는 사회에서 흑인이 되는 것이 어떤 것인지 이해할 수 없다. 꼬리표에 대한 두려움 없이 솔직한 대화만이 고정관념과 오해를 극복할 수 있게 한다. 우리는 서로에게서 그리고 서로에 대해 배울 것이 많다.

우리는 다른 사람들과 같은 경제적, 인종적, 문화적 기회에서 태어나지 않은 사람들의 이익을 위해 우리가 가진 어떤 특권도 활용해야 한다. 우리는 질문한다.

우리가 더 많은 평등과 기회를 얻기 위해 협력하려면 무엇을 할 수 있을까?

내가 언급할 수 있는 많은 사역 중에서, 우리 지역 사회의 인종적 폭력을 극복하고 있는, 시카고의 가장 어려운 4개 지역에서 영구적이고 전략적인 변화를 일으키고 있는 사역들을 소개하고 싶다. 재물의 축복을 받은 사람들이 수천 명의 아이의 삶을 변화시키고 다음 세대에 지속적인 영향을 줄 때 일어날 수 있는 일을 보여 주는 놀라운 사례다.

D. L. 무디(D. L. Moody)는 오래전에 떠났지만, 하나님은 시카고에서 그의 유산을 이어 갈 새로운 세대를 일으키셨다. 우리 회원 중의 한 명인 도니타 트래비스(Donnita Travis)는 무디교회를 통해 악명 높은 주택 프로젝트의 학생이 숙제할 수 있도록 자원했다. 아이들에 대한 사랑에 감명을 받은 그녀는 시카고의 고위험 도심 지역의 아이들이 예수님이 약속하신 풍성한 삶을 경험할 수 있도록 돕겠다는 희망을 품고 전체적인 방과 후 프로그램을 시작해야 한다고 느꼈다(요 10:10).

2001년, 그녀는 '어린이들을 위한 바이더핸드클럽'(By The Hand Club For Kids)으로 알려진 사역을 시작했다. 16명의 학생으로 시작한 사역은 자원이 가장 부족하고 범죄에 시달리는 4개 지역에서 거의 1,600명의 어린이로 성장했다.

도니타와 그의 직원들은 수백 명의 자원봉사자와 함께 말 그대로 그리고 비유적으로 아이들의 손을 잡고 그들이 대학을 졸업할 때까지 그들과 함께 걷는다. 바이더핸드는 아동 발달에 대한 전체적인 접근 방식을 취하며, 아동의 영과 혼과 신체를 돌본다. 각각의 아이는 상담과 과외를 받는다. 사역은 매우 성공적이어서, 83퍼센트의 아이가 고등학교를 졸업했다. 그리고 시카고 전체 학생 중 68퍼센트가 대학이나 기술학교에 입학 이 고등학교 졸업생들은 87퍼센트가 대학이나 기술학교에 입학한다. 많은 사람이 그리스도를 그들의 구세주이자 주님으로 믿게 되었다. 그들의 웹사이트(https://bythehand.org)를 방문함으로써 이 믿을 수 없는 사역에 대해 알아보기를 바란다.

제1차 세계대전 중 일부 프랑스 병사는 동료의 시신을 매장하기 위해 묘지로 가져왔다. 신부는 이곳은 로마가톨릭 공동묘지라고 부드럽게 말하고 죽은 군인이 가톨릭 신자인지 물었다. 그들은 아니라고 대답했다. 그는 가톨릭 신자가 아니었다. 신부는 그렇다면 대단히 미안하지만 그를 교회 마당에 매장할 수 없다고 했다. 그래서 군인들은 슬프지만, 친구의 시신을 묘지 울타리 밖에 묻었다.

다음날 그들은 무덤을 표시하기 위해 돌아왔지만 놀랍게도 찾을 수 없었다. 그들은 그를 울타리 바로 밖에 묻었다는 것을 기억했지만 거기에는 갓 파낸 흙이 없었다. 그들이 떠나려고 할 때, 신부는 그들에게 친구를 공동묘지에 묻을 수 없다고 말한 것에 대해 양심의 가책을 받아 몹시 괴로웠다고 했다. 그래서 그는 이른 아침에 그 무덤을 포함하도록 교회 마당의 울타리를 옮겼다고 했다.

나는 개신교와 가톨릭의 차이를 최소화하기 위해서가 아니라 우리가 교회로서 "그렇게 쉽게 우리를 갈라놓을 수 있는 울타리를 기꺼이 옮겨야 한다"라는 것을 보여 주기 위해서 이 이야기를 한다. 우리의 신앙을 규정하는 교리적인 울타리가 아니라(실제로 그런 울타리를 없애는 것은 우리의 가장 심각한 문제 중의 하나이다), 그것은 그리스도의 몸을 갈라놓는 문화적이고 인종적인 울타리이다.

에드윈 마킴(Edwin Markim)은 〈아웃위트〉(Outwitted)라는 시를 썼다.

아웃위트(한 수 위)

그는 원을 그려 나를 차단했다.
이단자, 반란군, 비난받을 자
그러나 사랑은 이길 수 있는 재치가 있었다.
우리는 그를 끌어들인 동그라미를 그렸다!

약자는 보호받아야 한다. 학대받은 사람들은 치유되어야 한다. 거부자는 수용되어야 한다. 그리고 가장 큰 죄인들은 그리스도의 용서를 받기 위해 초대되어야 한다. 우리는 오직 십자가를 통해서만 세상에 화해가 어떤 것인지 보여 줄 수 있다. 세상은 교회가 할 수 있는 모든 것을 할 수 있다. 단 한 가지만 제외하고 말이다.

세상은 은혜를 보여 줄 수 없다. 내가 덧붙이기를, 그것은 죄인에게 은혜를 주는 십자가 앞에서 경배하지 않기 때문에 은혜를 베풀 수 없다. 세상은 연합은 할 수 있지만, 일치 할 수는 없다. 이기심은 있지만 이타적이지 않다. 그리스도께서는 길을 보여 주시려고 우리를 부르셨다.

7. 우리 모두의 기도

아버지!
요한복음 17:20-22까지 예수님의 말씀의 완전한 의미를 우리에게 가르쳐 주소서.

> 내가 비옵는 것은 이 사람들만 위함이 아니요 또 그들의 말로 말미암아 나를 믿는 사람들도 위함이니, 아버지여, 아버지께서 내 안에, 내가 아버지 안에 있는 것 같이 그들도 다 하나가 되어 우리 안에 있게 하사 세상으로 아버지께서 나를 보내신 것을 믿게 하옵소서 내게 주신 영광을 내가 그들에게 주었사오니 이는 우리가 하나가 된 것 같이 그들도 하나가 되게 하려 함이니이다(요 17:20-22).

우리는 우리를 이미 연합시켜 주신 주님께 감사드리며, 이것이 개인으로서 우리에게, 교회로서 우리에게 무엇을 의미하는지 가르쳐 주소서. 그리고 주님의 말씀을 보다 가시적인 현실로 이끌기 위해 너무 큰 희생이 없게 하여 주소서.
우리 주 예수 그리스도의 이름으로 기도드립니다. 아멘.

제4장

당신이 아닌 그들만을 위한 언론의 자유

우리 중 많은 사람이 나치 독일 교회를 비판해 왔다. 우리는 왜 그리스 도인들이 제3 제국의 선전에 반대하지 않았는지를 물었다. 그러나 조지 플로이드의 살해 이후 일어난 폭동에서 우리는 이제 교회의 침묵에 대해 좀 더 이해해야 한다. 군중심리에 의해 사로잡힌 문화에서 목소리를 높이기는 어렵다.

복종하거나 결과를 감수하거나!

1. 혁명은 어떻게 시작되는가?

혁명은 그것을 정당화하기 위해 실제 의제를 숨기기 위한 구실로 문화 운동으로 시작된다.

첫째, 과학, 이성, 시민의 자유에 대한 이데올로기의 승리가 필요하다.

둘째, 정의와 평등이라는 이름으로 무정부주의 혁명을 진전시킬 용의가 있는 사람들을 모집한다.

세째, 반대하는 인사들의 목소리를 모두 잠재워야 한다.

이데올로기에 대한 복종은 창피를 주거나, 법적으로 또는 단순히 직장에서 반대 목소리를 내는 사람들을 해고하는 등의 배제를 통해서 강요된다.

이 장은 언론의 자유에 관한 장이므로 위에서 언급한 세 가지 요소 중 마지막에 대해서만 언급하겠다. 혁명에서 반대 목소리는 침묵해야 한다.

다음의 2020년 6월 6일자 뉴스 제목에 대해 생각해 보자.

"「필라델피아 인콰이어러」의 최고 편집자인 스탠 위슈노프스키 사임"(Stan Wischnowski resigns as *The Philadelphia Inquirer*'s top editor).

> 「필라델피아 인콰이어러」의 편집장인 스탠 위슈노프스키는 미네아폴리스에서 경찰이 조지 플로이드를 살해한 후 발생한 시민 소요사태의 영향에 대해 신문사 직원들 사이에 불만이 폭발한 지 며칠 만에 사임한다고 발표했다.[1]

그는 무엇을 위반했는가?

그는 신문사의 건축평론가가 쓴 "건물도 역시 중요하다"라는 기사의 게재를 허용했다. 저자는 먼저 건물보다 생명이 더 중요하다고 시작하였지만, 폭동과 건물 훼손 과정에서 필라델피아에서 일어난 약탈 일부를 묘사했다. 이 신문은 사과문을 쓰고 기사 제목을 "흑인의 생명도 중요하다(BLM). 건물은?"[2]으로 바꿀 정도로 많은 반발을 샀다. 그리고 "건물을 훼손하면 시위자들이 고양하려는 사람들에게 오히려 상처를 입힌다"[3]라고

1   Craig R. McCoy, "Stan Wischnowski resigns as *The Philadelphia Inquirer*'s top editor", The Philadelphia Inquirer, June 6, 2020, https://www.inquirer.com/news/stan-wischnowski-resigns-phil-adelphia-inquirer-20200606.html.

2   Inga Saffron, "Black Lives Matter. Do Buildings?", *MSN News*, https://www.msn.com/en-us/news/us/black-lives-matter-do-buildings/ar-BB14TqMX.

3   Inga Saffron, "Damaging buildings disproportionately hurts the people protesters are trying to uplift", *The Philadelphia Inquirer*, June 1, 2020, https://www.inquirer.com/columnists/floyd-pro-test-center-city-philadelphia-lootings-52nd-street-walnut-chestnut-street-20200601.html.

다시 바뀌었다.

그러나 급진파들은 그것만으로는 충분하지 않았다. 물리적 파괴를 일으킨 폭동은 어쨌든 불법이라는 암시는 전국적으로 만연한 폭도정신에 비춰 무리였다. 모든 다양성의 이름으로 20년간 최고의 실력을 가진 편집자였던 그는 떠나야만 했다.

뉴올리언스세인츠(New Orleans Saints)의 쿼터백인 드루 브리스(Drew Brees)는 야후파이낸스(Yahoo Finance)에 이렇게 말했다.

> 나는 미국이나 우리나라의 국기를 무시하는 사람의 의견에 절대 동의하지 않을 것이다. 애국가가 연주되거나 성조기를 볼 때 내가 무엇을 보거나 무엇을 느끼는지 말씀드리겠다. 나는 제2차 세계대전 동안 이 나라를 위해 싸웠던 두 할아버지를 상상한다. 두 분 모두 목숨을 걸고 우리나라를 지키고 우리나라와 이 세상을 더 나은 곳으로 만들기 위해 노력했다. 그래서 내가 그 깃발을 보고 애국가를 부르는 제 가슴 위에 손을 얹고 서 있을 때마다 나는 이것을 생각한다.[4]

도화선에 불이 붙었다.

브레스의 말은 반발을 불러일으켰다. 그는 ESPN(엔터테인먼트 및 스포츠 프로그래밍 네트워크: 미국의 스포츠 전문 케이블 텔레비전 네트워크)에 대한 그의 발언을 더욱 명확히 하기로 했다.

> 나는 팀원을 사랑하고 존중하며 인종 평등과 정의를 위해 싸우는 그들과 함께 서 있다.[5]

4   Ryan Gaydos, "Drew Brees refuses to budge on stance about protesting during national anthem", *Fox News*, June 3, 2020, https://www.foxnews.com/sports/drew-brees-refuses-budge-stance-about-protesting-during-national-anthem.
5   Christopher Brito, "Drew Brees says he will 'never agree' with players kneeling during na-

국기를 존중해야 한다는 그의 신념은 사상경찰에게는 너무 먼 다리였고 그는 그 진술에 대해 한 번이 아니라 두 번이나 사과를 해야만 했다. 개인적인 생각이나 언론의 자유는 허용되지 않았다.

내가 주목한 이와 같은 몇 가지 예를 더 나열할 수 있다. 많은 사람이 폭도들과는 다른 의견을 표명했기 때문에 해고되거나 소환당하는 사람들에 대해 읽었을 것이다. 급진주의자들은 이성적인 토론에 거의 관심이 없다. 언론의 자유는 그들 자신에게만 부여하는 것이고, 다른 사람에게는 그렇지 않다. 그들은 경쟁이 없는 문화적 지배를 추구한다.

취소문화가 작동하는 방식은 다음과 같다. 수정헌법 제1조가 있다. 당신은 언론의 자유를 행사할 수 있다. 하지만 당신이 그렇게 하면 우리는 당신이 해고되도록 할 것이다. 당신은 비방과 추방을 당할 것이다. 그러면 곧 취소된다.

취소문화가 위대함으로 가는 나라의 일부인 것처럼 들리는가?

아니면 쇠퇴하고 있는 나라의 일부로 들리는가?

기억하라. 폭도는 파괴할 수 있을 뿐이다. 그들은 건설할 수 없다. 그리고 모든 승리는 그들에게 더 많은 요구를 하도록 자극한다. 많은 정치인과 기업이 급진주의자들을 지지하기 위해 나섰고 수백만 달러를 그들의 대의에 쏟아부었다. 의심할 여지 없이 그들은 인종차별주의자가 아니라는 의지를 표명하고, 폭도들이 자신들을 공격하지 않기를 바랄 것이다. 처칠은 이렇게 말했다고 한다.

"타협하는 사람은 결국 악어가 자신을 잡아먹기를 바라며 먹이를 주는 사람이다."

그리고 만약 당신이 침묵하면서, 야합의 정신에 굴복하고 싶지 않다면?

그런 사람들을 위한 표지판에는 모든 것이 쓰여 있다.

tional anthem", *CBS News*, June 4, 2020, https://www.cbsnews.com/news/drew-brees-kneeling-national-anthem-protest-nfl/.

"침묵은 폭력이다."

"무릎을 꿇어라. 그렇지 않으면 대가를 치를 것이다."

어떻게 우리는 여기에 왔을까?

관용의 위대한 보루들은 어떤 종교적 근본주의자들이 감히 할 수 없었던 것보다 더 편협하게 되었다. 급진 좌파 세속주의자들의 불관용은 새로운 현상이 아니다.

1997년, 심리학자 니콜라스 험프리(Nicholas Humphrey)는 옥스퍼드 앰네스티에서 강연했는데, 그 목적은 '검열에 찬성하고 표현의 자유에 반대하다는 논쟁'이었다. 특히, 그것은 '도덕적이고 종교적인 교육' 특히 가정에서 아이들이 받는 교육을 검열하는 것이었다.

> 아이들은 말도 안 되는 소리에 마음을 빼앗기지 않을 권리가 있다. 그리고 우리는 사회의 일원으로서 그것으로부터 그들을 보호할 의무가 있다. 그래서 우리는 부모가 자녀들의 이빨을 뽑거나 지하 감옥에 가두도록 허용하면 안 되는 것처럼, 부모가 자녀들에게 성경을 문자 그대로 진리로 믿게 하거나 행성들이 그들의 삶을 지배한다고 믿게 해서는 안 된다.[6]

정말?

아이들에게 성경의 진리를 가르치는 것이 그들의 이빨을 뽑는 것이나, 아니면 지하 감옥에 가두는 것과 같은 일인가?

언론의 자유를 가장 혹독하게 비판하는 자들은 자신들의 관용에 대해 자부하는 세속적인 좌파들이다. 아마도 그들은 배척하지 않고, 다원주의자이며, 편협하지 않고, 오히려 포용하는 사람들일지도 모른다. 물론 여러분이 그들의 세계관에 동의한다면 말이다.

---

6 Nicholas Humphrey, "What Shall We Tell the Children?" Oxford Amnesty Lecture, 1997, http://www.humphrey.org.uk/papers/1998WhatShallWeTell.pdf.

1. 언론 자유의 가치

수정헌법 제1조가 말하는 것을 상기시켜 보자.

> 의회는 종교의 국교화 또는 그 자유로운 행사 금지, 표현 또는 언론의 자
> 유, 또는 평화로운 집회 그리고 정부에 불만 사항의 해결을 청원할 국민의
> 권리를 축소하는 법을 제정할 수 없다.[7]

한때 언론의 자유는 급진 좌파가 찬사를 보냈던 권리였다. 이른바 자유
언론운동은 1964~65학년도에 버클리에 있는 캘리포니아대학 캠퍼스에서
진행된 상당히 긴 시위였다. 학생들은 캠퍼스 내 정치 활동을 금지하는 행
정명령에 항의하고 대학이 언론의 자유를 인정할 것을 요구했다. 이 운동
은 당시 좌파 사회운동가들의 지지를 받았으며 시민권과 반전운동에 자극
을 주었다.

아내와 나는 1977년 히틀러의 강제 수용소에서 살아남은 수백 명의 유
대인이 살고 있는 교외에 위치한 일리노이주 스코키에서 살았는데, 미국
국가사회주의당은 그 곳에서 행진하기를 원했다. 처음에는 나치 옹호자들
의 유대인에 대한 증오의 표출과 행진에 대한 허가가 거부당했지만, 미국
시민자유연맹(ACLU)은 언론의 자유는 그것이 아무리 모욕적이라도 언론
의 자유라고 주장을 하면서 옹호하였다.

미국 대법원은 미국 국가사회주의당 대 스코키 마을의 분쟁에서 네오나
치(신 국가 사회주의)들이 시위하고 말할 권리가 있다고 진술하는 평결을 내
렸다.[8] 이 자유 발언 사건은 종종 헌법 수업에서 가르치거나 인용된다.

그때가 지금이다.

---

[7] The Bill of Rights, https://www.archives.gov/founding-docs/bill-of-rights-transcript.
[8] As cited by Wikipedia, https://en.wikipedia.org/wiki/National_Socialist_Party_of_
America_v._Village_of_Skokie.

한때 언론의 자유를 선호했던 기관들은 이제 이 권리가 불공평하고 부당하며 무감각하다고 주장하면서 언론의 자유을 제한하고 있다. 언론의 자유는 어떤 그룹에는 허용되어야 하지만 다른 그룹에는 허용되지 않아야 한다고 말한다. 새 천년 세대의 거의 절반은 혐오 표현을 금지해야 한다고 생각한다.[9]

그러나 오늘날 혐오 표현(hate speech)은 종종 자신이 동의하지 않는 정치적 반대자의 발언으로 정의된다. 예를 들어, 미국 국경을 지켜야 한다고 하면, 미국이 국경을 개방해야 한다고 믿는 사람들은 인종차별적 혐오 표현으로 간주할 수 있다. 또는 성별이 두 개뿐이라고 말하는 것은 불쾌감을 주는 것으로 간주하여 "혐오 표현"으로 간주한다(이에 대한 자세한 내용은 다음 장을 참조하기를 바란다).

반대 의견을 잠재우고 싶은 사람들의 구호는 "만약 그들을 이길 수 없다면 그들을 침묵하게 하라"이다.

2. 언론 자유 금지를 위한 주장

우리가 이미 소개받은 마르크스주의 철학자, 1960년대에 매우 영향력이 있었고 그 유산이 계속되는 헤르베르트 마르쿠제(Herbert Marcuse, 독일과 미국의 사회철학자, 1898-1979)부터 시작하겠다. 그는 소수의 부유한 엘리트가 생산 수단을 통제했다고 믿었기 때문에 사회의 모든 폐해를 자본주의 탓으로 돌렸다. 자본가들이 고용한 노동자들은 그들이 필요로 하는 것 이

---

9   Jacob Poushter, "40% of Millennials OK with limiting speech offensive to minorities", *Pew Research Center*, November 20, 2015, https://www.pewresearch.org/fact-tank/2015/11/20/40-of-millennials-ok-with-limiting-speech-offensive-to-minorities/.

상으로 열심히 일했고, 알았든지 몰랐든지, 그것이 단순히 자본가들의 탐욕을 키우고 있었다.

그는 마르크스주의가 이러한 불평등을 해결할 것이라고 믿었다.

그러면 마르크스주의는 어떻게 생겨날까?

그는 이렇게 말했다.

> [그것은] 언론의 자유가 아니라 자신의 입장에 유리하도록 논쟁을 왜곡하는 현존하는 엘리트들에 의해서 지배되고 부과되는 것이다.[10]

자본주의자들은 그들의 미사여구로 대중을 현혹하는 이점을 가지고 폭력과 인종차별 그리고 다양한 종류의 억압을 초래하므로 평등한 경쟁의 장도 아니라고 말했다. 자본주의가 살아남는 한, 사람들은 무엇이 진짜 진실인지 알 수 있는 분별력이 부족할 것이다.

무엇을 할 것인가?

마르쿠제는 한탄했다.

> 관용은 공포와 비참함이 없는 존재(즉, 이상적 마르크스주의 국가)를 창조할 기회를 파괴하지는 못하더라도 방해가 되기 때문에 용납되어서는 안 되는 정책, 조건 및 행동 방식으로 확장된다.[11]

간단히 말해서, 언론의 자유는 자본가들이 권력을 유지할 수 있도록 한다. 따라서 언론의 자유는 용납되어서는 안 된다. 마르크스주의자가 아닌

---

10 Jeffrey A. Tucker, "Why Free Speech on Campus Is Under Attack: Blame Marcuse", *Foundation for Economic Education*, April 24, 2017, https://fee.org/articles/why-free-speech-on-campus-is-under-attack-blame-marcus/.

11 Herbert Marcuse, *The Essential Marcuse: Selected Writings of Philosopher and Social Critic Herbert Marcuse* (Boston: Beacon Press, 2007), 34.

자들에게 언론의 자유를 허용하는 것은 마르크스주의가 승리할 가능성을 막지는 않더라도 지연시키는 것이다.

마르쿠제는 언론의 자유에 어떤 제한을 두어야 한다고 생각했는가?

> 그 [제한 사항]에는 공격적 정책, 무장, 우월주의, 인종과 종교를 이유로 차별을 조장하거나 공공서비스, 사회보장 및 의료서비스 확대에 반대하는 단체와 운동에서 발언과 집회의 허용을 금지하는 것이 포함된다.[12]

만약 여러분이 종교와 인종을 이유로 군비확장(애국주의)과 차별을 믿는다면, 여러분은 여러분의 견해를 방어하기 위해 언론의 자유를 받을 자격이 없다. 일단 마르크스주의가 확고히 자리를 잡으면, 자유는 회복될 수 있지만, 일부 제한은 계속될 것이다. 마르쿠제는 다음과 같이 썼다.

> 또한, 사상의 자유 회복(마르크스주의가 확고히 자리 잡은 후)은 교육 기관의 가르침과 관행에 대해 새롭고 엄격한 제한이 필요할 수 있으며, 이는 바로 그 방법과 개념으로 확립된 담론과 행동의 세계 안에 생각을 담는 역할을 한다.[13]

우리는 어떤 결론을 내려야 하는가?

미국경제연구소(American Institute for Economic Research)의 편집 책임자인 제프리 A. 터커(Jeffery A. Tucker)는 다음과 같이 논평했다.

---

12 Marcuse, *The Essential Marcuse*, 45.
13 Jeffrey A. Tucker, "Why Free Speech on Campus Is Under Attack: Blame Marcuse", *Foundation for Economic Education*, April 24, 2017, https://fee.org/articles/why-free-speech-on-campus-is-under-attack-blame-marcuse/.

마루쿠제는 이렇게 말했다. 당신이 사회보장이나 오바마케어 같은 정책에 반대한다면, 당신의 언론과 집회의 자유는 거부되어야 한다. 당신은 닥치고 두들겨 맞아야 한다. 진정한 자유를 향한 길은 강력한 현실세계의 억압을 통과해야만 한다. 만약 당신이 잘못된 견해를 가지고 있다면, 당신에게는 어떤 권리도 없다.[14]

요약하자면, 마르쿠제는 막시즘이 아직 승리하지 못한 것에 좌절했고 자본주의적인 반대를 비난했다. 따라서 자본가들은 표현의 자유를 거부당해야 했다. 터커는 비아냥거리는 듯한 말투로 말했다.

그와 그의 친구들이 진리의 사제 중 일부라는 점을 고려할 때, 그들은 무조건 승자로 선언되어야 하고 반대되는 견해들은 억압되어야 하지 않을까?[15]

결국, 마르쿠제가 말한 것처럼, "퇴보적인 세력에 대한 억압은 진보적인 세력의 강화를 위한 전제조건이다."[16]
자유를 옹호한 자유주의는 어떤가?
마르쿠제는 이에 대해 다음과 같이 말했다.

우리는 '자유롭고 평등한 토론에 대한 자유주의 신조'를 끝내고 '호전적인 투사'가 되어야 한다.[17]

자유주의의 언론자유 정책은 비난받아야 한다.

14 Tucker, "Why Free Speech on Campus Is Under Attack: Blame Marcuse" (emphasis added).
15 Tucker, "Why Free Speech on Campus Is Under Attack: Blame Marcuse."
16 Herbert Marcuse, Repressive Tolerance, https://www.marcuse.org/herbert/publications/1960s/1965-repressive-tolerance-fulltext.html.
17 Marcuse, Repressive Tolerance.

급진 좌파는 호전적인 투사가 되어야 한다!

누가 마르크스주의의 진보적 견해와 자본주의의 억압적 견해를 구별해야 하는가?

정답은 마르쿠제와 그의 친구들처럼 제대로 계몽된 지식인들이어야만한다. 마르쿠제는 다음과 같이 말했다.

> 인간으로서 그의 능력이 성숙기에 있다고 할 수 있는 사람이 결정하도록 해야 한다.[18]

여러분은 이 말이 무슨 뜻인지 알겠는가?

우리 중 마르크스주의자가 아닌 사람들은 미성숙하다. 누가 말할 수 있고 없는지를 결정하는 사람들은 '성숙한 능력'을 가진 사람들이다. 다시 말하면 마르크스주의자들은 자기들은 표현의 자유를 가져야 하고 자본가들은 그렇게 해서는 안 된다고 믿었다. 마르크스주의자들은 성숙한 사상가들이다. 그러므로 우리는 그들과 논쟁해서는 안 된다. 급진좌파가 말할 때, 그들(마르크스주의자들)은 단지 그들(급진좌파)자신들의 목소리의 메아리만 듣기를 원한다.

사상은 결과를 초래한다.

우리 대학의 대부분의 교수진과 학생은 아마도 헤르베르트 마르쿠제를 읽어 본 적이 없을 것이다. 하지만 그의 영향력은 학계에까지 미쳤다. 제프리 터커의 말을 한 번 더 인용한다.

> 사람들이 문자 그대로 마르쿠제를 읽고 있다거나 심지어 그들의 교수들이 그렇게 했다는 것을 의미하지는 않는다. 철학은 이런 식으로 작동한다. 나쁜 생각은 흰개미와 같다. 당신은 온전히 그들을 볼 수는 없지만, 갑자기

---

18 Marcuse, Repressive Tolerance.

온 집안을 무너뜨린다.[19]

터커의 말이 맞다. 억압적인 흰개미는 학계 곳곳에 존재하며 진보적인 생각만 허용하고 있다. 대학에서 보수적인 연설을 하는 것이 얼마나 어려운지 또는 심지어 불가능한지를 생각해 보라. 우리는 헤르베르트 마르쿠제가 논쟁에서 이겼다는 것을 겸허히 인정한다. 그리고 그는 그 일을 하기 위해 (그가 그토록 부정하는)언론의 자유를 이용했다.

1) 언론 자유의 종말

이제, 나는 대학들이 합리적인 '표현의 규범'을 가지고 있어서 사람들이 아무 말도 할 수 없다는 의견에 반대하지 않는다. 붐비는 극장에서 실제로 불이 나기 전에는 "불이야!"라고 외칠 수 없다는 오래된 격언은 표현의 자유가 제한되는 한 예일 뿐이다. 대학들은 모욕, 욕설, 남을 조롱하는 것 등을 금지하는 표현의 규범을 가지고 있을 수 있다.

그러나 이러한 규범들이 소위 공격적 연설이 금지되는 것을 제한해서는 안 된다. 왜냐하면, 공격이라는 용어는 단지 인종, 성별, 정치에 관한 세속주의자들의 의제에 동의하지 않는 사람을 포함할 만큼 광범위하게 해석될 수 있기 때문이다. 우리 세대는 많은 사람이 단순히 타당한 반대 견해에 의해 불쾌감을 느끼는 세대다.

비판적 인종이론에 깊이 빠져 있는 사회 정의 교수들은 헤르베르트 마르쿠제와 같은 마르크스주의자들의 견해를 현대에 적용할 준비가 되어 있다. 조지 오웰의 사상경찰처럼, 그들은 점수를 관리하고 누가 말할 수 있고 누가 들어야 하는지를 결정하는 문지기들이다. 급진주의자들이 보기에는 압제자들에게 동정심을 주어서는 안 된다. 데이비드 호로비츠(David

---

19   Tucker, "Why Free Speech on Campus Is Under Attack: Blame Marcuse."

Horowitz)가 급진 좌파를 다음과 같이 묘사하는 것처럼 말이다.

> 압제자들의 권리를 존중하는 것은 그들이 저지르는 부당함을 지지하는 것이
> 다. 사회 정의가 달성되려면 가해자들의 권리를 박탈함으로써 불의의 가해
> 자들을 억압해야 한다. 그래서 진보적인 문화 마르크스주의자들은 너무 편
> 협하고 그들을 반대하는 사람들의 언론의 자유를 압박하려고 한다.[20]

『언론의 자유 같은 것은 없다』(*There's No Such Thing as Free Speech*)의 저자 스
탠리 피시(Stanley Fish)를 소개한다. 그리고 그것은 좋은 것이다. 그의 글을
읽어 보자.

> 개인주의, 공정성, 가치 — 이 세 단어는 그들의 목적을 달성하기 위해 투
> 표함에 접근하는 것을 막거나 흰 두건을 착용할 필요가 없다는 것을 알
> 게 된, 최근 들어 새롭게 존경받는 우리의 거물들의 입에서 계속 흘러나
> 온다.[21]

필요하다면 그것을 다시 읽어라. 우리 중 표현의 자유를 믿는 사람들은
'백인우월주의'(Ku Klux Klan)와 비교되며, '편견자들'(bigots)이라고 불린다.
스티븐 힉스(Stephen R.C. Hicks)는 이렇게 요약한다.

> 따라서 힘의 불균형을 평등하게 하려면 포스트모던 좌파에게는 분명하고
> 솔직한 이중잣대가 절대적으로 그리고 뻔뻔하게 요구되고 있다.[22]

---

20 David Horowitz, *Dark Agenda: The War to Destroy Christian America* (West Palm Beach, FL: Humanix Books, 2018), 142.

21 Stanley Fish, *There's No Such Thing as Free Speech: And It's A Good Thing, Too* (New York: Oxford University Press, 1994), 68.

22 Stephen R.C. Hicks, *Explaining Postmodernism: Skepticism and Socialism from Rousseau to Foucault* (Loves Park, IL: Ockham's Razor Publishing, 2004), 238.

이중 잣대는 가차 없이 그리고 뻔뻔하게 요구된다!

이것이 급진좌파가 언론의 자유를 옹호하면서 반대자들에게는 그것을 금지하고 '억압받는 집단'만 표현의 자유를 허용하는 것으로 태도를 바꾼 이유다. 논쟁은 LGBTQ 커뮤니티와 같은 소수자들이 차별을 받아왔으므로, 경쟁의 장을 평준화하기 위해 너무 오랫동안 표현의 자유를 사용하여 그들의 지위를 유지해 온 지배적 집단의 사회적 힘을 억제해야 한다는 것이다. 인종차별과 성차별은 격렬하게 공격받아야 한다.[23]

그렇게 하는 한 가지 방법은 특정 집단의 발언권을 거부하는 것이다. 그들에게는 침묵할 권리만 있다.

철학자 스티븐 힉스(Stephen Hicks)는 표현의 자유를 신봉하고 언론의 자유에 반대하는 현대의 주장을 이런 식으로 쉽게 요약한다.

> 발언은 불평등한 집단들 사이의 갈등에서 하나의 무기이다.[24]

따라서 급진좌파는 소수 인종과 여성을 희생시키면서 언론의 힘을 자신에게 유리하게 사용하게 될 지배집단(백인, 남성, 자본주의자들)으로부터 약소집단을 보호할 필요가 있다고 주장한다.

더 설명하자면, 다음과 같다.

> 포스트모던의 주장은 만약 어떤 일이 진행된다면, 그것은 종속적인 그룹들이 지배적인 그룹의 자리를 차지해야 한다는 것을 계속 말하도록 허용하는 것을 암시한다.[25]

23 Hicks, *Explaining Postmodernism*, 231.
24 Hicks, *Explaining Postmodernism*, 237.
25 Hicks, *Explaining Postmodernism*, 237.

따라서 자유주의 언론의 자유는 하위 집단을 침묵하게 만든다. 따라서 급진 좌파의 관점에서 보수적인 목소리를 검열하기 위해 고안된 '연설 규범'은 검열이 아니라 억압받는 그룹의 목소리만 들릴 것이기 때문에 '해방 운동의 형식'이다. 사회 정의 문제에 대해 반대되는 견해는 논의의 대상이 아니다. 그들은 침묵해야 한다. 다시 말해서, 즉, 내가 더 억압받을수록 나에게는 당신을 폐쇄할 권리가 더욱 커진다.

일부에서는 억압받는 집단의 정서적 복지를 근거로 표현의 자유에 반대하는 주장도 있다. '악의적 수사학'은 플라톤, 아리스토텔레스, 존 로크 등과 같은 '인종주의' 서적을 포함한다. 서구의 전통에 속하는 이 책들은 소수민족이 억압받는 느낌을 받게 한다고 한다. 그래서 문학이나 철학 분야의 많은 강좌에서 삭제되었다.

최근 예일대학교는 유럽 미술을 반석 위에 올려놓았기 때문에 높은 평가를 받은 '미술사 입문: 르네상스에서 현재로' 과정을 다른 미술 전통을 희생시켰다는 이유로 포기했다. 대신 그 자리에서 이 학교는 "예술과 정치, 성별, 계급, 인종에 대한 문제 그리고 예술과 자본주의의 관계와 기후변화"[26]에 대한 미니 과정들을 가르칠 것이다.

레오나르도 다빈치, 미켈란젤로, 렘브란트를 포함하여 유럽 역사의 풍부한 전통과 공헌은 사라졌다. 그리고 다른 수십 명도 함께.

그리고 그 결과는 매우 광범위하다.

2) 캠퍼스에 대한 위협

급진적 세속주의자들에 따르면, 그들이 승인하지 않은 연설은 필요하다면 폭력에 의해서라도 중단시켜야 한다. 2017년 3월, 버몬트에 있는 미들

---

26 Tiffany Jenkins",Barbariansat Yale: PCidiocykillsclassicarthistoryclass", *NewYork Post*, January 27, 2020, https://nypost.com/2020/01/27/barbarians-at-yale-pc-idio-cy-kills-classic-art-history-class/.

베리대학의 폭도들은 사회과학자 찰스 머레이(Charles Murray)의 연설을 거부했다. 항의하는 학생들은 소리를 지르고 벽을 두드리며 화재 경보를 울렸다. 그들은 한 교수를 폭행하여 그녀에게 뇌진탕을 일으키게 했고, 머레이 자신도 구타를 당할 뻔했다. 그의 연구는 인종, 복지 시스템, 사상경찰의 기준에 맞지 않는 미국 경험에 대한 결론에 도달했다.

나는 머레이의 글을 읽지 않았기 때문에 그의 견해를 변호하려는 의도가 없다. 나의 유일한 요점은 그가 특히 학생들의 초대를 받았기 때문에 그의 연구를 공유할 수 있어야 했다는 것이다.

적어도 그의 견해에 관해 토론하려고 하지 않는 이유는 무엇인가?

만약 여러분이 미들베리 행사가 언론의 자유에 대한 폭력에 의해 고립된 사례라고 생각한다면, 전국 177명의 교수가 혼란을 일으킨 학생들이 아닌 미들베리대학을 비난하는 공개 서한에 서명한 것에 대해 어떻게 생각하는가?

머레이의 존재는 '학생들에게 위협'이었다. 그리고 그 시위는 다음과 같이 묘사되었다.

> 인종차별, 성차별, 계급주의, 동성애 혐오, 성전환자 강박증, 능력주의, 민족중심주의, 외국인 혐오 그리고 다른 모든 형태의 차별에 대한 적극적인 저항.[27]

내 견해는 만약 그들이 머레이의 의견에 반대한다면, 다른 연구와의 논쟁을 통해 머레이가 자신을 대변하도록 하는 것이 어떻겠냐는 것이다. 그가 말하는 것에 반대하는 사람들은 멀리 떨어져 심지어 그의 견해를 들을 수 있도록 다른 사람들을 배려하거나, 아니면, 다른 연사를 초청해서 그의 발표에 응답할 수도 있었을 것이다. 그러나 머레이의 연설은 폭력에 의해

---

27 Heather Mac Donald, *The Diversity Delusion* (New York: St. Martin's Press, 2018), 3.

중단되어야만 했다. 그가 제안한 이론에 대한 반박은 필요하지 않았다. 이성적인 사고를 폭력이 대신할 수 있는 것으로 여겨진다.

이와 같은 사건에서 대학은 일반적으로 "우리는 언론의 자유를 믿지만"으로 시작되는 성명을 발표한다. 그런 다음 언론의 자유를 금지하는 이유를 나열한다. 그리고 비록 학생들의 주장이 아무리 터무니없더라도 대학 당국은 대부분 "우리는 더 많은 대화가 필요하다"라고 말하며 그들의 열정을 자극한다.

우리의 자유를 잃는 것은 흔치 않은 일이 될 수 있다. 기독교법학회와 마르티네즈 소송은 캘리포니아대학교 헤이스팅스법학대학이 지도자들에게 일정한 신념과 행동을 고수하도록 요구할 수 없고 차별 없이 모든 학생에게 개방되어야 한다고 주장하면서 불거졌다.

이것은 무엇보다도 무신론자가 그 캠퍼스에 있는 기독교법학회의 회장이 될 수 있다는 것을 의미한다. 대학 측의 이러한 행동은 결사의 자유와 종교의 자유로운 행사에 대한 부정이었다. 대학의 학생 집단이 지도자에 대해 종교적, 정치적, 도덕적 요건을 가질 수 없다고 생각하는 것은 상식을 거스르고 그러한 집단의 목적을 좌절시킨다.

캠퍼스 내 편협함의 중심에는 무엇이 있을까?

헤더 맥도널드는 이렇게 썼다.

그 중심에는 서구 문화를 인종차별과 성차별주의로 보는 세계관이 있다. 교육 기관의 최우선 목표는 지속해서 증가하고 있는 공식적인 피해자 분류 목록에 있는 젊은이들에게 자신들을 존재론적 억압자로 간주하도록 가르치는 것이다. 그 가르침의 결과 중 하나는 반대편 연설을 강제적으로 침묵시키는 것이다.[28]

---

28 Mac Donald, *The Diversity Delusion*, 29.

여러분은 언론의 자유에 반대하는 주장들이 기본적으로 공산주의자들이 러시아와 동유럽에서 테러를 할 때 사용했던 것과 같은 주장이라는 것을 알게 될 것이다. 주장은 간단하다. 언론의 자유는 국가가 돕고자 하는 억압받는 사람들과 가난한 사람들의 권리를 해칠 것이다. 언론의 자유는 모든 국민의 권리가 똑같이 표현되도록 국민의 이익을 위해 불법화되어야 한다.

자본주의자들이 사회주의자들에게 반론을 제기하도록 허용되어서는 안 된다. 그리스도인들은 무신론에 도전해서는 안 된다. 그리고 자유주의 사상가들은 국가가 대중을 위해 더 나은 일을 할 수 있는 방법이 있다고 주장할 권리가 없다. 언론의 자유는 모든 집단에 평등권을 가져오겠다는 공산당의 비전을 교란하고, 정치적 통일체의 통합을 교란할 것이다.

제발, 학생들이 다른 인종과 성별, 정치적 관계에 대한 다른 견해를 존중하도록 가르쳐야 한다는 나의 말을 들어 주기 바란다. 언론의 자유는 우리가 사람들을 조롱하고, 비하하고, 외설적인 표현을 사용할 수 있다는 것을 의미해서는 안 된다. 그러나 사람들의 자아가 다른 관점에 너무 취약할 정도로 나약하지만 합법적이고 사려 깊게 제시되는 것은 경청해야 한다.

너무 빈번하게, 수치심과 비난이 경청과 사고력을 대체하였다.

3) 불관용의 영향

1970년대 이후 급진운동은 우리 대학에 정치적 기반을 구축해 보수적인 교수진과 글들을 숙청하고 정치연수 과정을 학문적 규율로 전환해 왔다. 이러한 좌파 교육 프로그램은 앞 장에서 억압 연구, 사회 정의 연구, 페미니스트 연구, 백인 연구 등으로 설명되었다.

나는 근래에 경종을 울려야 한다는 충동을 느낀 원칙적인 자유주의자이며 저명한 운동가인 앤드류 설리반(Andrew Sullivan)에게 동의하지는 않는다. 그는 이 급진적 운동이 다원주의와 개인의 자유라는 미국 질서에 실존적 위협을 가했다고 지적했다.

엘리트 대학들이 우리가 오래전부터 알고 있던 자유주의 교육에서 벗어나 정체성에 기반한 사회정의운동이 필수인 세계관으로 전환되면, 확장된 문화도 자유민주주의에서 멀어질 위험에 처하게 된다. 엘리트들이 우리 사회의 핵심 진리가 인종, 성 그리고 성적 지향과 같은 불변의 특성을 중심으로 서로 연동되고 억압적인 권력 구조의 체계라고 믿는다면, 이는 조만간 우리 문화 전반에 반영될 것이다. 이 대학들에서 가장 중요한 것, 즉 억압의 계층구조에 포함된 집단의 구성원 자격은 곧 사회 전체에서 중요한 이력이 될 것이다.

설리번은 계속해서 이 관념이 개인의 자유와 평등이라는 미국의 기본 원칙에 대한 공격을 어떻게 구성했는지에 관해 다음과 같이 설명했다.

각기 다른 정체성을 가진 개인에 대한 전체 개념이 토론에서 사라지고 있다. 노력하지 않고 얻은 다양한 형태의 특권과는 대조적으로 개인의 가치에 관한 사상이 점점 더 의심받고 있다. 미국 실험의 기초를 형성했던 언론의 자유, 적법한 과정, 개인적(집단보다는) 권리 같은 계몽주의 원칙들은 이제 일상적으로 백인 남성 권력, 여성과 비백인의 억압을 위한 코드 언어의 단순한 가면으로 이해되고 있다. 다양한 그룹의 결과물의 차이는 항상 본성이나 선택, 자유 또는 개별 기관의 기능이 아니라 증오의 기능이어야 한다. 그리고 이러한 주장에 의문을 제기하는 사람은 분명히 백인우월주의자이다.[29]

금세기에는 유혈사태가 일어날 정도로 어렵게 얻은 권리인 언론의 자유를 실질적으로 지켜야 한다는 것은 참으로 이상한 일이 되었다. 계몽주의가 우리에게 가르쳐 준 것이 있다면, 언론의 자유는 논쟁과 토론, 열띤 논쟁을 벌이려는 반대 견해를 가진 사람들의 참여 의지를 통해 생겨난 것이다.

---

29 Andrew Sullivan, "We All Live on Campus Now, *New York Magazine*, February 9, 2018, https://nymag.com/intelligencer/2018/02/we-all-live-on-campus-now.html.

3. 언론의 자유에 찬성하는 주장

우리는 '불쾌한 세대'에 살고 있다. 우리는 모든 사람의 권리가 되는 언론의 자유는 그 누구에게도 불쾌감을 주지 않기 위해 축소되어야 한다고 한다. 불쾌한 연설은, 아무리 정중하거나 합리적으로 말해도 중단되어야만 한다.

이슬람은 언론의 자유를 극도로 억압하는 것을 받아들였다. 2008년부터 이슬람국가기구(OIC)는 유엔에서 이슬람에 대한 모든 비판을 범죄로 만들 수 있는 법안을 통과시키기를 원했다. 많은 이슬람 국가에서 소위 '신성모독법'은 이슬람에 대한 모든 비판을 범죄로 규정하고 있으며, 종종 그러한 비판은 중범죄로 취급된다.[30]

그리스도인들이 삼위일체와 예수 그리스도가 하나님의 아들임을 믿기 때문에 침묵하는 것조차 신성모독이 되는 것이다. 전 세계에서 이슬람만큼 억압적인 종교는 없다. 슬프게도, 심지어 서구 국가에서도 이슬람을 비판하는 것은 정치적으로 옳지 않고 비난받는 일이 되었다.

소설가 살만 루슈디(Salman Rushdie)가 파투와(이슬람에서 사형선고에 해당)에 처해진 것만큼 이슬람의 편협함을 아는 사람은 없다. 그의 범죄는 꾸란에서 발견된 "악마의 구절"이라고 불리는 것에 대한 글을 쓴 것이었다. 파투와가 발표된 지 10년 후, 그것은 해제되었지만, 오늘날까지 루슈디는 무장한 경비원에 둘러싸여 대중 앞에 모습을 드러낸다.

루슈디의 언론의 자유를 옹호하는 것은 고전이다. 그는 언론의 자유가 다른 사람을 불쾌하게 할 권리를 의미한다고 정당하게 주장한다.

---

30 For more information regarding blasphemy laws against Islam, see Paul Marshall and Nina Shea, *Silenced: How Apostasy and Blasphemy Codes Are Choking Freedom Worldwide* (New York: Oxford University Press, 2011), 173-226.

사람들이 결코 불쾌하거나 모욕을 당하지 않는 어떤 종류의 자유 사회를
건설할 수 있다는 생각은 터무니없다.

그는 이어서 말한다.

근본적인 결정이 필요하다. 우리는 유료 사회에서 살고 싶은가, 그렇지
않은가?
민주주의는 공손한 대화를 나누는 다과회가 아니다. 민주주의에서 사람
들은 서로에게 극도로 화가 난다. 그들은 서로의 입장에 대해 격렬하게 논
쟁한다.

그의 생각의 확고함을 주목하자.

사람들은 누군가가 그들의 말에 불쾌감을 느낄 정도로 논쟁을 벌일 수 있
는 기본적인 권리가 있다. 당신이 동의하는 누군가의 자유로운 연설을 지
지하거나, 또는 누군가의 의견을 무시하는 것은 속임수가 아니다. 언론 자
유의 방어는 누군가 당신에게 참을 수 없는 말을 하는 지점에서 시작된다.
만약 당신이 누군가의 발언을 방어할 수 없다면, 당신은 언론의 자유를 믿
지 않는 것이다. 그러면 당신은 언론의 자유가 당신을 화나게 하지 않을
때만 그 가치를 인정하는 것이다.[31]

이 성명은 모든 대학과 대학의 입구 복도에 걸어야 한다.

---

31 Salman Rushdie, "Defend the right to be offended", *Open Democracy*, February 7, 2005,
https://www.opendemocracy.net/en/article_2331jsp/.

다른 사람들의 말이 당신을 불쾌하게 할 권리를 주지 않는 한 당신은 언론
의 자유를 믿지 않는 것이다.

언론의 자유에 찬성하는 주장은 마틴 루터가 약 1,000년간의 교회 통제
에 반대하고 교황과 평의회에 동의하지 않을 권리를 주장했던 종교개혁으
로 거슬러 올라간다. 신자의 사제직에 대한 성경적 교리는 양심과 표현의
자유의 문을 열었다. 이러한 생각들은 계몽주의에서 확장되었다.

존 로크 같은 사람들은 이성은 현실을 아는 데 필수적이며, 그것은 개인
으로서 일부라고 주장했다. 공동의 이익을 위해 생각하고, 상호작용하고,
비판하고, 토론할 수 있는 자유가 필수적이다. 그리고 특히 지식을 더욱
발전시키는 연구를 고려할 때, 과학, 철학, 종교적인 학문의 자유는 필수
적이다. 언론의 자유는 우리의 다른 자유의 기초다.

조지 오웰은 자유에 대해 의미 있는 말을 했다.

자유는 모든 것을 의미하며, 사람들이 듣고 싶지 않은 것을 말할 권리를
의미한다.[32]

그 말은 반복할 가치가 있다. 자유가 조금이라도 의미가 있다면, 그것은
사람들에게 그들이 듣고 싶지 않은 것을 말할 권리를 의미한다.

분명히 급진 좌파는 자유를 경멸한다. 그들이 애지중지하는 신념에 부
합하지 않거나 불쾌한 말을 듣게 될 가능성이 있으면, 그들이 소외되고 인
정받지 못하는 희생자로 간주하는 것을 다룰 수 있는 '안전한 장소'로 후
퇴하게 만든다. 그래서 그들은 자신의 목소리와 불만의 소리만 들을 수 있
는 메아리 방을 갈망한다.

---

32 George Orwell, "The Freedom of the Press", Orwell's proposed preface to *Animal Farm.*
Origi- nally published in *The Times Literary Supplement* on September 15, 1972 as "How
the essay came to be written."

아이러니는 이렇다. 자신들의 의견에 동의하지 않는 사람들에게 자유를 철저하게 부정할 준비가 되어 있는 급진주의자들은 우리 문화에서 관용적인 것으로 인식되는 반면, 기독교나 전통적인 견해를 고수하고자 하는 사람들은 편협한 것으로 여겨진다. 다른 말로 하면, 좌파의 철학은 다음과 같다. 관용을 설교하되, 다른 관점을 표현할 용기를 가진 사람에 대해 융통성 없는 완고함을 실천하라.

헤르베르트 마르쿠제와 스탠리 피시가 언론의 자유에 반대하는 책을 쓸 때도 언론의 자유를 이용했다. 그들이 누렸던 바로 그 자유는 높은 비용으로 얻어졌다. 그들은 자신의 글과 강의를 통해 자신의 관점을 표현할 수 있는 권리를 다른 사람들에게는 부정하고 싶었다.

언론의 자유는 항상 미국에서 가장 신성한 자유 중 하나였다. 프레더릭 더글러스(Frederick Douglass, 노예 폐지론자)는 1860년에 "노예제도는 언론의 자유를 용납할 수 없다. 5년간의 운동으로 노예 경매를 추방하고, 남부의 모든 사슬을 끊을 것"이라고 선언했다.

프레더릭 더글러스는 신문들이 노예제도 폐지론자들의 연설 금지를 지지하던 시기에 이런 말을 했다. 더글러스는 폭도들의 공격을 받은 뒤 "자기 생각과 의견을 말할 권리가 사라진 곳에서는 자유가 무의미하다고 경고했다. 그것은 무엇보다도 폭군들에게는 공포다. 그것은 그들이 가장 먼저 폐지한 하나의 권리다."[33]

언론의 자유는 폭군에게는 공포다!

---

33 Mac Donald, *The Diversity Delusion*, 19.

4. 교회의 대응

지금은 소심한 영혼을 위한 순간이 아니다.

담대함은 여러분이 여러분에게 동의하는 사람들 앞에 있을 때 쉽게 찾아온다. 여러분이 여러분의 죽음을 추구하는 사람들 가운데 홀로 서 있을 때는 어렵다. 강단에서의 담대함과 시의회 회의에서의 담대함은 별개의 것이다. 담대함은 안전하게 후퇴할 수 있는 다리를 불태웠을 때 가장 분명하게 나타난다.

문화가 그리스도인을 위협하는 두 가지 방법이 있다.

하나는 그리스도인들이 말하거나 행하는 것을 범죄화하는 것이고,

다른 하나는 그들을 부끄럽게 하는 것이다.

많은 그리스도인이 그들의 믿음을 버리라는 말을 듣지는 않더라도, 그들은 그 믿음으로 조롱당할 것이다. 수치심은 많은 그리스도인을 침묵으로 후퇴하게 만들 것이다.

'혐오표현규제법'(Hate speech law)은 우리의 증언을 사실상 불법으로 만들 것이다. 그리스도인들이 그 문화에 반대하는 발언을 하는 것은 증오로 정의될 것이고, 시민 논쟁에서 증오는 설 자리가 없다. 캐나다는 이미 혐오표현규제법을 가지고 있다. 기독교 목회자들이 TV에서 동성 결혼에 반대하는 금지된 복숭아를 먹었고, 마크 하딩(Mark Harding)이라는 한 그리스도인 남성은 이슬람에 반대하는 목소리를 냈다는 이유로 이슬람 이맘으로부터 340시간의 교화 훈련을 받아야 했다.[34]

---

34   Art Moore, "Punishment includes Islam indoctrination", *WorldNetDaily*, October 31, 2002, https://www.wnd.com/2002/10/15738/.

1997년 이슬람교도들은 토론토의 공립고등학교에서 금요일에 메카를 향한 이슬람교도 기도를 하도록 압력을 가했고, 이슬람교를 전파하며 학교 구내에 이슬람을 홍보하는 꾸란과 기타 문헌을 배포했다. 마크 하딩은 학교 관계자들에게 항의하고, 이슬람을 설명하는 소책자를 만들어 학교 밖에서 배포하다 증오 범죄로 체포, 투옥, 재판을 받았고, 2002년에 캐나다의 고등 법원은 그에게 무슬림형제단의 북미이슬람협회(ISNA) 지역 사무총장의 관리하에 2년간의 집행유예 및 340시간의 지역 사회 봉사를 하도록 선고했다. 그러나 사무총장은 지역봉사 대신 이슬람교리 강좌로 전환하고, 세 명의 이맘에게서 이슬람의 가르침을 듣도록 했다. 그 기간에 이슬람, 꾸란, 알라 또는 무하마드에 대해 부정적인 말을 하지 말도록 명령받았으며, 복종하지 않으면 감옥에 가게 될 것이라는 위협을 받았다. 그는 5년간의 항소 과정을 견뎌냈고, 340시간의 강제 이슬람 세뇌를 겪었고, 2년간의 집행유예를 마쳤으며, 두 번의 심장 마비와 재정적 파산을 겪었다.

그러나 주님은 신실하셨고 그를 지지하여 중동에서 캐나다로 이주한 파키스탄과 이집트 기독교인을 통해 지원을 제공하셨다. 그러나 그는 캐나다 '기독교인'들의 기피 대상이 되었다. 그는 계속해서 예수 그리스도에 대해 증언하고 이슬람을 공개했다. 그는 그리스도를 위해 일어서서 고통을 받아야 하는 다른 참그리스도인들에게 요구되는 용기와 희생의 모범이었다(https:// www.billionbibles.org/sharia/mark-harding.html, 역자 주).

언론의 자유가 중요한가?

분명히 서구 국가들의 언론의 자유는 그리스도인들이 복음을 전 세계에 전파하는 것을 허용했다. 언론의 자유는 우리가 모두 과소평가하는 특별한 선물이다. 그러나 역사적으로 2000년 동안 교회는 언론의 자유 없이 살아남아야만 했다. 언론 자유에 대한 반대는 교회 역사에서 일찍부터 시작되었다. 교회가 탄생한 직후, 예수의 이름으로 설교하는 것은 금지되었다. 그것은 감옥에 갇히고 때로는 죽음까지도 수반하는 혐오 표현이었다.

시간을 내어 사도행전 4장을 다시 읽어 보라. 베드로와 요한은 예수님의 이름으로 기적을 행했다. 그러나 당국은 기뻐하지 않았다. 예수 이름으로 전했다는 이유로 두 사람은 체포되었다. 자신을 변호하라는 요청을 받았을 때, 베드로는 십자가에 못 박히신 나사렛 예수 그리스도의 이름으로 기적이 행해졌다고 담대하게 선포했다(행 4:10, 12).

여기에는 '정치적 올바름'이 없다.

"당신 때문에 예수님은 십자가에 못 박히셨지만, 만약 당신이 그를 믿지 않는다면, 당신에게는 구원이 없다!"

앞서간 순교자들은 언론의 자유가
믿음의 사람이 되는 데 필수적 요소가
아니라는 것을 보여 주었다.

베드로와 요한이 다시는 예수님의 이름으로 말하지 말라고 위협받고 경고를 받았을 때 다음과 같이 말했다.

하나님 앞에서 너희의 말을 듣는 것이 하나님의 말씀을 듣는 것보다 옳은가 판단하라. 우리는 보고 들은 것을 말하지 아니할 수 없다(행 4:19-20).

당신들의 위협은 우리가 복음을 전파하는 것을 방해하지 못한다!

앞서간 순교자들은 언론의 자유가 믿음의 사람이 되는 데 필수적 요소가 아니라는 것을 보여 주었다.

리처드 웜브란트(Richard Wurmbrand, 『마르크스와 사탄』의 저자)는 『그리스도를 위해 고문당함』(Tortured for Christ)에서 자녀에게 기독교 신앙을 가르친 부모들의 처벌에 관해 썼다.

그들이 자녀들에게 그리스도에 대해 가르쳤다는 것이 밝혀지면, 그들의 자녀들은 면접교섭권 없이 평생 그들에게서 쫓겨나 격리되었다.[35]

하나님은 우리를 낮추신다. 1980년대에 우리는 미국의 도덕적, 영적 추락을 막기 위해 도덕적인 다수파를 의지했다. 우리는 법원과 백악관을 의지했다. 그러나 우리 문화는 조금씩 우리의 증언을 침묵시키고 있다. 오늘날의 대학생들은 이전 세대가 경험하지 못했던 도전에 부딪혔다. 나는 신앙을 자유롭게 나눌 수 있고, 다양한 정치, 종교 단체가 캠퍼스에서 만날 수 있는 시기에 대학에 다녔다.

나는 당신이 동의하지 않는 사람들을 무시하거나 혹은 그들과 대화할 수 있는 시대에 살았다. 의견 불일치에 대해 논하려는 일반적인 의지가 있었다. 다음과 같은 격언이 표준으로 받아들여졌다.

나는 당신의 말에 동의하지 않을 수 있지만, 당신은 그것을 말할 권리를 갖기 위해 죽음으로 맞서 싸울 것이다.

이제 그 시절은 우리 대학뿐만 아니라 직장, 군대, 슬프게도 교회에서도 사라졌다. 그리고 언론의 자유를 제한하는 법률이 아직 마련되지 않은 곳에서는 우리가 말하는 것을 스스로 검열하려는 유혹을 받는다. 또는 많은 사람이 적어도 우리가 유죄라거나 또는 사랑이 없고 편협하다고 비난할 준비가 되어 있다.

물론, 우리의 설교는 소금에 절인 우아함이 있어야 한다. 우리는 지나가는 사람들에게 소리치지 않는다(몇 년 전 스위스 취리히에서 화가 난 전도자가 하는 것을 본 적이 있다). 우리 자신의 나약함과 죄악으로부터 자유로워진 것

35 Richard Wurmbrand, *Tortured for Christ: The 50th Anniversary Edition* (Colorado Springs: David C. Cook, 2017), 151-152.

처럼, 언론의 자유가 우리나라에 대해 심판적으로 말하는 것을 의미하는 것은 아니다. 우리는 우리 안에 있는 소망에 대한 이유를 존중과 온유함 그리고 두려움으로 제시해야 한다.

나의 영웅 중 한 명은 16세기 개혁가 휴 레티머(Hugh Latimer)이다. 그는 헨리 8세 앞에서 설교하라는 요청을 받았을 때, 정확히 무슨 말을 해야 할지 고민했다. 당신은 헨리가 두 명의 아내를 두고 적의 머리를 베었다는 평판을 기억할 것이다.

레티머가 말했듯이 그는 심한 내적 갈등에 휩싸였다.

레티머!
레티머!
너는 높고 강력한 헨리 8세 왕 앞에서 말하고 있다는 것을 아는가?
그가 너를 투옥하거나 참수할 절대적인 힘을 가지고 있다는 것을 아느냐?
왕실을 불쾌하게 할 말을 하지 않도록 조심해야 하지 않을까?

그는 잠시 멈추었다가 다시 말을 이었다.

레티머!
레티머!
너는 왕 중의 왕과 만유의 주 앞에서, 헨리 8세조차도 그의 보좌 앞에 서게 될 그분 앞에서, 언젠가는 누구나 자신의 행위에 대해 스스로 결산해야 할 그분 앞에서.

레티머!
레티머!

너의 주님께 신실하고 하나님의 모든 말씀을 선포하라.[36]

레티머는 하나님의 말씀을 선포했으며, 헨리는 그의 목숨을 살려 주었지만, 헨리의 딸인 메리 여왕(블러디 메리)은 그를 옥스퍼드의 화형대에 세웠다. 그가 불길 속에서 죽어 가는 동안, 그는 그와 함께 불길에 휩싸인 니콜라스 리들리(Nicholas Ridley) 주교에게 외쳤다.

존경하는 리들리 주교님, 오늘 우리는 하나님의 은혜로 남자답게 영국에 우리가 믿는 바와 같이 절대로 꺼지지 않을 촛불을 켜야만 합니다.[37]

담대함의 비결?

불길보다 하나님을 더 두려워하라. 당신의 명성보다 그분을 더 두려워하라. 희미하고 미지근한 지도력을 끝내자. 지금은 담대하게 타협하지 않는 진실과 사랑으로 '남자답게 행동'해야 할 날이다.

우리는 경찰에 저지를 당하거나 수치심을 느끼며 퇴장당할 것이라는 생각과는 다른 결과를 기대할 수 있다. 하지만 우리는 침묵하지 않을 것이다.

우리는 부끄러움, 비웃음, 불이익을 견뎌 낼 것이다.

우리는 들을 것이고, 교회가 한목소리로 말하기를 위해 기도하자.

---

36 The source of this account is a sermon by J.C. Ryle, "Not Corrupting the Word", which can be found in J.C. Ryle, *Is All Scripture Inspired?* (Edinburgh: The Banner of Truth Trust, 1999).

37 As cited in Charles Bridges, *An Exposition of the Book of Proverbs* (London: Seeley, Burnside, and Seeley, 1847), 126.

5. 우리 모두의 기도

아버지!
우리는 초대 교회에서 한 기도회로부터 취한 말씀으로 기도합니다.

> 그들이 듣고 한마음으로 하나님께 소리를 높여 이르되 대주재여 천지와 바다와 그 가
> 운데 만물을 지은 이시오 … 과연 헤롯과 본디오 빌라도는 이방인과 이스라엘 백성과
> 합세하여 하나님께서 기름 부으신 거룩한 종 예수를 거슬러, 하나님의 권능과 뜻대로
> 이루려고 예정하신 그것을 행하려고 이 성에 모였나이다. 주여 이제도 그들의 위협함
> 을 굽어보시옵고 또 종들로 하여금 담대히 하나님의 말씀을 전하게 하여 주시오며
> (행 4:24, 27-29).

> 온화함과 두려움으로 우리 안에 희망을 품는 이유를 주게 하소서(벧전 3:15).

> 우리는 겸손하게 진실을 옹호하고 그 결과를 당신의 손에 맡기게 하소서, 언제 말할
> 지, 언제 침묵할지 가르쳐 주옵소서: 우리를 뱀처럼 현명하고 비둘기처럼 순결하게 하
> 옵소서(마 10:16).

예수님의 이름으로 기도합니다. 아멘.
우리는 소리치지 말고, 이야기하자.

제5장

고귀한 대의명분으로 판매

선전은 국가의 방향을 바꿀 수 있다.

조지 오웰의(George Orwell)의 소설 『1984』에서 소름 끼치는 전체주의 국가인 오세아니아에서는 소위 '진리부'가 사람들을 세뇌하기 위해 교묘하고 사악한 언어인 뉴스피크를 어떻게 사용했는지에 대한 설득력 있는 설명이 있다. 오세아니아의 강령은 "전쟁은 평화, 자유는 노예, 무지는 힘이다."[1] 사상경찰은 그 문화의 정치적, 도덕적 견해를 결정하는 사상을 통제할 수 있었다.

개인의 자유를 박탈하는 것은 국민에게 덤으로 팔렸다. 노예제도는 자유와 번영의 관문으로 제시되었다. 정복은 해방으로 팔렸고, 행해진 모든 일은 항상 '국민의 이익'을 위한 것이었다.

나는 개인적으로 아돌프 히틀러의 포로수용소 몇 곳을 방문했던 것을 기억한다. 출입문에는 다음과 같은 표어가 붙어 있었다.

아르바이트 마흐트 프라이(Arbeit match frei, 일은 당신을 자유롭게 한다)

신조어, 이중적 사고, 사상경찰, 빅 브라더 이 모든 단어와 구절이 조지 오웰 덕분에 우리 어휘에 들어왔다. 그의 글들은 아마도 다른 어떤 것과

---

1   George Orwell, *1984* (New York: Signet Classics, 1977), 4.

마찬가지로, 선전이 전체주의 국가를 통제하기 위해 어떻게 사용되는지를 폭로했다. 그는 우리가 모두 읽어야 할 통찰력을 준다.

선전의 목적은 사람들의 현실에 대한 인식을 바꾸어, 강력한 반증에도 불구하고 사람들이 마음을 바꾸지 않도록 하는 것이다. 목표는 진실, 과학적 증거 및 상식이 사람들에게 영향을 미치지 못하도록 하는 것이다.

물론 때로는 사실과 과학적 증거가 해석의 대상이 될 수 있다. 그러나 사람들은 반대되는 증거가 증가하더라도 자신이 믿고 싶은 것을 믿기 때문에 종종 명백한 주장임에도 외면하게 할 수 있다. 누군가는 선전의 궁극적인 목표는 어린아이처럼 양쪽 귀에 손가락을 대고 다음과 같이 외치는 것이라고 말했다.

"난 당신의 말을 듣지 않아!"

그리고 급진주의자들이 그들의 신념에 도전하는 관점을 듣게 되면, 그들은 종종 그것을 말하는 사람을 '해독'한다. 그들은 그 사람에 대해 해로운 개인정보를 찾아내서 SNS에 올리려고 한다. 이것은 그들의 사고에 도전하는 문제들을 다루기 위해 편리하게 '낙인'을 찍는다. 즉, "메시지가 마음에 들지 않으니, 메신저를 파괴하겠다"라는 것이다. 그들의 반응은 이성적인 주장이라기보다는 격분이다.

오직 선전의 힘만이 운동을 설명할 수 있다. 경찰에게 자금 지원을 중단하라고 외치고 그리고 법 집행관들을 우리 사회에 대한 커다란 위협이라고 비난하면서, 동시에 무정부주의자들을 변명하거나 심지어 변호하기도 한다. 이 모든 것은 우리 도시에서 범죄율이 치솟고 있고, 폭도들이 그들의 문 앞에 들이닥치고 사람들이 스스로를 방어하는 것을 두려워하는 때에 일어나고 있다. 법과 질서의 파괴는 진보의 기치 아래 팔린다. 그리고 물론 그것은 정의라는 매우 고귀한 목표라고 한다.

선전은 모든 정당 어떤 계파든 간에 사용한다. 당신과 나는 우리 주장을 설득하거나 또는 우리 자신을 방어하려고 할 때 선전에 의존할 수 있다. 하나님이 금지된 나무의 열매를 먹은 아담을 꾸짖으실 때 아담은 그의 행동에 대해 하와의 핑계를 댔다.

그가 말한 것은 정확히 거짓은 아니지만, 전체적인 이야기는 아니다. 그는 일어난 일의 현실을 바꾸기 위해 쓸데없는 시도로 언어를 사용한다. 그는 돌려 말한다.

동산에서 뱀은 아담과 하와에게 나쁜 것을 주기 위해 좋아 보이는 열매로 유혹했다. 악마는 이성보다는 그들의 욕망에 호소했다. 그는 식욕이 이성보다 더 강력할 수 있다는 것을 알고 있었다. 곰 고기를 제공하지만 그 아래 치명적인 덫을 놓는 사냥꾼처럼 선전은 우리가 우리에게 좋은 어떤 것을 얻고 있다고 믿게 하지만 실제로는 다른 것을 준다. 함정 뒤에는 사냥꾼이 있고 거짓말 뒤에는 거짓말쟁이가 있다.

이 장에서는 사람들을 속이기 위해 어떻게 급진적인 의제가 만들어졌는지 살펴볼 것이다. 우리는 자유를 가져오는 것처럼 가장하여 기괴한 것을 어떻게 정상적인 것으로 받아들이게 하는지 보게 될 것이며, 사람들이 대체 '진리'를 받아들이도록 어떻게 현실 부정을 설득하는지 알아볼 것이다.

그리스도인은 선전에 대하여 잘 인식하고, 이것이 문화, 미디어 및 소셜 네트워크에서 가장 끔찍한 용도로 사용된다는 것을 알아야 한다. 우리는 자신이 모르는 사이에 어떻게 조종되고 있는지 그리고 다른 사람들을 어떻게 조종할 수 있는지 이해하기 위해 최선을 다해야 한다. 그리고 증거가 입증되면 우리는 기꺼이 마음을 바꿔야 한다.

1. 선전의 작동 원리

에드워드 버네이즈(Edward Bernays)는 그의 저서인 『선전』(*Propaganda*)에서 선전의 올바른 사용과 대중의 "지능적 조작"의 필요성을 옹호한다. 그러면서 그는 이렇게 주장했다.

이 보이지 않는 사회의 메커니즘을 조작하는 사람들은 우리나라의 진정한
통치 권력인 보이지 않는 정부를 구성한다.[2]

버네이즈는 또 이렇게 썼다.

우리는 대체로 들어본 적이 없는 사람들에 의해 지배당하고, 마음이 형성
되고, 취향이 만들어지고, 우리의 사상을 제안받는다. … 그들은 막후에서
국민의 마음을 조종하고, 낡은 사회적 힘을 이용하고, 세계를 묶고 인도하
는 새로운 길을 개척하는 바로 그 사람들이다.[3]

그의 설명을 좀 더 자세히 살펴보자.

선전은 보이지 않는 메커니즘이며, 보이지 않는 정부이고, 우리를 옭아매
고 이끄는 새로운 길을 포함하고 있다.

그것은 우리가 통제당하고 있다는 것을 인식하지 못한 상태에서 우리의
생각을 통제한다.

선전은 다양한 형태를 취한다. 때로는 진실을 숨기고, 때로는 반쪽 진
실을 사용하며, 때로는 사실이나 역사의 선택적 이용으로 진실을 왜곡하
거나, 일방적인 주장을 한다. 대부분 그것은 '공익'이나 '권리의 문제' 또
는 '정의'와 같은 더 높은 목표에 호소함으로써 자신의 주장을 제시하려
고 한다. 그것은 높은 도덕적 근거를 주장하며 고귀한 대의명분으로 팔리
고 있다.

---

2   Edward Bernays, *Propaganda* (Brooklyn, NY: Ig Publishing, 2005), 37.
3   Bernays, *Propaganda*, 37–38.

1) 더 높은 가치에 호소

예를 들어, 한 담배 회사가 어떻게 여성들에게 공공장소에서 담배를 피우도록 설득했는지 생각해 보자. 약 1926년까지, 여성들이 공개적으로 담배를 피우는 것은 부적절하다고 여겨졌다. 조지 워싱턴 힐의 미국 담배 제조사(Lucky Strike라는 브랜드를 포함)는 에드워드 버네이즈를 고용하여 원치 않는 사업상의 장애물을 제거했다. 만약 그들이 여성들에게 공공연히 담배를 피우도록 설득할 수만 있다면, 그들은 사업을 거의 두 배로 늘릴지도 모른다.

버네이즈는 그의 선전 철학과 심리학(그의 삼촌 지그문트 프로이트)을 결합한 기발한 아이디어를 생각해 냈다. 여성들에게 그들이 억압받고 있다는 것을 상기시키고, 담배를 "자유의 횃불"이라고 불렀다. 1929년 부활주일에 담배를 피우면서 행진하는 여성들을 모아 당당히 "자유의 횃불"을 선보였다. 여성들에게 공공연한 흡연은 이제 부조화, 독립성, 힘의 상징이 되었다. 그것은 남성 지배에 대한 반발의 표시였다.

물론 흡연의 부정적인 영향, 중독성, 폐 질환과의 연관성에 대해서는 아무 말도 하지 않았다. 그러나 흡연이 여성들에게 평등과 해방의 상징이 되었을 때, 럭키 스트라이크(담배 상품명)는 새로운 수익성 좋은 시장을 발견했다. 나머지는 역사가 되었다.

이제부터 광고는 필요성뿐만 아니라 욕구에 기반을 두고 있을 것이다. 이런 식으로, 사람들은 자기들에게 불필요한 것을 계속 사게 될 소비자로 둔갑할 것이다. 새 차는 남성들에게는 남성미나 성의 상징으로서 팔릴 것이며, 여성들은 매우 불편한 옷들이라도 단지 그것이 유행한다는 이유로 기꺼이 사서 자랑스럽게 입을 것이다.

그리고 스타일이 계속 바뀌기 때문에, 그들은 패션 감각을 유지하려고 필요 없는 것을 거의 지속적으로 구매하게 될 것이다. 광고에 숨겨진 욕망은 우리가 필요로 하지 않는 것을 원하도록 만들기 위해 끊임없이 이용된다.

이것을 우리의 도덕적인 풍토로 바꿔 보자. 모든 동기를 고상한 아이디어와 연관시키면 그것이 비록 악할지라도 합법적으로 보일 수 있다. 포장만 잘하면 악도 선으로 보일 수 있고, 선도 악으로 보일 수 있다. 이사야는 이런 자들에게 화가 났다.

> 악을 선하다 하며 선을 악하다 하며 흑암으로 광명을 삼으며 광명으로 흑암을 삼으며 쓴 것으로 단 것을 삼으며 단 것으로 쓴 것을 삼는 자들은 화 있을진저!(사 5:20).

급진적 세속주의자들은 악한 것을 선이라고 부르는 방법의 전략을 세운다. 그러나 그들의 임무는 아직 끝나지 않았다. 그들은 악을 선이라고 불러야 할 뿐만 아니라 선을 악이라고 불러야 한다. 그래야만 그들의 의제를 팔 수 있다. 이것은 인간의 이성적 논쟁이 아닌 욕망에 호소함으로써 이루어진다. 『동성애의 기쁨』(The Joy of Gay Sex)의 공동 저자인 에드먼드 화이트(Edmund White)는 이렇게 제안했다.

> 게이들은 성에 대한 부정적인 사회와의 전쟁에서 용기의 붉은 배지 같은 성병(질병)을 지녀야 한다.[4]

화이트는 가장 추악하고 자기 파괴적인 행동조차도 권한 부여로 팔리는 방법의 예를 들었다.

> 해방이라고 뭔가를 포장하라. 그러면 당신은 아마 성공할 것이다.
> 언어를 통제하고, 토론을 통제하라.

---

4   David Horowitz, *Dark Agenda: The War to Destroy Christian America* (West Palm Beach, FL: Humanix Books, 2018), 113.

급진적 마르크스주의자인 사울 알린스키는 추종자들에게 그들의 진짜 의도를 숨기는 방법을 이야기했다. 그는 현재 정치 구조에 대해 다음과 같이 말한다.

> 그들은 총을 가지고 있으므로 우리는 투표를 통해 평화와 개혁을 해야 한다. 우리가 총을 가지게 되면 그것은 총알을 통해 이뤄질 것이다.[5]

그들의 속임수에 주목하라. 일단은 우리가 집권할 때까지 평화와 개혁에 찬성하자. 그런 다음 우리는 총을 가지고 투표함을 버릴 것이다. 숭고한 목표를 설파하라. 단, 최종 목적은 숨겨라.

2) 구호로 악을 가리기

구호는 종종 사악한 악을 가리는 가면으로 사용된다. 이에 대한 극단적인 예는 히틀러가 아이들을 굶겨 죽였을 때였다. 그는 이것을 "저열량 다이어트"라고 불렀다. 유대인의 멸절은 "땅을 정화하는 것"이라고 불렀다. 안락사는 "최상의 현대적 치료법"으로 불렀다. 사회에 부적합하다고 판단되는 아동은 '아동전문센터'에서 살해되었다.

히틀러의 동료들은 사람들을 죽일 것이라고 공개적으로 선언하지 않았다. 수백만을 몰살시키려는 계획을 세웠을 때도 나치 지도자들은 "최종 해결책"과 같은 추상적 구호를 내세웠다. 말로 표현할 수 없는 범죄를 위장하기 위해 위생적인 용어가 사용되었다. 악은 임상 용어로 설명되었다.

과격파 이슬람교도들은 샤리아법의 공포를 "새로운 형태의 해방"이라고 부르며, 정복하는 군대의 잔인함은 평화를 가져온다고 말한다. 노예로

---

5 Saul D. Alinsky, *Rules for Radicals: A Pragmatic Primer for Realistic Radicals* (New York: Vintage Books, 1989), 37.

팔린 그리스도인들은 보호받아야 할 사람들로 분류된다. 그리스도인들을 집에서 쫓아내는 것을 정당한 재정착이라고 하며, 그리스도의 신성을 믿는다고 고문하는 것은 알라를 위한 명예로운 것이라고 말한다.

〈비평의 방법에 관한 진실〉(The Truth About Critical Methods)이라는 제목의 강의에서 제임스 A. 린제이(James A. Lindsay)는 사회 정의를 주장하는 사람들에 대해 상자 안의 내용물과 라벨이 일치하지 않는다고 말한다. 라벨에는 '사회 정의'라고 쓰여 있을 수 있지만, 상자를 열면 뭔가 다른 것을 발견할 수 있다. 여러분은 그것이 사회의 모든 것을 해체하고 기존의 질서를 전복하려는 것임을 발견하게 될 것이다. 그것은 오직 권력을 잡으려는 것이다.[6]

2020년 인종폭동 때는 "정의가 없으면 평화도 없다"라는 구호가 폭력과 절도 그리고 만행을 정당화하는 데 사용되었다. 그 대의는 정의롭다고 믿어졌다. 그래서 한 급진주의자는 이렇게 말했다.

> 이 나라가 우리가 원하는 것을 주지 않는다면, 우리는 이 제도를 불태울 것이다. … 난 그저 흑인의 해방과 흑인의 주권을 원하고 있어. 수단과 방법을 가리지 않고 말이다.[7]

낙태를 찬성하는 사람들은 구호를 적극적으로 활용하여 대의를 발전시킨다. 낙태를 반대하는 사람들은 '여성과 전쟁 중'으로 묘사된다. 낙태 찬성론자들은 여성 건강을 보호하고 출산 직전까지 '여성이 스스로 건강 관리 결정을 내릴 권리'를 법적으로 보호해 주는 '생식보건법'을 후원하고 있다.

---

6   James Lindsay, "The Truth About Critical Methods", *New Discourses*, March 19, 2020, https:// www.youtube.com/watch?v=rSHL-rSMIro.

7   Meghan Roos, "BLM Leader: We'll 'Burn' the System Down If U.S. Won't Give Us What We Want", *Newsweek*, June 25, 2020, https://www.newsweek.com/blm-leader-well-burn-system-down-if-us-wont-give-us-what-we-want-1513422.

'생식 의료 보호' 또는 '생식 정의' 또는 '임신 종료' 이 모든 것은 낙태를 위한 코드다. 정치인들은 '여성의 선택권'에 찬성한다고 말한다. 그러나 그들은 좀처럼 이 문장을 완성하지 못한다. 여하튼 그들이 낙태를 선택한 여성의 권리에 찬성한다고 말하는 것은 너무 정직하고, 너무 분명하며, 너무 냉혹하기까지 하다.

호주 정부가 낙태 합법화를 선택했을 때, 그것은 더 이상 법적인 문제가 아니라 건강 문제가 될 것이라고 간단히 말함으로써 그렇게 했다. 공무원들은 그저 그들이 말하는 생식 정의만을 실천하고 있었다. 그러나 태어나지 않은 자에게는 아무런 정의도 주어지지 않았다. 그들은 힘이 없기 때문이다. 그들은 투표할 수 없다. 태아는 아이의 엄마와 아빠의 생활 방식을 방해하면 소모품으로 간주된다.

요즘 '버려지는 문화'는 사람의 성적 자유와 개인적 편리를 가로막는 것은 무엇이든 버려야 하며, 구호의 도움으로 정당하게 할 수 있다. 임신 말기의 아기가 여전히 낙태 시도에서 살아남아 태어나면 굶어 죽는 일이 남은 만큼 '임종 돌봄'을 받게 된다. 히틀러는 그것을 더 섬세하게 표현했을 것이다.

우리는 그저 아기들에게 저열량 다이어트를 제공하는 것이다.

선전에 통달한 사람을 더 알아보자.

2. 히틀러, 선전과 증오의 힘

내가 급진적인 세속주의자들을 나치라고 부르지 않는다는 것을 이해해 주기를 바란다(우리는 흔히 동의하지 않는 사람들을 '나치'라는 꼬리표를 붙인다). 그러나 나는 히틀러의 '선전'에 대한 관점을 언급하고 싶다. 왜냐하면, 동성애운동가들은 선전을 이용하는 방법에 대한 그들의 생각이 히틀러에게 서 빌린 것이라고 인정하기 때문이다.

예를 들어, ACT-UP(동성애 무장단체)의 창시자인 에릭 폴라드(Eric Pollard)는 거짓말은 동성애 활동가들이 사용한 전술이었다고 쓰고, 히틀러의 저서 『나의 투쟁』(Mein Kampf)을 그룹의 전략을 제공한 모델로 언급하고 있다.[8] 히틀러 자신은 다음과 같이 말했다.

> 선전을 영리하고 끈기 있게 사용함으로써 천국도 지옥으로, 정반대로 천 국을 가장 비참한 삶으로 표현할 수 있다.[9]

그렇다. 천국을 지옥으로 지옥을 천국으로 표현할 방법이 있다. 히틀러 는 말했다.

> 대중의 지지를 얻어야 한다면, 독일 국민을 현혹해야 한다.[10]

잠시 멈춰, 히틀러가 독일에서 선전을 전략적으로 사용한 것에 대해 살 펴보자. 내가 읽은 모든 연구는 나치 독일 국민이 동정심을 가질 수 있는 평범한 시민이었고 이웃을 기꺼이 돕겠다는 의지를 갖고 있었다는 것을 보여 준다. 그들은 미국의 일부 지역에 사는 사람들과 다를 바 없는 것으 로 보였다.

히틀러가 이 사람들을 그의 대의에 참여시키기 위해 동원할 수 있는 유 일한 방법이 있었다. 증오는 이성이 할 수 없는 일을 할 것이다. 그리고 두

---

8   Eric Pollard, "Time to Give Up Fascist Tactics", *Washington Blade*, Letters to the Editor, January 31, 1992.

9   Adolf Hitler, *Mein Kampf*, trans. Ralph Manheim (New York: Mariner Books, 1999), 276.

10 Stefan Kanfer, "Architect of Evil", *Time*, June 24, 2001, http://content.time.com/time/ magazine/ article/0,9171,152486,00.html.

려움은 모든 사람이 보조를 맞추도록 만들 것이다.

히틀러는 다음과 같이 말했다.

> 증오(hate)는 혐오감(aversion[dislike])보다 더 오래 지속된다.[11]

그는 대중을 화나게 하도록 감정(혐오)을 사용했고, 그 결과 이성은 소수에게만 남겨졌다고 말했다. 히틀러는 선전이 사람들을 훨씬 더 과감한 것, 즉 그들을 다른 길로 내몰 수 있는 혁명을 준비할 수 있도록 하는 데 중요하다는 것을 알고 있었다. 그는 이렇게 말했다.

> 혁명의 가장 놀라운 성공은 가능한 한 새로운 삶의 철학을 모든 사람에게 가르치고, 필요하다면 나중에 그들에게 강요할 때 항상 성취될 것이다.[12]

그렇다. 정보의 공유가 시작되면, 그것은 결국 사람들에게 강요된다. 그리고 반대하는 사람들은 감옥에 던져지거나 죽임을 당하거나, 부끄러워서 침묵을 지킨다.

히틀러는 적(유대인)을 표적으로 삼아 독일인을 통일시켰고, 독일인은 히틀러를 경제적, 정치적 '구세주'로 생각했다. 그것이 독일인들에게는 유대인들을 증오하고 민주주의를 싫어하며 그들과 동의하지 않는 사람을 미워할 명분을 주었다. 유대인의 영향력에 관한 이야기는 선택적으로 사용되었으며, 가능한 한 최악의 빛을 비췄다. 유대인들을 반역자, 해충, 인간 이하로 묘사하고 그들의 배신으로 독일은 제1차 세계대전에서 패배했다고 한다. 더욱이 히틀러는 그들이 독일을 경제적으로 장악하려는 음모를 꾸미고 있다고 거짓 비난을 했다.

---

11 Hitler, *Mein Kampf*, 337.
12 Hitler, *Mein Kampf*, 583.

일단 유대인들이 증오의 대상으로 보이면, 대량학살은 필요하고 바람직한 것으로 매도될 수 있었다. 증오는 이성이 할 수 없는 것을 할 수 있다. 로버트 G. L. 웨이트(Robert G. L. Waite)는 말했다.

> 모든 인류가 예수님의 말씀을 전하는 사람을 증오했다.[13]

만약 증오가 사람들을 줄 세우지 못하면, 두려움이 그것을 할 것이다. 감히 스스로 생각하고 말하는 사람들은 직장을 잃거나, 학교에서 해고되거나, 감옥에 보내질 것이다.

간단히 말해서, 나치즘은 독일 문제들의 현실적인 원인으로 보이는 적의 목표물들, 즉 공산주의와 유대인들을 식별하는 평행우주를 만들었다. 그러고 나서 유대인들이 인간 이하의 존재라는 것을 보여 주기 위해 과학이 동원되었다. 나치의 의제는 구호와 상징성에 이끌려 앞으로 나아갔다. 모든 것은 "국민을 위해서"라는 숭고한 목표를 위해 이루어졌다. 히틀러는 사람들이 비이성적인 국가적 자긍심을 위해 이성을 제쳐 놓으리라는 것을 알고 있었고, 그 정점은 결국 제2차 세계대전을 가져왔다.

선전은 얼마나 강력할까?

특파원으로 독일에 살았던 윌리엄 L. 시러(William L. Shirer)는 그의 고전 『제3제국의 부상과 몰락』(The Rise and Fall of the Third Reich)에서 다음과 같이 썼다.

> 나 자신도 전체주의 국가에서 거짓말하고 검열받는 언론과 라디오에 얼마나 쉽게 속아 넘어가는지 경험하게 되었다. 비록 대부분의 독일 사람들과는 달리, 나는 매일 외국 신문, 특히 발행 다음날 도착한 런던, 파리, 취리히 신

---

13 Robert George Leeson Waite, *The Psychopathic God: Adolf Hitler* (New York: Signet, 1978), 63.

문을 접하고 BBC와 다른 외국 방송을 주기적으로 듣지만, 내 일과는 독일 언론을 뒤지고, 독일 라디오 방송을 확인하고, 나치당원들과 회의를 하고 파티하는 데 하루 중 많은 시간을 소비해야 했다.

내가 사실을 배울 기회와 그리고 나치로부터 배운 것에 대한 타고난 불신에도 불구하고, 수년간에 걸친 거짓과 왜곡에 대한 꾸준한 식단이 마음에 어떤 인상을 심어 주고 종종 오해를 불러일으킨다는 것을 알게 되어 놀랍고 때로는 당황스러웠다. 나는 겉보기에 교육적이고 지적인 사람들로부터 가장 터무니없는 주장을 접하곤 했다.

그들은 라디오에서 듣거나 신문에서 읽은 헛소리를 흉내 내고 있는 것이 분명했다. 가끔은 때로는 나 자신도 그런 것에 대해 이야기하고 싶은 유혹을 받기도 하지만 … 히틀러와 괴벨스가 진실에 대해 냉소적으로 무시하면서 말한 것들이 삶의 현실이 된 왜곡된 마음을 가진 사람들과 접점을 만든다는 것이 부질없는 일이라는 것을 깨달았다.[14]

시러가 한 말을 다시 한번 주목하라.

왜곡된 마음을 가진 사람들과 접점을 만든다는 것이 부질없는 일이라는 것을 깨달았다.

---

14 William Shirer, *The Rise and Fall of the Third Reich* (New York: Simon & Schuster, 1988), 247-248.

3. 문화 흐름의 형성

1957년 윌리엄 사건트(William Sargant)는 자신의 저서 『마음을 위한 투쟁-전환과 세뇌 생리학』(*Battle for the Mind: A Physiology of Conversion and Brain-Washing*)에서 이렇게 썼다.

> 사람들은 전쟁, 심한 전염병 및 모든 유사한 시기에 가장 명확하게 나타나는 일시적 판단력 손상과 군거 본능을 가지고 있어 불안과 개별적인 집단 암시성을 증가시킨다.[15]

사건트가 옳았다. 그는 유행병을 사람들이 '일시적 판단력 손상'을 보이는 시대 중 하나로 정확히 식별했다. 2020년 코로나19 위기 동안, 사람들은 자신의 개인 건강 정보를 알려지지 않은 '접촉 추적기'에 기꺼이 제공하여 바이러스에 양성 반응을 보인 사람과 가까이 있었는지를 알 수 있었다.

이 정보가 너무 정확해서 당국에서는 당신이 영화 상영 중에 어느 자리에 앉았는지 그리고 누가 당신 주위에 있었는지 알 수 있으리라는 것이다. 물론 현재로선 관리들이 우리의 사생활을 보장하고 있지만, 이것은 대량 감시가 시작되는 방식이다. 중국인들은 당신이 무엇을 믿는지, 어디를 가는지 그리고 당신의 친구가 누구인지에 대한 정보와 함께 훨씬 더 세밀한 감시를 하고 있다. 그리고 참여는 필수다.

이 글을 쓰는 시점에는 코로나19에 대한 치료법이 없으므로 백신이 발견되었을 때 어떤 일이 일어나는지 지켜봐야 한다. 이 백신이 대량 데이터베이스에 저장될 수 있도록 제공하는 개인정보와 함께 필수 백신이 될지 우리는 좀 더 지켜봐야 할 것이다.

---

[15]   William Sargant, *Battle for the Mind* (New York: Doubleday, 1957), 145.

"ID2020은 기술 인증서 마크를 출시한다"(ID2020 Launches Technical Certificate Mark)라는 기사에 따르면, 모든 사람이 제대로 식별될 수 있도록 '디지털 인증서'를 법적으로 발급해야 한다고 주장하는 경제학자들과 함께 다양한 기술기업을 한데 모으는 조직이 있다.

이 증명서는 당신의 교육, 직업, 재산, 결핍 등을 포함한 모든 관련 정보를 기록할 것이다. 이것은 가난한 사람들을 돕고 배제된 사람들이 세계 사회에 환영받는다는 사회주의적인 이상을 가져올 것이라고 한다. 디지털 칩은 당신의 모든 금융 거래를 추적하고 당신이 새로운 경제 질서를 준수하고 있다는 것을 보여 주기 위해 사용될 것이다. 물론, 우리는 그러한 칩이 여러분이 코로나19 백신을 주사했다는 증거를 입증할 것이라고 확신한다.

그리고 또 다음에는 무엇이 올까?

인용해 보자.

인증 마크를 위해 개발된 적용 프로세스를 통해 우리는 양질의 즉석 사진을 찍어 입력하기에 충분한 데이터량이 제공될 것이다. 그리고 이 프로세스는 만약 우리의 불복종이나 부정행위를 알게 되면(또는 의심이 가면) 인증을 취소할 권한이 있다.[16]

다른 말로 하자면, 당신이 동의하건 말건, 당신은 컴퓨터와 논쟁할 수 없다(당신은 거래나 치료조차도 거부될 수 있다-역자 주).

우리는 위협적인 감시의 명백한 위협에도 불구하고 두려움 때문에 그 프로그램에 가입할 것인가?

---

16 ID2020, "ID2020 Launches Technical Certification Mark", January 24, 2019, https://medium.com/id2020/id2020-launches-technical-certification-mark-e6743d3f70fd.

우리는 또한 코로나19 대유행 동안 보건 전문가들이 인종 시위를 넘어 인간 생명의 상대적 가치로 마음을 바꿨을 때 '군거 본능'(군중 심리)이 분명해지는 것을 보았다. 몇 달 동안, 보건 전문가들은 우리가 자가 격리를 해야 하며 만약 우리가 마스크를 쓰지 않고 사회적 거리 두기를 하지 않으면, 우리는 다른 사람들의 생명을 위험에 빠뜨릴 수 있다고 경고했다. 사실 우리는 살인죄로 유죄가 될 가능성이 있었다.

그러나 폭동이 시작되자 이념이 공중 보건을 이겼다. 보건 전문가들은 다른 메시지를 내놓았다. 2020년 6월 5일 자 CNN 기사 제목은 다음과 같았다.

> 1,000명이 넘는 보건 전문가들이 코로나바이러스 우려를 핑계로 시위를 중단시키지 말라는 서한에 서명했다.[17]

몇 달 동안 사회적 거리 두기에 대해 강의했던 일부 정치 지도자들도 시위에 동참했고 마스크를 쓰고 사회적 거리 두기를 실천하지 않은 채 급진주의자들 앞에서 공개적으로 무릎을 꿇었다. 그들이 파괴적인 바이러스로 인한 사람의 안전보다 시위에 동참하는 것이 더욱 중요하다는 미덕을 알리는 것이었다.

공황 상태의 대중은

쉽게 유도되거나 오도된다.

---

17 Mallory Simon, "Over 1,000 health professionals sign a letter saying, Don't shut down protests using coronavirus concerns as an excuse", *CNN*, June 5, 2020, https://www.cnn.com/2020/06/05/ health/health-care-open-letter-protests-coronavirus-trnd/index.html.

히틀러는 대중운동이 판단력 저하와 집단(군거) 본능을 만들어 낼 수 있다는 것을 알고 있었다. 그리고 그는 확신하지 못하는 의심하는 사람들은 열광하는 다수의 군중 가운데서 소수가 된다는 것을 알게 될 것이라고 믿었다. 그러한 집단운동은 의심하는 사람들이 우리가 "'집단 암시'라고 칭하는 그가 말하는 '마법의 영향'에 굴복하게 할 것이다."[18] 그리고 이 집단 암시의 "마법의 영향"에 대해 감히 반대하는 소수의 목소리는 무시되거나, 더 불길하게 모욕을 당하거나 영원히 침묵했다.

공황 상태의 대중은 쉽게 유도되거나 오도된다.

4. 집단 악마화의 힘

중국, 러시아, 독일 및 기타 여러 국가에서는 증오와 두려움 모두를 불러일으키는 선전을 통한 문화적 흐름을 경험했다.

러시아에서 미국에 이민 온 이사벨라 타바로프스키(Izabella Tabarovsky)는 그에 대해 이렇게 썼다.

> 저명한 문화 인물들의 집단적 악마화는 모든 직장과 가정에 만연한 소비에트 비난 문화의 필수적인 부분이었다.

그녀는 이어서 소련 국가가 악마화하기로 선택한 작가와 지식인에 대해 지어낸 혐의를 받은 모든 사람에 대해 이야기한다.

> 소련 문화에서 가장 위대한 이름 중 일부는 집단적 비난의 대상이 되었다.

---

18   Hitler, *Mein Kampf*, 479.

사람들이 국가에 동의하든 하지 않든, 그들이 말한 것은 당의 금언과 일치해야 했고 그렇지 않으면 수치심이나 굴욕감을 느끼게 하거나, 또는 혹은 더 나쁜 상황에 부닥치게 될 것이다.

그런 다음 타바로프스키는 미국에서 일어난 집단 악마화의 예를 보여 준다. 그는 「뉴욕타임스」(*The New York Times*) 오피니언 편집장 제임스 베넷 (James Bennett)이 현직 보수 상원의원인 톰 코튼(Tom Cotton)이 쓴 기사를 실었다는 이유로 사퇴한 대실패에 대해 언급했다.[19]

> 부적합의 대가는 공개적으로 망신을 당하고, 선의의 공동체 사회(또 다른 소련의 상투적 표현)에서 추방되고, 수입원을 차단하고, 규칙을 집행하기 위해 강등되었다.[20]

견해의 다양성은 악마화된다. 제임스 베넷은 떠나야만 했다.

히틀러와 그의 부류들은 유대인과 다른 인식된 적들에 대항하여 집단 악마화를 완성했다. 이것은 사람들에게 깊은 증오를 심어 주었고, 그의 혁명에 동참하지 않은 사람들의 가슴속에 두려움을 불어넣었다. 이 모든 것은 행복감 넘치는 민족주의의 분위기 속에서 일어났다. 그 시대를 살아온 한 여성이 내게 말했다.

> 당신네 미국인들은 히틀러가 만들어 낸 행복감을 결코 이해하지 못할 것이다. 사람들은 그에게 기도했다.

---

19   Marc Tracy, "James Bennet Resigns as *New York Times* Opinion Editor", *The New York Times*, June 7, 2020, https://www.nytimes.com/2020/06/07/business/media/james-bennet-resigns-nytimes-op-ed.html.

20   Izabella Tabarovsky, "The American Soviet Mentality", *Tablet*, June 15, 2020, https://www.tablet-mag.com/sections/news/articles/american-soviet-mentality.

사람들은 회의론자로서 뉘른베르크의 나치 집회에 갔다가 "뉘른베르크에 있는 우리 아버지, 아돌프 제3제국이 왔다"라고 말했다.

지그문트 프로이트(Sigmund Freud, 오스트리아의 정신과 의사이자 정신분석학의 창시자)가 여러 가지 면에서 틀렸다는 것은 의심할 여지가 없지만, 인간은 항상 이성에 따라 결정을 내리는 것이 아니라 욕망에 따라 가장 많은 열정을 불러일으키는 사람이 이긴다고 말한 것은 옳았다. 절망적인 사람들은 망상적인 약속에 집착할 것이다. 그리고 당신은 그 배에 오르는 것이 좋을 것이다.

아마도 나치 독일의 가장 지속적인 교훈은 어떤 독립체가 적을 표적으로 삼고 거짓 약속을 할 때, 평범한 사람들이 비합리적인 희망과 숨겨진 욕망을 위해 이성을 제쳐 두고 사악한 문화운동 일부가 될 수 있다는 것이다. 증오와 두려움은 기적을 일으킬 것이다.

집단 악마화를 피하려고 기꺼이 이성을 버리는 사람들 사이에서 문화혁명을 견뎌 내는 데 얼마나 큰 비용이 드는지 디트리히 본회퍼나 마르틴 니뮐러에게 물어보라. 선전은 이성이 할 수 없는 것을 할 수 있다. 그리고 오늘날, 소셜미디어는 선을 넘은 사람들을 비난하는 데 이용된다.

5. 선전과 성혁명

앞서 언급했듯이 급진주의자들은 히틀러의 극본에서 한 페이지를 빌린 것을 인정한다.

히틀러에 이어 급진좌파는 증오가 단순한 혐오보다 더 강력하다고 믿는다. 그들은 "당신은 나와 의견이 다르며 나는 당신이 틀렸다고 생각한다"라고 말하지 않는다. 오히려 "당신은 나와 의견이 다르며 당신은 악마"라고 말한다. 소셜 미디어 덕분에, 모든 사람은 어떤 일이나 누군가에 대해 격분한다. 모든 사람은 해결이 필요한 불만을 품고 있다. 조지 오웰은 말했다.

한 사회가 진리에서 멀어질수록, 진리를 말하는 사람들을 더 미워하게 될 것이다.

1987년에. 동성애운동가 마셜 커크와 헌터 매드슨(Marshall Kirk and Hunter Madsen)은 "이성애 미국의 개조"(The Overhauling of Straight America)라는 제목의 기사를 내고, 1989년에는 『파티가 끝난 후』(After the Ball)라는 책을 출판했다. 그들의 전략에 대한 요약은 알란 시어스(Alan Sears)와 크레이그 오스텐(Craig Osten)의 훌륭한 저서, 『동성애자 의제』(The Homosexual Agenda)에 잘 나와 있다. 여기 그들이 동성애에 대한 사람들의 태도를 어떻게 바꾸려고 계획했는지에 대한 세부 사항들이 있다.

거짓말은 '이성애 미국의 개조'를 위한 그들의 명시적인 의제에서 필수적이었다. 그들은 동성애자들이 항상 긍정적인 시각으로 묘사되어야 한다고 썼다.

> 그 광고는 '동성애를 정상의 아이콘으로 묘사하는' 우리에게도, 편협한 사람에게도 거짓말이라는 것은 아무런 차이가 없다.[21]

탈예민화는 미국인의 생각을 바꾸는 데 매우 중요했다. 동성애자들은 가능한 한 큰 소리로 그리고 자주 게이와 동성애에 관해 이야기해야 한다. 커크와 매드슨은 다음과 같이 썼다.

> 가까운 이웃과 지인들 사이에서 충분히 노출되면 거의 모든 행동이 정상적으로 보이기 시작한다.[22]

---

21 Quoted in Alan Sears and Craig Osten, *The Homosexual Agenda: Exposing the Principal Threat to Religious Freedom Today* (Nashville, TN: Broadman & Holman Publishers, 2003), 27.

22 Marshall Kirk and Erastes Pill [Hunter Madsen], "The Overhauling of Straight America",

협박과 희생자는 필수적이었다. 동성애자들은 공격적인 도전자가 아니라 희생자로 묘사되어야 하는데, 대부분의 미국인이 공정함을 원하고 억압받는 사람들을 위해 기꺼이 일어설 수 있도록 고안된 전략이다. 커크와 매드슨은 이어서 말한다.

> 게이들을 사회의 희생자로 소개하고 이성애자를 그들의 보호자가 되도록 장려하는 미디어 캠페인은, 그들이 주장하고 설명하는 새로운 관점을 응답자들이 보다 더 이해하기 쉽게 만들어야 한다.[23]

그다음에 그들의 의견에 동의하지 않는 사람들에 대한 비난이 이어진다.

> 우리는 동성애 반대자들을 매우 심술궂은 사람들로 만들어 일반 미국인들이 그런 유형의 사람들과의 관계를 단절하기를 원하도록 만들어야 한다.[24]

다음은 가장 오래된 선전 계획 중 하나다. 급진주의자들은 자신들에 동의하지 않는 사람들이 하는 말을 무시하며, 그들을 단순히 '증오자'로 만드는 것이 더 쉽다는 것을 알게 되었다. 급진주의자들 자체는 매우 가증스럽지만, 그들의 증오는 그들이 증오와 싸우기 때문에 정당화된다. 그들에게 동의하지 않는 사람들의 주장은 유효하지 않고, 그들은 단지 혐오스럽고 편협한 심리 상태를 가지고 있을 뿐이다.

http://library.gayhomeland.org/0018/EN/EN_Overhauling_Straight.htm.
23 Quoted in Sears and Osten, *The Homosexual Agenda*, 23.
24 Kirk and Pill, "The Overhauling of Straight America."

> 아무리 비이성적이더라도 일단
> 선전의 문화적 흐름이 형성되면 우리는
> 모두 그것에 반대하는 것을 두려워한다.

일단 선전으로 문화 흐름이 형성되면, 그것이 아무리 비합리적이더라도 우리는 모두 그것에 반대하는 것을 두려워한다. 감히 동의하지 않는 사람들은 망신을 줘 침묵하게 한다.

1) 시민권으로 판매

대부분의 미국인은 그것을 숭고한 대의명분으로 팔지 않는 한 동성애 관계의 정상화에 동의하지 않을 것이다. 옹호자들은 그들에게 높은 도덕적 근거가 있다고 말할 수 있는 방법을 찾아야 했다. 물론, 그 대답은 동성 결혼의 원인을 시민의 권리와 연결하는 것이었다. 평등권을 주장하기 위해 흑인 미국인들의 위대한 투쟁을 상기시킴으로써, 그들은 그들의 명분에 또 따른 명분을 결합했다.

오늘날, 성전환주의는 시민의 권리로 팔리고 있다. 훌륭한 책 『해리가 샐리가 되었을 때』(*When Harry Became Sally*)에서, 성전환운동의 의제를 폭로한 라이언 T. 앤더슨(Ryan T. Anderson)은 이렇게 쓰고 있다.

> 그러나 정치와 문화 엘리트들은 그 토론이 시작되기 전에 성정체성이 주관적인 문제인 동시에 시민권 보호를 위한 범주라는 이념으로 정치적 올바름의 통설을 국가에 강요함으로써 그 토론을 중단시키려고 노력했다.[25]

---

[25] Ryan T. Anderson, *When Harry Became Sally: Responding to the Transgender Moment* (New York: Encounter Books, 2018), 9.

시민권 보호가 필요하다. 남자가 여자로 신분을 밝힐 수 있는 권리는 흑인 미국인들이 자유를 위해 싸우는 것과 동등하다. 따라서 '결혼 평등'을 위한 싸움이다.

이것은 동등성의 심각한 오류의 한 예다. 마틴 루터 킹 주니어와 함께 행진하며 인종 분리에 따른 고통을 알고 있던 흑인 목사 멤피스의 빌 오웬 (Bill Owen of Memphis) 목사는 이러한 정체성에 깊이 분개한다. 그의 책 『탈선한 꿈』(A Dream Derailed)에서 이렇게 말했다.

> 흑인들이 오늘날 동성애자들이 결혼할 권리를 갖도록 하기 위해 행진했다고 말하는 것은 수치스러운 거짓말이다. 나와 함께 시민권운동 기간 행진했던 사람들은 동성애자와 성전환자의 권리가 흑인들의 시민권과 동일시되는 것을 듣고 충격을 받았다. 시민권 행진을 했던 사람 중 이러한 비교에 동의한 사람은 한 명도 없었다.
> 미국 흑인들의 인간으로서의 존엄을 위한 투쟁이 공공장소에서 여성과 소녀들의 존엄과 여성이라고 주장하는 남성들의 사생활 침해와 무슨 관계가 있는가?[26]

동성애자들과 성전환자들은 그들 편에서 중요한 동맹인 언론을 가지고 있는데, 그것은 그들의 선전을 위한 발판을 제공한다. 시트콤, 영화 그리고 다큐멘터리는 동성애와 성전환주의의 관행을 정상처럼 보이게 하려고 정교하게 계산된다. 이런 언론의 집중적인 과대광고와 함께, 우리는 그들의 행동을 정상적인 것으로 받아들이도록 강요받거나 아니면 싸움에 싫증이 나서 문화 논쟁에서 손을 떼게 된다.

26 Rev. Bill Owens, *A Dream Derailed: How the Left Hijacked Civil Rights to Create a Permanent Underclass* (Fulshear, TX: A New Dream Publishers, 2019), 87.

따라서 급진적인 동성애자들은 극성 매체들과 기꺼이 협력하여 그들의
의제를 용인하도록 사회에 강요한다. 그렇다. 역사는 보여 주었다.

> 가까운 지인들 사이에서 충분히(지속적으로) 노출시키면 거의 모든 행동이
> 정상으로 보이기 시작한다.[27]

평등, 정의, 민권, 사랑으로 판매하라. 오늘의 선전은 내일의 진리가 된다.
에덴에서 사탄은 아담과 하와에게 노예제도를 팔았지만, 그는 노예를
독립이라고 불렀다. 그는 그들에게 지혜를 팔았지만, 그러나 그것은 영적
인 어둠으로 판명되었다. 그는 그들이 될 수 있는 사람에 대한 아름다운
비전을 제시하였으나, 그의 제안은 달콤한 독이었다. 그는 그들에게 성취
감을 약속했지만, 죄책감에 빠지게 했다. 그는 그들의 자아에 호소하고 그
들에게 절망과 공허한 삶을 주었다. 그는 하나님처럼 약속했지만, 그들에
게 그가 마치 악마인 것처럼 지불했다.

2) 사랑과 동정심으로 팔아라

진보적인 기독교를 사랑으로 팔아라. 그러면 많은 추종자를 끌어들이게
될 것이다.
에릭 호퍼(Eric Hoffer)는 이렇게 말했다.

> 선전은 사람들을 속이는 것이 아니라 단지 사람들이 자신을 속이는 데 도움
> 을 줄 뿐이다.[28]

---

27   Kirk and Pill, "The Overhauling of Straight America."
28   From *The Passionate State of Mind, and Other Aphorisms* (1955), 260; as cited *in The Co-
lumbia Dictionary of Quotations*, ed. Robert Andrews (New York: Columbia University
Press, 1993), 741.

사람들은 종종 현실을 있는 그대로 인식하지 않고 원하는 방식으로 인식한다. 사랑에 대한 잘못된 이해를 호소함으로써, 이것은 사람들에게 빛을 어둠으로, 어둠을 빛으로 부를 수 있게 한다. 사랑이라는 깃발 아래, 사람들이 현실과 괴리된 기괴하고 부자연스러운 것을 정상화할 수 있게 한다.

"우리는 더 많은 사랑이 필요하다!"

한때 인기 있는 설교자였던 롭 벨(Rob Bell)이 동성 결혼을 옹호하면서 한 말이다. 그의 책 『사랑이 이긴다』(*Love Wins*)는 그가 주장하는 바가 더 사랑스럽고 관대하며 하나님을 받아들이는 것이라며, 동성애자들의 주장에 찬성하여 역사적인 기독교를 포기하게 된 경위를 설명하는 그의 이야기다.

> 사랑이 이기면 동성애자들은 서로 결혼할 권리를 갖게 되고, 지옥은 우리 마음 깊은 곳에 숨겨진 비밀에서 오는 끔찍한 악으로 재정의될 것이다.[29]

사랑이 이길 때, 하늘의 문은 그리스도를 믿는 사람들보다 훨씬 더 많은 청중에게 열린다.

사랑이 이길 때, 그것은 우리 모두에게 얼마나 영광스러운 날이 될 것인가!

좌파적 의제가 그렇게 빠른 속도로 진행되고 있는 것은 당연하다. 일단 그들이 자신들의 견해가 사랑이라는 높은 도덕적 바탕에 기초하고 있다고 말하면, 그들의 의견에 동의하지 않는 모든 사람은 증오와 비이성적인 편협함으로 가득 찬 사람이 된다.

마이클 커리(Michael Curry) 주교는 윈저성에서 열린 해리 왕자와 메건 마클의 결혼식에서 이렇게 설교했다.

---

29 Rob Bell, *Love Wins* (New York: HarperCollins, 2012), Kindle location 1183-1189.

진정한 사랑이 발견되는 곳에는 하나님이 계신다.³⁰

그러나 그에게 '진정한 사랑'은 부도덕한 동성관계를 포함했다. 그는 하나님이 비난하는 것을 정당화하기 위해 사랑에 호소하는 많은 사람을 대변했다.

사람들은 사랑이 죄가 될 수 있다는 것을 깨닫지 못한다. 그것은 악이 될 수 있다. 아담과 이브가 에덴동산에서 하나님을 거역할 때도, 그들의 사랑은 멈추지 않았다. 오히려 그들은 하나님을 사랑하는 것을 멈추고, 다른 것을 사랑하는 것으로 돌아섰다. 그들은 자신을 사랑하는 그들 자신의 연인이 되었다.

사람들이 자기를 사랑하며 돈을 사랑하며 자랑하며 교만하며 비방하며 부모를 거역하며 감사하지 아니하며 거룩하지 아니하며(딤후 3:2).

그리고, 우리 문화에 대한 해설로, 그들은 '하나님의 연인'이라기보다는 '쾌락의 연인'이 되었다(딤후 3:4).

우리는 사랑이라는 단어를 받아들여 죄악의 욕망을 정당화하기 위해 확장할 수 없다. 예수님은 말씀하셨다.

너희가 나를 사랑하면 나의 계명을 지키리라(요 14:15).

우리 중 진보주의자들은 하나님의 설계에서 분리된 육체의 즐거움이 온전함을 가져다줄 수 있다는 망상에서 아름다움을 찾고 싶어 한다. 그러나 정직의 순간, 많은 사람은 부도덕한 관계가 아무리 기만적으로 정당화되

---

30   For the full transcript of Bishop Michael Curry's wedding address, see https://www.cnn.com/2018/05/19/europe/michael-curry-royal-wedding-sermon-full-text-intl/index.html.

더라도, 수치심과 자기혐오, 깊은 고통 그리고 후회로 이어진다는 것을 인정한다.

사랑과 동정심은 우리의 더 나은 판단을 무시하는 데 오용될 수 있다. 부모들은 동성 결혼을 주장하는 자녀가 있다는 것을 알게 되면 동성 결혼에 대한 성경의 관점을 포기하는 것으로 알려져 왔다. 사사 시대에 주어진 말씀을 보자.

> 그때 이스라엘에 왕이 없으므로 사람이 각기 자기의 소견에 옳은 대로 행하였더라 (삿 21:25).

그들의 도덕성은 자신들이 인식한 사랑, 연민, 정의, 공정성에 기초했다. 그 도덕적 결과는 대재앙이었다. 이것은 내가 윈스턴 처칠의 의견을 인용하도록 이끌었다.

> 무언가를 믿고 싶은 욕망은 합리적인 주장보다 훨씬 더 설득력이 있다.

6. 현대 문화의 가스라이팅

가스라이팅(심리적 지배)은 '목표물 안에 의혹의 씨앗을 심는 일종의 조작이다. 그것은 당신의 기억력, 지각력, 정신력을 의심하게 하는 데 쓰인다.' 요약하자면, 『오늘의 심리학』(Psychology Today)은 그것을 이렇게 정의한다.

사람이나 단체가 더 많은 권력을 얻기 위해 희생자로 하여금 그들의 현실에 대해 의문을 품게 하는 전술이다.[31]

이 용어는 1938년 연극 〈가스라이트〉(Gaslight, 이후 영화로 각색)에서 남편이 아내를 체계적으로 조종한 것에서 유래되었다.

가스라이팅의 목적은 당신을 불안정하게 만들고 당신의 판단에 의문을 품게 하는 것이다. 가스라이팅을 하는 사람은 자신이 희생자보다 더 많이 알고 있다는 인상을 준다. 즉, 전송된 메시지는 희생자가 직관적으로 아는 사실이라고 생각하는 정상적이고 합리적이며 과학적 증거를 왜곡하기 위한 것이다. 그 결과, 현대의 이념적/문화적 정통성을 위한 수십 년간의 관찰과 연구가 폐기되었다.

예를 들어, 나는 한 십 대 소년이 "생리가 있다"라고 하면서 가게 점원에게 여성용 제품을 달라는 광고를 보았다. 코카콜라는 아르헨티나에서 자녀들의 '크로스 드레스'(이성의 옷을 입는 것)를 돕는 어머니들을 축하하는 스프라이트 광고를 내보냈다.[32] 커크와 매드슨이 한 말을 기억하라.

가까운 지인들 사이에서 충분히(지속적으로) 노출시키면 거의 모든 행동이 정상으로 보이기 시작한다.[33]

2019년 11월 19일에 미국시민자유연맹은 이 트윗을 보냈다.

---

31 Debbie Mirza, *The Covert Passive Aggressive Narcissist* (Monument, CO: Place Publishing, 2017), 74.

32 Dr. Susan Berry, "Sprite Argentina LGBT Ad Celebrates Mothers Binding Breasts, Dressing Gender-ConfusedChildren", *Breitbart*, November 12, 2019, https://www.breitbart.com/politics/2019.11/12/sprite-argentina-lgbt-ad-celebrates-mothers-binding-breasts-dressing-gender-confused-children/.

33 Kirk and Pill, "The Overhauling of Straight America."

남자가 되는 것이 한길 만이 아니다.

생리하는 남자들은 남자들이다.

임신하고 출산하는 남자들이 남자들이다.

성전환자와 제3의 성도 속한다.

#국제 남성의 날[34]

그들은 우리가 얼마나 많은 망상을 믿기를 원하는가?

가스라이터들은 그들이 권위를 가지고 말도 안 되는 말을 할 때 가장 효과적이라는 것을 안다. 데비 미르자(Debbie Mirza)는 가스라이터를 이렇게 묘사한다.

> [그들]은 여러분에게 전혀 말이 안 되고 현실적 근거도 없는 강한 진술을 던질 것이다. 하지만 그들이 너무나 강하고 설득력 있는 방식으로 말함으로써 여러분이 너무나 명백한 거짓을 숙고하게 만든다. 당신들에 대한 그들의 비난은 오직 당신 때문에 저렴한 의료서비스의 부족이나 만년설이 해빙된다고 말하는 것과 거의 흡사한 우스꽝스러운 것이다. 그리고 당신은 그들이 옳은지 궁금해하는 시간을 갖는다. 아주 오랫동안 조작을 당했기 때문에 이렇게 하는 것이다. 당신은 세뇌당했고, 그것을 푸는 데 시간이 걸린다.[35]

부조리는 더는 관점에 대한 논쟁이 아니다. 당신이 진보적이라면 현실에서 분리되어 스스로 기괴한 것을 독선적으로 받아들여야 한다. 이것은 대체현실의 세계이며, 악을 선으로, 선을 악으로 보기 위해 지불해야 하는 대가다.

---

34 ACLU, on Twitter, November 19, 2019, https://twitter.com/ACLU/status/1196877415 81081395 5?s=20.

35 Mirza, The Covert Passive Aggressive Narcissist, 85.

조지 오웰이 이렇게 말한 것은 당연하다.

코앞에 있는 것을 보기 위해서는 끊임없는 투쟁이 필요하다.[36]

오늘날 우리는 분명한 것을 볼 수 없다. 우리는 집단적 사고방식을 따라야 좋은 시민이 된다. 그러기 위해 우리는 이념에 맞도록 구부러진 현실을 받아들여야 한다.

1) 언어를 이용한 성별 파괴

재커리 에번스(Zachary Evans)는 이렇게 썼다.

메리엄-웹스터(Merriam-Webster)는 남성도 여성도 아닌 이들을 지칭하는 대명사의 용도가 높아진 점을 반영해 사전의 '그들'(they)을 추가로 업데이트했다고 21일(현지 시각) 트위터를 통해 밝혔다. '그들'이라는 단어는 이제 네 가지로 정의를 하고 있다 ….[37]

물론 그 의도는 성을 파괴하기 위해 언어를 사용하는 것이다. 이러한 종류의 변화들은 과학뿐만 아니라 창조에 관해 깊이 간직된 성경적 진리를 해체하기 위한 것이다. '선전'은 천국을 지옥처럼 보이게 하고, 지옥을 천국처럼 보이게 할 수도있다는 것을 기억하라.

---

36 George Orwell, "In Front of Your Nose", *The Orwell Foundation*, https://www.orwellfoundation.com/the-orwell-foundation/orwell/essays-and-other-works/in-front-of-your-nose/.

37 Zachary Evans, "Merriam-Webster Adds Non-Binary Definition of 'They' to Dictionary", *National Review*, September 17, 2019, https://www.nationalreview.com/news/merriam-webster-adds-non-binary-definition-of-they-to-dictionary/.

페기 누난(Peggy Noonan)은 성전환 문화 흐름에 맞게 대명사가 어떻게 조작되고 있는지에 대한 훌륭한 기사를 썼다. 그녀는 프랑스 혁명의 지도자 중 한 명인 막시밀리앵 드 로베스피에르(Maximilien de Robespierre)가 자신의 피비린내 나는 목적 달성을 위해 폭력을 행사한 소시오패스였다는 것을 지적하는 것으로 시작한다. 폭력은 지도자들의 집단 에너지의 원천이었다. 로베스피에르는 프랑스 혁명을 국가의 도덕적 가르침을 위한 기회로 보았다. 그래서 그는 실제 통용되고 있는 용어를 재정의하여 정치화했다.

그 후 누난은 연설지침을 제작한 콜로라도 주립대학의 포괄적 통신 기획단을 언급한다. 사람들을 '미국인'이라고 부르지 마라. 미국인이라는 말이 다른 문화를 지운다. 어떤 사람이 미쳤다거나 미치광이라고 말하지 말고, '놀랍다'나 '거칠다' 혹은 '슬프다'라고 불러라. 에스키모, 풋내기, 불법체류자가 나왔다. '너희들'(You guys)은 '모두' 또는 '여러분'(all/folks)으로 대체되어야 한다. '여성'이라고 말하지 말고 '남자' 또는 '여자' 또는 '제3의 성'이라고 말하라.

누난이 지적했듯이, 사람들에게 공통언어를 당신의 이념적 선호에 맞게 재정렬해야 한다고 말하는 것에는 '자만' 또는 '오만'의 특별한 측면이 있다. 사물의 이름을 통제해야 한다고 생각하는 것은 터무니없는 것이다. 아니면 '놀랍거나 엉뚱한 것'이라고 할 수도 있다. 궁극적으로 이 모든 것은 다음과 같다.

"나는 당신의 도덕 선생이다. 당신은 감수성이 부족하니까 내가 도와줄게, 멍청한 농부야. 당신이 사용하는 용어부터 시작하겠다."

누난은 또한 모든 사람이 성별의 구별이 없는 대명사를 사용해야 한다는 주장을 다룬다. 기업과 학교들은 지, 시, 짐, 엠, 지르, 히르, 에셀프(Zie, Sie, Zim, Em, Zir, Hir, Eirself) 등을 적절하게 사용하도록 싸우라는 압력을 받고 있다. 또한, '그들의'(their)와 '그들'(they)을 사용하도록 권장된다. 왜냐하면, 그러한 용어는 성 중립적이므로 문법적으로 틀린 문장을 만들더라도 문제가 되지 않는다.

그 결과, 사람들은 끊임없이 변화하는 문화적 진보주의자들의 기대에
부응하고, 자신들이 사면초과에 빠졌다고 자각하는 집단의 최근 결정에
따라 정해지는 적절하거나 또는 부적절한 것이 무엇인지 학습하도록 요구
받고 있다.[38]

2) 범죄율 감소를 위한 용어 변경

진보적인 정치인들이 폭동, 약탈, 파괴, 방화가 만연할 때 왜 경찰에게
개입하지 말라고 요청하는지 그 이유가 궁금하지 않은가?

소위 진보주의자들(급진좌파)은 범죄자에게 친절하면 범죄자들이 자신
들에게도 친절할 것이라고 믿는다.

> 샌프란시스코는 미국에서 가장 인구가 많은 20개의 도시 중에 범죄율이
> 가장 높다.[39]

이에 샌프란시스코 경찰은 범죄를 줄일 방법(다른 명칭으로 부르는 것)을
찾았다. 우리가 범죄자들을 범죄자라고 부르는 것을 중단한다면, 그들은
훨씬 더 좋은 행동을 보일 것이라는 생각이다.

시는 형사사법제도 전반에 걸쳐 새로운 용어를 제정하고 있으며, 2019
년 8월 샌프란시스코 크로니클(San Francisco Chronicle) 머리기사에는 "샌프
란시스코 위원회, 범죄사법제도의 언어를 정화하다"라고 써 있었고, 오늘
법 집행 웹사이트에 게시된 머리기사는 다음과 같다.

---

38 Peggy Noonan, "What Were Robespierre's Pronouns?" *The Wall Street Journal,* July 25, 2019, https://www.wsj.com/articles/what-were-robespierres-pronouns-11564095088.

39 Megan Cassidy and Sarah Ravani, "The Scanner: San Francisco ranks No. 1 in US in property crime", *San Francisco Chronicle*, October 1, 2018, https://www.sfchronicle.com/crime/article/The-Scanner-San-Francisco-ranks-No-1-in-13267113.php.

샌프란시스코: 이제는 유죄 판결을 받은 중범죄자가 없다. 그들은 이제 정
의에 연관된 사람들이다.[40]

경찰이 살아 있고 창의적이라고 생각하는 것은, 이제부터 유죄 판결을
받은 흉악범을 '이전 수감자' 또는 '정의에 연관된' 사람으로 지칭할 것이
다. 그것은 전과자를 주민으로 돌려보내는 것뿐이다. 마약 중독자와 약물
남용자들은 단순히 '약물 사용'(남용이 아님) 이력이 있으며, 가석방자는 감
독하에 있는 사람, 비행자는 이제 '사법제도에 영향을 받은 사람'이다. 마
지막으로, 절도범은 '현재 약물 남용의 이력으로 감독을 받는 사법제도에
연관된 귀환 주민'이라고 할 것이다.

왜?

목표는 고결한 것이다. 어떤 범죄자도 낙인을 찍으면 안 된다. 감독자인
매트 해니(Matt Haney)는 다음과 같이 말했다.

> 우리는 사람들이 자신이 한 일에 대해 영원히 꼬리표를 다는 것을 원하지
> 않는다. 우리는 그들이 궁극적으로 공헌하는 시민이 되기를 바라며, 그들
> 을 중범죄자라고 부르는 것은 주홍글씨와 같다.[41]

그것은 범죄자들이 자신에 대해 좀 더 좋게 느끼게 하려는 아이디어인
데, 용어로 법을 어긴 사람들을 처벌하지 않는다면, 더는 범죄자가 되지

---

40 Phil Matier, "SF Board of Supervisors sanitizes language of criminal justice system", *San Francisco Chronicle*, August 11, 2019, https://www.sfchronicle.com/bayarea/philmatier/article/SF-Board-of-Supervisors-sanitizes-language-of-14292255.php. LET Staff, "San Francisco: No more 'convicted felons.' They're 'justice-involved' persons now", *Law Enforcement Today*, August 22, 2019, https://www.lawenforcementtoday.com/san-francisco-rebrands-criminal-justice-convicted-felon/.

41 LET Staff, "San Francisco: No more 'convicted felons.' They're 'justice-involved' persons now."

않을 것이라는 희망이다. 희망은 그들이 자신을 더 나은 시각으로 보기 시작하고 생산적인 시민이 되는 것이다. 그러한 추론의 순진함은 상상력을 뛰어넘는다. 그러한 언어적 게임의 가장 심각한 결과 중 하나는 여성을 성폭행한 남자를 그가 삶을 파괴시킨 무고한 여성과 같은 도덕적 수준으로 만든다는 것이다. 결국, 둘 다 '사법제도에 연관된' 사람들이 되고 만다.

또 다른 파괴적인 결과가 있다. 이 차별 철폐 언어는 범죄의 원인이 사회 때문이라는 것을 암시한다. 다시 말해서, 사람들 자신의 안에는 악이 없는데 외부의 영향 때문에 악을 행한다고 한다. 과거에 우리가 사용한 언어는 개인들이 그들의 행동에 책임이 있다고 올바르게 인식해 왔다. 그러나 새로운 용어는 범죄자에게 '범죄자' 또는 '중범죄자'라는 꼬리표를 붙인 사람들에게 책임을 전가한다.

급진좌파는 우리가 사용하는 언어를 '미화'함으로써 문화 논쟁에서 이기려고 진지하게 노력하고 있다. 하지만 이것은 대화가 불가능하지는 않지만 정직한 대화를 어렵게 만든다. 새로 채택된 용어들은 모든 사람에게 그들의 사고방식을 수용하도록 강요하고, 이런 방식으로 그들은 문화 전쟁에서 그들의 목표를 달성하고자 한다.

7. 교회의 응답

우리는 미디어가 주도하는 인종적 비난과 '정치적 올바름'의 문화가 뿜어내는 '선전'의 문화적 흐름 앞에 무릎을 꿇고 절을 할 것인가?

압력이 너무 높아서 우리가 저항할 수 있을까?

군 지도자들은 만약 프랑스가 1939년에 히틀러의 독일을 침공했다면 나치의 반란은 패배했을 것이라고 말한다. 그러나 프랑스군은 자국의 영토를 방어할 분위기가 아니었다. 당시 유행했던 속담은 이것이었다.

프랑스어를 하다가 살해당하는 것보다 독일어로 항복하는 게 낫다.

우리는 무슨 일이 일어났는지 알고 있다. 1년 후 독일이 프랑스를 침공했고 프랑스의 많은 사람이 독일 포획자들 앞에 무릎을 꿇었다. 그들은 굴욕을 받아들이고 나치에 복종했지만 많은 사람이 목숨을 잃었다. 돌이켜보면 많은 사람이 독일어로 항복하기보다는 프랑스어를 사용하면서 죽기를 바랐을 거로 생각한다.

우리는 우리의 평판, 직업 그리고 복지가 위기에 처했을 때 고개를 숙일 것인가?

우리는 비난받고, 벌금을 물고, 심지어 감옥에 갈 수도 있는 대가를 지불할 것인가?

우리는 개인으로서 그리고 교회로서 그 질문에 답해야 한다.

우리는 인종적으로 과장되고 분노하고 성적 충동이 지배하는 문화에서 거짓말을 구별해 내야 한다.

양 가운데 늑대를 식별하고 교회 내에서도 거짓과 진리를 식별할 수 있을까?

스스로 물어보라.

나는 비성경적인 관점을 받아들이도록 조종당하고 있지 않은가?

내 의견은 사실과 진리에 기초하고 있는가, 아니면 나의 신념이 감정과 연민에 따른 오해를 바탕으로 한 것인가?

나는 진리를 옹호하는 것이 두려운가?

동시에 우리는 우리의 사생활과 사역에서의 청렴에 대한 우리의 약속을 새롭게 해야 한다.

독일의 신학자 헬무트 티엘리케(Helmut Thielicke)가 대학생 시절 자전거를 타고 독일을 누볐던 이야기를 들려줬다. 그는 어느 날 아침, 식사를 거른 후, '핫롤 판매'라는 표지가 붙은 가게를 지나갔다. 배고픔에 그의 입안에는 이미 침이 고였다. 그는 자전거를 주차하고 가게 안으로 들어갔다. 그러나 실망스럽게도 그는 자신이 인쇄소에 들어갔다는 것을 깨달았다. 핫롤은 없었다. 그 표지는 그 인쇄소가 인쇄할 수 있는 글씨체를 표시하기 위해 가게 창문에 붙인 것이었다.

1) 사기성 광고

우리 교회들이 복음을 표방하고 있더라도, 일단 안으로 들어가 보면, 여러분은 그 안에서 확장된 우리 주변 문화를 발견할 수 있을 것이다. 여러분은 사랑과 포용의 미덕, 또는 우리의 본질적인 선함과 더 나은 사람이 되는 방법에 대한 긍정적인 메시지를 들을 수 있다. 여러분은 밝은 조명 아래 아름다운 찬양을 할 수 있고, 동영상 자료를 보고 시간에 맞춰 설교를 들을 수 있다. 하지만 여러분이 하나님의 말씀은 듣지 못할 수도 있다.

여러분은 은혜에 대해서는 많이 들을지 모르지만, 죄에 대해서는 아무것도 듣지 못할 수도 있다. 여러분은 하나님의 축복을 받는 방법을 들을지 모르지만, 어떻게 하면 우리 자녀들을 파괴하고 우리 증인을 침묵시키는 문화적 압력을 견뎌 낼 수 있는지에 대해서는 한마디도 듣지 못할 수도 있다.

진리와 사랑은 항상
함께 있어야 한다.

사람들은 '핫롤'을 찾아 교회에 오지만, 그러나 때때로 그들은 잘 포장된 예배의 부스러기만을 발견하게 된다. 그들은 들어왔을 때와 마찬가지

로 여전히 답이 없는 질문과 마음을 가지고 떠난다. 그들은 확신보다는 의견을, 진리보다는 칭찬을 듣는다. 그들에게는 앞으로 나아갈 명확한 경로가 주어지지 않는다.

바울은 고린도후서를 통해 우리에게 전한다.

> 이에 숨은 부끄러움의 일을 버리고 속임으로 행하지 아니하며 하나님의 말씀을 혼잡하게 하지 아니하고 오직 진리를 나타냄으로 하나님 앞에서 각 사람의 양심에 대하여 스스로 추천하노라(고후 4:2).

진리와 사랑은 항상 함께 있어야 한다.

우리는 진리와 오류를 구별하고, 절반의 진리(진리와 혼합된)와 거짓말을 구별해야 한다. 우리 각자는 우리 교회뿐만 아니라 그릇된 문화의 친구들 사이에서 진리를 진전시키기 위해 무엇을 하고 있는지 자문해야 한다. 우리는 진리를 알 뿐만 아니라 다음과 같이 물어야 한다.

"내가 진리를 말하고 그것에 따라 행동할 용의가 있는가?"

지면의 제약으로 그렇게 할 수는 없지만, 나는 잠언에 나오는 "진리를 사되 팔지는 말며"(잠 23:23)라는 말씀에 대해 한 장 전체를 쓸 수 있다.

당신은 당신이 찾은 진리를 가격만 적당하다면 팔겠는가?

8. 우리 모두의 기도

아버지!

분노의 시대에, 과장되고 기만적인 시대에, 우리가 우익이나 좌익으로 돌아가지 않도록 도와주소서.

언제 말하고 언제 침묵해야 하는지 가르쳐 주소서.

예수님이 말씀하신 이 문화를 상기시키는 것을 부끄러워하지 말고 담대하게 서서 말할 수 있는 확고한 장소를 우리에게 주소서.

> 예수께서 이르시되 내가 곧 길이요 진리요 생명이니 나로 말미암지 않고는 아버지께
> 로 올 자가 없느니라(요 14:6).

바울이 전한 말씀에 동의합니다.

> 이에 숨은 부끄러움의 일을 버리고 속임으로 행하지 아니하며 하나님의 말씀을 혼잡
> 하게 하지 아니하고 오직 진리를 나타냄으로 하나님 앞에서 각 사람의 양심에 대하여
> 스스로 추천하노라(고후 4:2).

패배와 공허와 상실의 삶으로 이어지는 우리 문화 이념의 흐름과 함께 떠내려가는 우리를 용서해 주시고, 우리가 공언하는 진리에 부응하지 못한 것을 용서해 주소서.

다윗에게 진실을 말한 나단의 용기와 왕에게 진실을 말하고 구덩이에 내던져져 보상을 받은 예레미야의 용기를 우리에게 주소서.

우리는 그런 용기가 부족합니다. 하지만 우리가 진리를 말할 때 우리가 사람들을 가장 사랑한다는 것을 알 수 있도록 도와주소서. 왜냐하면, 사람들을 자유롭게 하는 것은 진리이기 때문입니다.

우리가 주 예수 그리스도에 대해 책임이 있다는 것을 기억하게 하소서.

예수님의 이름으로 기도합니다. 아멘.

제6장

아동의 성애화

나를 포함한 대부분의 그리스도인 부모들은 더 이상 자신의 자녀들을 양육하지 않는다. 오히려, 문화는 인터넷을 통해 더 중요한 역할을 한다. 한 어머니는 "열세 살 난 딸에게 처음 휴대전화를 건넬 때, 그것이 첫 번째 헤로인 주사를 놓은 것인 줄 몰랐다"라고 말했다. 국가로서, 우리는 우리의 생각을 형성하고 끝없는 즐거움을 제공하는 전자기기에 우리의 마음을 빼앗겼다.

2004년 퓨리서치(Pew Research) 여론 조사에 따르면 미국인의 60퍼센트가 동성 결혼에 반대했다. 오늘날 그 숫자는 뒤집혔고, 단지 40퍼센트만이 반대한다.

왜 그런 변화가 생겼을까?

퓰리처상을 수상한 「뉴욕타임스」 칼럼니스트 토머스 프리드먼(Thomas Friedman)은 애플 아이폰이 2004년에 출시되었다고 말했다. 그리고 그게 다가 아니었다. 소셜 미디어 앱 페이스북과 트위터가 출시됐다. 구글이 유튜브를 인수해 안드로이드 운영체제를 출시했다. 아마존은 킨들 전자책 리더를 출시했다. 그리고 현재 10억 명 이상의 사람들이 인터넷에 접속하고 있다. 따라서 기술은 그 무엇보다도 빠른 문화적 변화를 촉진한다.[1]

---

1   James Emery White, "Five Things We Now Know the Online World Is Doing to Us That Has Never Been Done to Us Before", *Church & Culture*, August 19, 2019, https://www. churchand-culture.org/blog/2019/8/19/five-things-we-now-know.

십 대들의 손에 쥐어진 휴대전화는 주일학교에서 보내는 1시간이나 학부모들의 훈계보다 그들의 세계관을 형성하는 데 더 많은 일을 하고 있다. 우리가 다음 세대에게 믿음을 전하지 못하고 있는 것은 그들이 문화, 소셜미디어, 그들의 또래, 공립학교의 가르침에 사로잡혀 있기 때문이다. 부모들은 아이들에게 옷을 입히고, 음식을 제공하고, 학교에 보내지만, 그들의 아이들의 마음은 우리 중 많은 사람이 알지 못하는 세상에 의해 도둑맞고 성형되고 있다.

부모는 학교에서 귀가한 자녀가 자신이 태어날 때 타고난 성별이 아니라고 말하면 어리둥절해 한다. 최근에 한 십 대 소녀가 부모에게 자신이 소년이라고 생각하기 때문에 가슴을 제거하고 싶다고 말했다. 다른 소녀는 부모에게 자신이 '퀴어'(모호한 성)라고 말했다.

오늘날의 문화에 따르면 당신은 당신이 생각하는 그 사람이다. 어떤 자녀들은 가정에서와 다른 성별을 가지고 학교생활을 한다. 한 기독교 교사가 내게 문자를 보내, 그 학교의 교장이 학부모-교사 회의에 참석한 어떤 부모에게 어떤 대가를 치르더라도 생물학적으로 남성인 아들 버트가 학교에서 소녀 신분으로 생활한다는 사실을 알리면 안 된다는 지시를 내린 것을 어떻게 받아들여야 할지 물었다. 생물학적으로 남성인 아들 버트는 학교에서는 소녀 베르타였다.

만약 여러분이 기독교 가정에서는 이런 일이 일어나지 않는다고 생각한다면, 여러분은 매일 점점 더 작아지는 거품 속에서 사는 것이다. 점점 더 많은 자녀가 집에 돌아와 부모에게 자신들이 동성애자이거나 성전환자라고 말하고 있다.

아마도 우리가 자녀들의 성문화에서 미국만큼 사탄의 일을 분명하게 볼 수 있는 곳은 없을 것이다. 그것은 아이들의 정체성을 파괴하고, 성별을 혼란스럽게 하고, 해결되지 않은 죄책감과 자기혐오를 일으킨다.

예수님은 다음과 같이 경고하셨다.

또 누구든지 내 이름으로 이런 어린아이 하나를 영접하면 곧 나를 영접함이니, 누구든지 나를 믿는 이 작은 자 중 하나를 실족하게 하면 차라리 연자 맷돌이 그 목에 달려서 깊은 바다에 빠뜨려지는 것이 나으니라. 실족하게 하는 일들이 있음으로 말미암아 세상에 화가 있도다. 실족하게 하는 일이 없을 수는 없으나 실족하게 하는 그 사람에게는 화가 있도다(마 18:5-6).

이 장은 아마도 이 책의 다른 어떤 장보다 예수님의 마음에 와닿을 수 있다.

1. 공립학교 부패의 영향

피터 히친스(Peter Hitchens)는 그의 저서 『하나님을 향한 분노』(*The Rage Against God*)에서 이렇게 말했다.

나치 독일과 러시아의 공산주의 청년운동은 놀랍도록 비슷했다. 어떤 이념적 국가나 혁명적인 국가라도 미래세대에 살아남기를 원한다면 젊은이들을 항상 혁명 이전의 부모로부터 소외시켜야 한다.[2]

히친스는 모스크바 특파원으로 공산주의가 어떻게 작동하는지 직접 보았기 때문에 잘 알고 있었다. 나치 독일에서 히틀러는 주장했다.

청년을 소유한 자가 미래를 얻는다.[3]

---

2 Peter Hitchens, *The Rage Against God: How Atheism Led Me to Faith* (Grand Rapids, MI: Zonder-van, 2010), 139.

3 Adolf Hitler, from a speech given at the Reichsparteitag in 1935.

그리고 미국 청소년의 교육은 법과 강압을 통해 부모의 손에서 벗어나 세속 교육자들의 손에 맡겨지고 있다. MSNBC 진행자인 멀리사 해리스페리(Melissa Harris-Perry)는 이렇게 말했다.

> 우리는 자녀가 부모에게 속하거나 자녀가 가족에 속한다는 사적인 생각을 버려야 하며, 자녀는 전체 공동체에 속한다는 사실을 인식해야 한다.[4]

그리고 아이들이 '전체 공동체'에 속하기 위해서, 세상에 대하여는 일반 적으로 , 성적인 문제에 대하여는 특별히, 특정 핵심 신념에 대해 교육받 을 필요가 있다.

아이들의 세계관을 바꾸기 위해 교육을 이용하는 것은 항상 문화막시 즘의 목표였다. 미국 공산당 지도자 윌리엄 Z. 포스터(William Z. Foster)는 『소련 미국을 향하여』(*Toward Soviet America*)라는 저서에서 사회주의 의제 를 제시하고 있다. 그는 다가오는 '미국 소비에트 정부'에 대해 자신 있게 말한다.

> 미국 소비에트 정부가 문화혁명을 진전시키기 위해 채택할 기본적인 조치 중에는 다음과 같은 것들이 있다. 학교, 대학들은 교육부에 의해 조정되고 분류될 것이다. 종교, 애국, 부르주아 사상의 특징들이 말끔히 씻어지면서 이 연구들은 혁명을 일으킬 것이다.[5]

주의 깊게 살펴보자. 학부모가 아닌 국가 교육부가 의제를 정하고 무엇 을 가르칠지 결정할 예정이다. 교묘한 교육과정을 통해, 그것은 우리 학교 의 종교적, 애국적 영향력을 말끔히 씻어 낼 것이다. 그리고 가장 쉬운 방

---

4   Alex Newman, "Rescuing Our Children", *New American*, February 4, 2019, 7.
5   Quoted in Newman, "Rescuing Our Children", 7.

법은 성교육 수업을 통해서다. 성과 성별에 대한 민감한 문제는 국가에 거주하는 모든 사람이 '평등'의 영광으로 가는 관문이 될 수 있다. 우리가 앞서 말했듯이, 그것은 모두 숭고한 대의명분의 깃발 아래 매도될 것이다.

학부모들의 동의 없이, 종합 성교육 교과 과정이 많은 학교에 도입되고 있다. 이 교과 과정은 아동이 태어날 때부터 성생활을 할 수 있다고 믿었던 소아 성애자 알프레드 킨제이(Alfred Kinsey)의 독실한 추종자에 의해 설립된 미국성정보및교육위원회(SEICUS)와 가족계획협회(Planned Parenthood)가 만들었다. 파트너들과 함께 또는 혼자 성적 즐거움을 느끼는 방법에 중점을 둔다. 리사 허드슨(Lisa Hudson)은 다음과 같이 설명했다.

> 4~5세의 어린 학생들은 신체 일부를 만졌을 때 기분이 좋다는 것을 배운다. … 이것을 자위라고 하는데 그것은 항상 은밀하게 행해진다. … 7~8세 때 그들은 파트너와 함께 같은 행위를 할 수 있다는 것을 배운다.[6]

간단히 말해서 모든 형태의 성관계는 합의가 있는 한 정상적이고 즐길 수 있다. 남학생은 콘돔 착용 방법을, 여학생은 남성 생식기의 플라스틱 복제품에 콘돔을 부착하는 방법을 배운다. 성적 쾌감을 경험하는 다양한 캐릭터의 그래픽 이미지가 제공된다. 이 모든 것을 통해 부모의 권위가 지속적으로 약화된다.

가르치지 않는 것은 우리가 이미 알고 있는 것이다. 이런 교육은 아이들의 욕망을 자극해 결국 영혼을 파괴하고 더럽히는 다양한 성적 표현으로 이어진다. 〈조기 성행위가 정신 건강에 미치는 영향〉(The Effect of Early Sexual Activity on Mental Health)은 1966년부터 현재까지 동료 의사의 상호심사 논문 28편의 연구를 평가한 2018년 보고서다. 연구자들은 이렇게 밝혔다.

---

6 Lisa Hudson, "The Disturbing Reality Behind 'Comprehensive Sexuality Education'", *The National Pulse*, September 5, 2019, https://thenationalpulse.com/commentary/disturbing-reality-behind-comprehensive-sexuality-education/.

조기 첫 성경험은 우울증, 자살성 사고, 공격적인 행동, 심리적 고통, 불안, 스트레스, 외로움, 열악한 웰빙, 후회, 죄책감의 수준을 증가시켰다.[7]

약물 남용과 위험한 성적 행동 등 부정적인 사회적 행동도 증가시켰다. 세속주의자들의 목표는 분명하다. 어떤 형태의 품위, 신성함 또는 정상적인 성관계를 공격한다. 성인들의 주저하는 성적 욕망을 깨움으로써 아이들을 혼란스럽게 하고, 전통적인 가족의 어떤 개념도 완전히 파괴한다. 아이들에게 여러 가지 성적인 경험을 하도록 격려한다. 그리고 그 과정에서, 더 많은 낙태, 더 많은 반종교적 편협함 그리고 가장 중요한 것은, 더 많은 가정이 무너지는 결과를 낳는다. 혼외에서 태어나는 아이들이 많을수록 마르크스주의 원칙에 따라 형성되기 쉽다.

새로운 교육과정을 '모든 형태의 성에 대한 존중을 추구'하는 것으로 팔아라!
'배타가 아닌 포용'으로 팔아라!
'따돌림이 아닌 동정'으로 팔아라!
'성적 억압이 아닌 인간의 번영'으로 팔아라!
'성적인 문제는 성숙해 가는 것'으로 팔아라!
무엇보다도, 그것을 팔아라!

그리고 이러한 조치에 반대하는 모든 사람을 편견, 증오, 우익 종교 광신자라고 부르라.
마틴 루터 시절의 학교들은 기독교 문화가 지배하고 있었지만, 그 시절에도 루터는 학생들을 걱정했다.

---

7   Hudson, "The Disturbing Reality Behind 'Comprehensive Sexuality Education." "The Effect of Early Sexual Activity on Mental Health" report is found at https://teleiosresearch.com/wp-content/uploads/2018/12/2018-08-29-Sex-review-FINAL.pdf.

대학들이 성경을 열심히 가르치고 젊은이들의 가슴에 새기지 않는 한 대학은 지옥의 대문이 될까 매우 두렵다.[8]

1) 당신 주변의 고등학교에 왔다

여기 우리가 알아야 할 것이 있다.

가족계획협회는 지역 고등학교에 50개의 클리닉을 개설하여 로스앤젤레스 카운티 청소년을 위한 생식 건강서비스의 새로운 모델을 개발하고 있다. … 이 프로그램은 약 75,000명의 청소년을 대상으로 피임 방법, 성병 검사 및 치료, 임신 상담을 제공하지만 낙태는 제공하지 않는다. 또한. 이 프로그램은 수백 명의 청소년을 안전한 성관계와 관련 정보를 제공하는 데 도움을 주는 동료 옹호자가 되도록 훈련할 것이다.

학생들은 스스로 진료소를 찾거나 사전 예약을 할 수 있게 될 것이고 학교는 학생들을 위해 결석을 허용할 것이다. 예약 정보는 학교 관계자들이 접근할 수 없는 보호 의료 파일에 보관될 것이다. 캘리포니아 주법에 따르면 미성년자는 산아제한이나 정신 건강 상담을 받는 등 특정 의료서비스에 동의할 수 있으며, 의료인은 미성년자의 허락 없이 부모에게 알릴 수 없다.[9]

여기서 우리는 급진 좌파의 전략을 본다. 문제를 만들고 그에 대응할 기관을 만든다. 다시 한번, 불을 지른 방화범이 그가 저지른 바로 그 불의 불길을 없애기 위해 출동한다. 좌파는 그들이 만든 바로 그 문제에 대한 '답'

8 J.H. Merle d'Aubigné, *History of the Reformation of the Sixteenth Century* (London: Religious Tract Society, 1856), 190.

9 Ariana Eunjung Cha, "Planned Parenthood to open reproductive health centers at 50 Los Angeles high schools", *The Washington Post*, December 11, 2019, https://www.washing-tonpost.com/health/2019/12/11/planned-parenthood-open-reproductive-health-centers-los-angeles-high-schools/.

을 가지고 있다.

　시나리오를 생각해 보자. 먼저 여러분은 어린아이들에게 모든 형태의 일탈적인 성행위를 소개하고, 아이들이 그들의 성적 욕망을 실험하도록 격려한다. 그리고 그 결과는 십 대 임신과 성병을 초래하게 될 것이다. 그러면 학교 옆에 클리닉을 설치하고 이 지역 젊은이들의 성병 확산을 막기 위한 전략이라고 발표한다.그런 다음 간단한 의료서비스만 제공하는 것이 아니라 더 많은 일을 할 것이기 때문에 이 클리닉을 '웰빙센터'라고 부른다.

　로스앤젤레스 카운티 공중 보건부의 바바라 페러(Barbara Ferrer) 국장은 말했다.

　　　우리는 그들의 일반적인 행복, 즉 십 대 시절의 우여곡절을 지원하고 싶다.[10]

이것은 캘리포니아에서 시작되어 전국으로 확산할 것이다.

2) 기독교 대학, LGBTQ 가치관에 복종

　그리고 기독교 대학의 성 문제는 어떨까?

　한때 전통적인 성관을 고수했던 데이비드 P. 거쉬(David P. Gushee)는 "기독교 고등 교육은 이길 수 없다"(Christian Higher Ed Can't Win)라는 제목의 기사에서 복음주의자들이 자신들의 기독교 대학에서 열리는 LGBTQ 토론에서 이길 수 없다고 주장한다. 그들은 문화적 성관을 적응시키고 시대정신을 수용해야 한다. 이 기사는 기독교 학교들이 LGBTQ 정책으로 인해 '분열'될 것이며, 전국의 머리기사에서 그들 자신을 발견할 것이라고 말한다. 또한,

10 Eunjung Cha, "Planned Parenthood to open reproductive health centers at 50 Los Angeles high schools."

다음과 같이 말한다.

> LGBTQ 학생들은 그리스도인도 동성애자도 될 수 없다는 이성애자를 받
> 아들이려 하지 않는다. 그들은 학교 내에 이류 학생 지위를 용인하기를 원
> 치 않는다.[11]

거쉬는 심지어 기독교 학생들도 LGBTQ 학생들의 관용과 포용 그리고
완전한 수용에 노출되어 캠퍼스에 도착한다고 말한다.

학교의 학칙 및 생활방식의 규정이 무엇이든 LGBTQ 권리는 우리 문화
의 핵심 가치여야 하며 학교는 압력을 견딜 수 없거나 수용할 것이다.

결론은 이렇다.

기독교 대학과 신학교는 성 및 성별에 대한 기독교의 역사적 이해를 타
협하거나 절망적으로 뒤처져야 할 것이다. 그들은 그들의 목소리와 신뢰
성을 잃을 것이다. 그들은 '역사의 잘못된 면'에 놓이게 될 것이다.

> 이미 LGBTQ 권리의 전 영역을 받아들이지 않는 모든 학교에 금융 대출
> 을 거부하자는 주장이 나오고 있다.[12]

이에 따라 많은 기독교 대학이 LGBTQ 학생들을 위한 캠퍼스 지원단을
허용하고 학생들에게 학교가 안전한 곳임을 알리는 등 압력에 고개를 숙
이고 있다. 그들의 성욕과 씨름한 한 후 다음의 논리적 단계는 학교들이

---

11 David P. Gushee, "Christian higher ed can't win the LGBTQ debate unless it transforms", *Religion News Service*, December 3, 2019, https://religionnews.com/2019/12/03/christian-higher-ed-cant-win-the-lgbtq-debate-unless-it-transforms/.

12 Tom Gjelten, "Christian Colleges AreTangled In Their Own LGBT Policies", NPR, March 27, 2018, https://www.npr.org/2018/03/27/591140811/christian-colleges-are-tangled-in-their-own-lgbt-policies.Seealsohttps://www.npr.org/2018/03/27/597390654/christian-colleges-that-oppose-lgbt-rights-worried-about-losing-funding-under-ti.

동성애와 성전환 학생들의 권리를 옹호하는 동정적인 직원을 고용하는 것이다. 하지만 이것만으로는 충분하지 않을 것이다. 일단 학교 행정이 이 길로 들어서면, LGBTQ 의제의 전모가 충실하게 받아들여질 때까지 멈추지 않을 것이다.

같은 종류의 압력이 기독교 사역, 기독교 기업, 심지어 교회에도 가해진다. 평등법(H.R. 5)이 2019년 5월 20일 미국 하원을 통과했다.

> 이 전면적인 법률은 1964년에 제정된 민권법을 개정하여 성적 지향과 성 정체성을 보호하는 특성을 포함할 것이다. … 차별금지 보호라는 이름으로 성(性)을 재정의해 성 정체성을 포함하고 종교의 자유를 훼손하며 여성으로 신분을 밝힌 남성에게 여성의 공간을 사용할 권리를 부여하고 '성 정체성 혼란 청소년 의료화'에 위험한 정치적 선례를 남기는 법안이다.[13]

우리가 숨을 곳은 없다.
우리의 가족, 교회 그리고 학교는 믿음을 지킬 것인가?
아니면 고대 사데 교회처럼 이교도들의 성생활을 편안하게 받아들일 것인가?

---

13 Madeleine Kearns, "The Equality Act Is a Time Bomb", *National Review*, May 20, 2019, https://www.nationalreview.com/corner/the-equality-act-is-a-time-bomb/.

2. 더 큰 문화의 각성

1) 성전환 인형

성혁명은 계속해서 가속화되어 모든 것을 가져가고 있다. 생물학, 과학, 품위에 대한 경멸을 참작할 때, 그것은 어린 시절의 남성성과 여성성이라는 개념 자체를 파괴하려고 한다. 사회 정의는 그것을 원한다.

엘리아나 독터맨(Eliana Dockterman)은 「타임」(TIME)지의 기사 "소년·소녀 둘 다 이거나 아닐 수 있다"(It Can Be Boy, a Girl. nither or both)에서 이러한 성 중립적인 인형으로의 전환에 관해 이렇게 썼다.

> 바비 인형 제조업체인 매텔(Mattel)은 금기를 깨고 브랜드로 사회적 정의를 요구하는 세대에 어필하기를 바라고 있다고 말한다. 그녀는 새 인형을 묘사하면서 세심하게 손질된 이목구비는 뚜렷한 성별을 드러내지 않는다. 입술이 너무 꽉 차지 않고 속눈썹이 길지 않아 펄럭이지도 않으며, 턱이 너무 넓지도 않다. 바비처럼 넓은 가슴도 켄 같은 어깨도 없다. 그 기사는 이어서, 성별 식별이 되지 않는 청소년의 인구가 증가하고 있다 …. [한 조사에 따르면] 캘리포니아 청소년의 27퍼센트가 성 불순응을 나타냈다.[14]

'성전환 혁명'이 유행이라는 것은 의심의 여지가 없다. 이것은 십 대들이 독립심을 추구하는 또 다른 방법이며 현상 유지에 반항하려는 젊은이의 자연스러운 욕구를 불러일으킨다. 한 어머니는 딸이 "만약 당신이 성전환자가 아니라면 당신은 이상하다"라고 했다고 나에게 말했다.

---

14 Eliana Dockterman, "It Can Be a Boy, a Girl, Neither or Both", *Time*, October 7, 2019, 40–47.

2) 여장 남자를 환영하는 아동도서관

그들이 어린아이들을 어떻게 타락시키는가?

우리가 이 책에서 보았던 것처럼, 그들은 비정상적인 것을 정상화하는 것이다. 미국 전역의 공공도서관에서 여장 남자들이 아이들을 위한 이야기 시간을 주최한다. 전국을 휩쓸고 있는 이 현상 속에서 여장을 하고 과도하게 화장한 성인 남성들이 3살 정도의 어린아이들에게 LGBTQ 의제를 홍보하는 책을 읽어 주었다.

이 발표는 어린아이들에게 성전환주의를 받아들이도록 가르치고, 이성의 옷을 입히고, 다른 비정상적인 행동과 신념 체계를 장려하는 데 사용된다. 딜런 폰티프(Dylan Pontiff : 일명 산타나 필라 앤드류스[Santana Pilar Andrews])는 여장을 하고 성행위를 하는 성인 클럽과 라파예트공공도서관에서 어린아이들과 함께 있을 때는 예명을 사용한다.

잘못된 방향으로 나아가는 것은
축하할 일이 아니다.
특히, 그것이 창조라는 자연 질서나
과학의 확립된 사실들에 반할 때는
더욱더 그렇다.

그는 자신의 말을 통해 자신의 의도를 밝혔다.

이번 행사가 매우 아름다우리라는 것을 알려드리기 위해 이 자리에 섰고, 어린이들과 지지했던 사람들은 이것이 다음 세대의 차림새가 되리라는 것

을 깨닫게 될 것이다.[15]

물론 옷차림새는 성인들의 성적 학대에 대해 아이들을 무감각하게 하려는 노력을 묘사하기 위해 사용되는 단어다. 이것이 자신을 찾는 문화라고 한다. 이에 반대하는 부모는 편견이라고 불린다.

3) 잘못된 방향으로 진전

1958년, 얼 워런(Earl Warren) 백작은 "진화하는 품위의 기준"[16]에 대해 말했다. 그 의미는 성적인 문제를 포함한 도덕성에 관한 한 변화를 향한 진보가 있다는 것이다.

그러나 잘못된 방향으로 나아가는 것은 특히 그것이 창조라는 자연적 질서나 과학의 확립된 사실들에 반할 때 축하할 일이 아니다. 진정한 '각성'이 되려면 남자가 아기를 낳거나 생리를 한다고 믿어야 할 것이고, 여성이 생물학적 남성의 여자와 스포츠에서 경쟁해야 할 것이라고 누가 상상이나 했겠는가.

오늘날 급진적인 세속주의자가 되는 것은 혼란, 불합리, 부조리를 받아들이는 것이다. 마이클 브라운(Michael Brown)이 정확하게 봤다.

> 급진적인 성전환자운동의 가장 큰 적은 과학이고, 생물학적 현실은 견고하며, 인간의 조작이 아무리 많아도 그러한 현실을 바꿀 수 없다.[17]

---

15 "Drag Queen Story Hour Host Makes Disgusting Admission About What He Wants to Do to the Kids", *Tea Party* 247, https://www.teaparty247.org/drag-queen-story-hour-host-makes-dis-gusting-admission-about-what-he-wants-to-do-to-the-kids/.

16 Dr. R. Albert Mohler Jr., "Evolving Standards of Decency? How Progressivism Reshapes Society", August 13, 2019, https://albertmohler.com/2019/08/13/briefing-8-13-19.

17 Michael Brown, "The Great Transgender 'Awakening'", *The Stream*, July 12, 2019, https://stream. org/great-transgender-awakening/.

현실이든 아니든 간에 급진주의자들은 아무리 비이성적이더라도 그들의 의제를 고수한다.

3. 다음은 무슨 일?

2019년 11월, 나는 오하이오주 신시내티에서 열린 '신세대를 위한 진리'(Truth for a New Generation) 콘퍼런스의 연사 중 한 명이었다. 또 다른 연사는 앤 포크(Anne Paulk)였다. 그녀는 레즈비언 생활방식을 떠나 결혼했고, 아이를 낳았다. 자신의 강연에서 그녀는 "하나님이 내 인생에 없을 때, 나는 어떤 것도 거절할 이유가 없었다"라고 말했다. 그녀가 옳았다. 하나님이 없다면, 어느 누구도 그 이전에는 상상할 수 없었던 가장 비뚤어진 성관계를 거부할 이유가 없다.

2015년 미국 대법원에서 동성 결혼을 합법화한 후 '성전환주의'가 전국을 휩쓸었다. 그것은 겉보기에는 갑자기 생겨난 것 같았지만 그것은 다음 차례로 쓰러질 도미노였고, 도덕적 추락은 계속되었다.

새로운 성장 추세는 삼인조 관계인 '트로우플'(throuple)이다. 이 관계는 세 사람이 하나의 커플이 된다. 그러나 3인으로 충분하지 않다면, 폴리아모리(비독점적인 다자연애)가 될 수 있다. 즉, 공개적인 연인이거나 또는 '다성 결혼'(poly marriages)으로, 원하는 다른 사람들과 동시에 여러 관계를 맺는 것이다. 결국, 전통적인 결혼은 시대에 뒤떨어진 것이 된다. 제이니 B. 치니(Janie B. Cheaney)가 「월드」(World) 매거진에서 언급했다.

> [동성 및/또는 다성 결혼으로] 규범을 바꾸는 것은 비전통적인 가정 협정의 오명을 씻어 냈다.[18]

---

18 Janie B. Cheaney, "Picture a Triangle: Polyamory makes deviance the norm", *World*, Feb-

그 외에도 소아 성애를 합법적이고 건강한 관계로 간주하여야 한다는
요구가 있다. 2002년에 주디스 레빈(Judith Levine)은 『미성년자에게 유해
함: 성으로부터 아동을 보호하는 위험』(*Harmful to Minors: The Perils of Protecting
Children from Sex*)이라는 책을 썼다. 이 책은 어린아이들과 '합의한' 성관계
가 그들에게 해롭지 않다는 생각을 장려한다.

작가 샤론 램(Sharon Lamb)은 이 책에 대해 이렇게 논평했다.

> 동의 문제는 법률적인 문제만이 아니라 심리적인 관점에서 봐야 한다. 학
> 대를 당한 모든 사람이 평생 정신적 충격을 받는 것은 아니다.[19]

우리는 소아 성애가 합법화될 수 있다고 믿어지지 않을 수 있겠지만, 그
러한 것이 일어나기 위한 토대는 이미 마련되어 있다. 성교육 메시지, 일
탈적 행동의 정상화, 시민권 기치 등이 그러한 행동을 보호하기 위한 담요
로 사용된다는 선전이 계속되고 있다. 스텔라 모라비토(Stella Morabito)는
이렇게 말했다.

> K-12(유치원부터 고등학교 과정까지) 교실은 아이들이 그러한 정치적 의제
> 를 위해 봉사하도록 프로그램된 실험실이 되고 있으며, 여러분은 당연히
> LGBT 선호도를 포함한 모든 종류의 진보적 대의들에 관한 주장과 거의
> 유사하다는 것을 알게 될 것이다.[20]

ruary 15, 2020, 18.

19 Quote is found on the *Minnesota Press* website promoting *Harmful to Minors*, https://
www.upress.umn.edu/book-division/books/harmful-to-minors.

20 Stella Morabito, "The Pedophile Project: Your 7-Year-Old Is Next on the Sexu-
al Revolution's Hit Parade", *The Federalist*, February 21, 2019, https://thefederalist.
com/2019/02/21/pedophile-project-7-year-old-next-sexual-revolutions-hit-parade/.

'합의된' 성인과 아동의 성관계를 보호하는 법이 다음 도미노가 될 것으로 예상한다. 2003년까지만 해도 좌파 의제의 주창자였으나 이후 이 운동을 비판해 온 태미 브루스(Tammy Bruce)는 급진주의자들이 아동 성애화를 추구하는 이유는 그들의 다음 세대에 대한 통제를 보장하기 때문이라고 말했다. 그녀는 이렇게 분석했다.

> 이것은 또한 포르노 산업이 의존하는 성에 중독된 미래 소비자들을 약속한다. 그런 삶을 파괴함으로써 그들은 가족, 신앙, 전통, 품위, 판단력에 마지막 타격을 가한다.[21]

다음에는 무슨 일이 일어날까?

다음 논리적인 단계는, 그들 스스로가 동성애자 혹은 성전환자의 생활 방식을 떠나고 싶어 하는 사람들을 도우려는 사람들을 금지하는 것이다. 변화를 원하는 사람들을 돕는 것에 관한 기사의 댓글들을 읽어 보면, 여러분은 그리스도인들이 잔인하고 편협하며, 무엇보다도 성전환자나 동성 관계에서 벗어나려는 아주 실제적인 투쟁에 대한 조언을 구하는 사람들에게 해가 된다고 주장하는 다수의 사람을 보게 될 것이다.

성경적 성으로 돌아가려는 동성애자와 성전환자들을 돕는 것이 불법이 될 때 우리는 복음서가 '이념'적 불법화되는 것이 멀지 않았다는 것을 예상할 수 있다. 세속적 문화에 따르면, 문제는 성적 일탈이 아니라 기독교와 성경의 문제다.

그렇다면 정부가 기독교를 사람들에게 해를 끼치는 위험한 심리적 정신신경증으로 낙인찍지 못하게 하는 것은 무엇인가?

사실, C. S. 루이스(C. S. Lewis)는 이미 1949년에 이미 이렇게 예측했다.

---

21   Tammy Bruce, *The Death of Right and Wrong* (Roseville, CA: Forum, 2003), 195.

이 특정한 정신 신경증이 정부에게 불편해졌을 때, 무엇이 정부가 그것을 치료하는 것을 방해하겠는가?[22]

정말이지 하나님이 없다면 어떤 것도 거절할 이유가 없다.

4. 성전환 현상의 악마적 특성

자녀가 하나 이상의 장애를 진단받을 수 있는 부모의 절망에도 불구하고, 성전환운동에 관한 한 부모의 권리는 거부되고 있으며, 이런 아이들은 오히려 종종 또래들과 공립학교 당국으로부터 자신이 성전환자라는 설득을 당한다. 부모들은 '포용적'이지 않으며, 전통적인 규범에 너무 엄격하다는 비판을 받는다.

부모들은 사춘기 차단제와 성전환 호르몬만이 자녀들의 자살을 예방할 수 있는 유일한 방법일 수 있다는 말을 듣는다.[23]

그런데도 성적 반이상향에 관한 연구 결과는 주목할 만하다.

어떤 시점에 성전환자로 판명된 사람들의 80~95퍼센트가 사실은 그들의 신체적인 성과 같다는 것을 나타낸다.[24]

---

22   C.S. Lewis, "The Humanitarian Theory of Punishment", *God in the Dock* (Grand Rapids, MI: William B. Eerdmans, 2014), 325.

23   Ryan T. Anderson, *When Harry Became Sally: Responding to the Transgender Moment* (New York: Encounter Books, 2018), 2.

24   Jesse Singal, "What's Missing from the Conversation About Transgender Kids", *The Cut*, July 25, 2016, https://www.thecut.com/2016/07/whats-missing-from-the-conversa-tion-about-transgen- der-kids.html.

일부 사람이 말했듯이 생물학은 편견이 아니다.

뉴저지주의 '아동학대 및 방치와 실종 아동'(Child Abuse and Neglect and Missing Children) 웹페이지를 살펴보자.

> 직원들은 자녀가 성전환을 원하는 데 동의하지 않는 부모들을 보고하도록 권장할 수 있다.[25]

부모들은 LGBTQ 폭도들의 공격이 두려워 목소리를 내지 못한다. 한편, 오리건주는 한발 더 나아갔다.

> 아이들이 선호하는 성적 정체성에 대해 스스로 결정을 내릴 수 있을 뿐만 아니라, 부모의 동의 없이 정부 보조로 성전환 수술을 받을 수 있다.[26]

시카고 근처에 사는 제이 콕(Jay Keck)에게 부모의 권리 침해에 관해 물어보라.

> 그의 14살 된 딸은 소년이라고 확신하게 되었고, 그녀의 학교 직원들은 부모의 반대에도 불구하고 그녀의 망상을 지지했다. 그들의 십 대 딸은 성 불안증에 대해 아무런 성향을 나타내지 않았지만, 그녀는 소년이라고 자처하는 다른 소녀와 어울린 후 소년임을 선언했다. 학교 측은 부모에게 알리지 않고 그녀의 개명을 받아들였는데, 부모가 사후에 이를 알고 딸의 호칭을

---

25 Jay Keck, "My daughter thinks she's transgender. Her public school undermined my efforts to help her", *USA Today*, August 12, 2019, https://www.usatoday.com/story/opinion/voices/2019/08/12/ transgender-daughter-school-undermines-parents-column/1546527001/.

26 Dan Springer, "Oregon allowing 15-year-olds to get state-subsidized sex-change operations", *Fox News*, May 2, 2016, https://www.foxnews.com/politics/oregon-allowing-15-year-olds-to-get-state-subsidized-sex-change-operations.

그녀의 법적 이름으로 부르라고 주장했을 때, 부모의 요청은 묵살되었다.[27] 전미교육협회(National Education Association)는 인권캠페인(Human Rights Campaign) 및 기타 그룹과 협력하여 부모의 우려와 관계없이 신원, 이름 변경 및 대명사의 자동 확인을 옹호하는 자료를 제작했다. 18개 주와 컬럼비아 특별구(내 고향 일리노이주 포함)에서는 치료사가 아동의 성 정체성에 의문을 제기하는 것을 방지하는 전환 요법 금지조항이 있다.[28]

사실상 우리 학교의 아이들은 자신을 성전환자로 선언하기 위해 모집되고 있다.

다음 시나리오를 상상해 보라.

한 십 대 소년이 자신이 실제로 소녀라고 결정하고, 변화를 일으키는 호르몬 치료를 받게 되는데, 심지어 14만 달러(약 1억5천4백만 원)나 들 수 있는 신체 전환 수술을 받게 된다.[29]

이 '소년'은 성장해서 이제 '여자'가 되었다. 남성(아마도 당신의 아들)의 DNA를 가진 남자가 이 '여자'와 사랑에 빠졌다고 가정해 보자.

그 남자는 남자에게 끌린 것인가?

여자에게 끌린 것인가?

만약 그들이 결혼한다면, 그들은 함께 아이를 가질 수 없을 것이다.

그리고 이 생물학적 남성이 여성처럼 보이도록 하기 위한 호르몬제 주사 비용은 누가 부담해야 할까?

이게 진보일까?

---

27 Keck, "My daughter thinks she's transgender. Her public school undermined my efforts to help her."

28 Jonathon Van Maren, "Dad horrified as public school convinces daughter she's a 'boy'… and he can't stop it", *Life Site*, August 13, 2019, https://www.lifesitenews.com/blogs/dad-horrified-as-public-school-convinces-daughter-shes-a-boyand-he-cant-stop-it.

29 Alyssa Jackson, Special to CNN, "The high cost of being transgender, *CNN*, July 31, 2015,https:// www.cnn.com/2015/07/31/health/transgender-costs-irpt/index.html.

부모님께 드리는 말씀

공립학교를 매우 경계하라. 유감스럽게도 급진주의자들은 언론과 진보 정치인 그리고 교육과정을 쓰는 엘리트들을 사로잡았다. 우리는 아이들을 반기독교적이고, 자연법을 경멸하고, 과학과 예의를 거부하는 문화에 내던져서는 안 된다. 기괴한 것을 정상화하려고 애쓰면서 우리 아이들을 어른들의 성적 학대에 대해 취약하게 만드는 이들의 손에 맡겨서는 안 된다.

우리는 이 어두운 문화에
빛을 비추기 위해 여기에 있다.

모든 기독교 부모가 그들의 아이들을 위한 최고의 교육 선택권을 위해 기도하고 찾아야 한다. 나는 토니 에번스(Tony Evans)가 아이들이 학교에서 집으로 돌아오면 그와 그의 아내는 자녀들이 배운 것에 관해 토론하고 그들이 배운 잘못된 생각을 "재교육"한다고 말한 것을 기억한다. 한편, 재택학습은 개발된 네트워크와 교과 과정 때문에 더 쉽게 접근할 수 있게 되었다. 종교에 기반을 둔 학교들 또한 선택 사항이며, 어떤 학교들은 등록금을 감당할 수 없는 학생들을 위해 재정적인 도움을 제공한다.

우리는 진실을 말하고 문화적 사고에 겁먹지 않는 사람들의 경고에 귀를 기울여야 한다. 의학박사 윌 말론(Wil Malone)의 이야기를 들어 보자.

당신은 잘못된 신체로 태어날 수 없다. 치료가 필요한 것은 성 정체성이 아니라 우리의 마음이다. 정신건강 서비스 기관은 이 국면(미국의 역사에서)을 통해 [성 정체성으로] 심리적인 어려움을 겪고 있는 사람들을 치료하는

또 다른 어두운 시기로 되돌아보아야 할 것이다.[30]

우리는 이 어두운 문화에 빛을 비추기 위해 여기에 있다.

5. 교회는 어디에?

만약 우리가 우리 자녀들을 보호하지 않는다면, 왜 우리는 자신을 그리스도의 추종자라고 부를까?

예수님은 아이들에 관한 한 관대하셨다.

이 작은 자들 가운데 한 사람이라도 죄짓게 하는 사람들에게 하신 주 예수 그리스도의 말씀을 다시 한번 읽어 보자.

> 또 누구든지 내 이름으로 이런 어린아이 하나를 영접하면 곧 나를 영접함이니, 누구든지 나를 믿는 이 작은 자 중 하나를 실족하게 하면 차라리 연자맷돌이 그 목에 달려서 깊은 바다에 빠뜨려지는 것이 나으니라 실족하게 하는 일들이 있음으로 말미암아 세상에 화가 있도다 실족하게 하는 일이 없을 수는 없으나 실족하게 하는 그 사람에게는 화가 있도다 (마 18:5-6).

나는 고인이 된 내 친구 마크 부벡(Mark Bubeck)이 쓴 『이리 사이에서 양 기르기』(*Raising Lambs Among Wolves*)라는 책의 제목을 사랑한다. 책이 다른 제목으로 수정·재인쇄되었지만, 예수님이 '양과 이리' 이미지를 사용한 데서 유래한 원제목의 단어로 돌아온다.

---

30 arp2020, "Shame on Sprite", *American Renewal Project*, https://theamericanrenewalproject. org/2019.11/shame-on-sprite/.

자신이 성전환자라고 생각하는 아이들에 대해서는 아이들의 말에 귀를 기울이고, 고민을 들어 주며, 마음과 욕망에 대해 자유롭게 말할 수 있는 안전한 장소를 제공해야 한다. 우리는 자신이 생각하는 것이 '진짜'라는 명목으로 행해지는 신체 변형 수술에 대해 경고해야만 한다. 이러한 수술을 받은 사람들의 이야기는 점점 더 많아지고 있는데, 그들은 이것이 그들의 불안을 치유하거나 그들이 기대했던 행복감을 가져오지 못했다는 것을 발견한다. 그들의 자살률은 41퍼센트에 이른다.[31]

우리의 어린 양이 이교도의 성, 일탈적 행동의 정상화, 남녀에 대한 하나님의 의도에 대한 조롱에 교화되고 있다면, 자녀들을 공립학교에 배치하는 것은 위험하다. 예수님의 말씀이 생각난다.

> 예수께서 이르시되 어린 아이들을 용납하고 내게 오는 것을 금하지 말라 천국이 이런 사람의 것이니라 하시고(마 19:14).

그때 우리는 예수님이 그들을 품에 안으시고 축복하셨음을 읽었다.

나는 예수님이 그 아이들을 데리고 가서 너희들은 두 명의 엄마나 두 명의 아빠, 또는 그 어떤 조합도 가질 수 있다는 것을 가르치려고 기다리는 이교도들에게 그들을 넘겨주시는 것을 상상할 수 없다. 나는 그분이 아이들에게 성적인 실험을 하도록 격려하고 그들이 원하는 다양한 '성별' 중 하나를 선택하도록 하시는 것을 상상할 수 없다.

1970년대 초, 나는 목회하던 교회에서 제공한 나무를 집 밖에 심었다. 당시 나는 나무의 몸통이 약간 휘었다는 것을 알고, 구덩이를 파서 땅에 넣은 후, 내가 할 수 있는 한 최대한 똑바로 펴서 묻고 곧게 자라기를 바랐다. 거의 50년이 지난 지금, 나는 가끔 그 집을 지나쳐 간다. 이제 아마

---

31 Lawrence S. Mayer and Paul R. McHugh, *Sexuality and Gender, The New Atlantis*, Fall 2016, https://www.thenewatlantis.com/publications/executive-summary-sexuality-and-gender.

도 9미터 정도 되는 그 나무가 여전히 꼬부라진 몸통을 가지고 있는 것을 본다.

우리는 창조 기록으로 돌아가 하나님께서 남자와 여자라는 두 가지 성을 창조하셨다는 사실을 상기시켜야 한다. 창조주로서의 하나님에 대한 믿음이 없다면 우리의 삶과 우리가 결혼, 가족 그리고 성 정체성을 가지도록 의도된 역할을 이해할 희망이 거의 없다. 마이클 브라운(Michael Brown)의 말을 다시 인용한다.

> 우리는 사람들이 내적 고통에서 해방되는 것을 보고 싶다. 우리는 그들이 경험하고 있는 정서적 고통에 대한 해결책을 찾기를 원한다. 그러나 어떤 동정심도 생물학적 및 염색체 현실을 바꿀 수는 없다. 성전환운동이 벽에 부딪히기 시작한 것도 그 때문이다. 과학이 그것을 반대하고 있다.[32]

불신앙은 비정상적인 성생활과 항상 함께한다.

> 하나님을 알되 하나님을 영화롭게도 아니하며 감사하지도 아니하고 오히려 그 생각이 허망하여지며 미련한 마음이 어두워졌나니, 스스로 지혜 있다 하나 어리석게 되어, 썩어지지 아니하는 하나님의 영광을 썩어질 사람과 새와 짐승과 기어다니는 동물 모양의 우상으로 바꾸었느니라. 그러므로 하나님께서 그들을 마음의 정욕대로 더러움에 내버려 두사 그들의 몸을 서로 욕되게 하게 하셨으니, 이는 그들이 하나님의 진리를 거짓 것으로 바꾸어 피조물을 조물주보다 더 경배하고 섬김이라 주는 곧 영원히 찬송할 이시로다 아멘(롬 1:21-25).

우리는 우리의 아이들을 공격하는 것에 대항할 용기가 있는가?
아니면 그 괴롭히는 자들이 다음 세대를 위한 싸움에서 이길까?

---

32 Michael Brown, "The Great Transgender 'Awokening'", *The Stream*, July 12, 2019, https://stream. org/great-transgender-awokening/.

유혹적인 망상은 우리의 미디어의 중심적이고 정치적으로 정당한 문화에서 통용되고 있다. 우리는 그들이 도덕적 우위를 점했다고 주장하면서 우리를 증오하는 이름으로 부를 급진주의자들에 대해 항상 대비해야 한다.

우리는 정신을 바짝 차리고 자신의 성 정체성과 씨름하는 많은 사람이 있다는 것을 깨달아야 한다. 그들은 동성애자거나 성적인 문제와 씨름하고 있을 수 있다. 성경상담사협회의 히스 램버트(Heath Lambert)는 이렇게 말했다.

> 성전환자를 사랑하기 위해서는 교회가 제공할 수 있는 관계적 맥락이 필요한 복잡한 죄와 고통의 층을 헤쳐 나가야 한다.[33]

이것이 잘못됐다고 하면 사형선고를 받겠지만 어쩔 수 없다. 사람들은 그들의 고통에 기대어 그들의 내적 공포와 고통을 피하려고 기만적인 해독제를 찾아서는 안 된다.

우리는 비록 성경적으로 말하면 결혼에서 1남 1녀 관계 이외의 성적 관계를 인정하지 않지만, 우리 교회는 성적 정체성으로 어려움을 겪는 모든 사람을 환영하는 것을 특권으로 간주해야 한다.

누군가에게 우리를 소개할 때, 우리는 "나는 게이 그리스도인이다"라고 말해야 할까 아니면 "나는 성전환 그리스도인이다"라고 말해야 할까?

이에 대해 앤 포크(Anne Paulk)는 현명한 대답을 했다.

> 사탄은 당신을 당신의 죄악된 이름으로 부르고, 하나님은 당신을 정체성 문제로 고군분투하는 그리스도인이라고 부르신다.

---

33 Jamie Dean, "Suffer the children", *World*, April 15, 2017, https://world.wng. org/2017/03/ suffer_the_children.

성 정체성, 당신이 타고났던 성별은 자기 지식의 기본이다.

우리는 인간의 마음이 기만적인 경향이 있음을 인식할 때에 다른 사람들이 신성한 관점에서 문제를 볼 수 있도록 도울 수 있다. 어둠 속을 걷는 사람은 사물을 있는 그대로 보는 것이 아니라, 그들이 원하는 대로 사물을 본다는 것을 기억하라.

> 악인의 길은 어둠 같아서 그가 걸려 넘어져도 그것이 무엇인지 깨닫지 못하느니라 (잠 4:19).

내 생각에 교회는 오늘날의 문화에서 성적인 정신이 완전히 무너지는 것을 막는 마지막 보루다. 그리고 우리가 언론, 법정, 정치인에 대해 무력하다고 느낀다면 누가 우리 교회의 머리인지 우리 자신을 상기시키도록 하자(엡 1:21-22 참조).

고통에 눈이 멀고 공허함을 달래려고 하는 세상에, 예수님은 이렇게 약속하신다.

> 수고하고 무거운 짐 진 자들아 다 내게로 오라 내가 너희를 쉬게 하리라. 나는 마음이 온유하고 겸손하니 나의 멍에를 메고 내게 배우라 그리하면 너희 마음이 쉼을 얻으리니, 이는 내 멍에는 쉽고 내 짐은 가벼움이라 하시니라(마 11:28-29).

예수님은 항상 우리와 함께 참호에 계신다.

(기도 후에 부모님을 위한 유용한 자료 목록을 제공했으니 참조하기를 바란다.)

6. 우리 모두의 기도

아버지!

우리는 모두 항상 죄가 가져다주는 부서짐을 경험합니다. 학대받고 방치되고 공허함과 혼란에 허덕이는 아이들뿐 아니라 한부모 가정에서 태어난 아이들에 대한 우리의 마음은 무겁습니다. 오늘날 널리 받아들여지고 있는 도덕적, 문화적 거짓말의 미로 속에서 희망을 찾으려 애쓰며 손을 내밀고 있는 아이들을 향한 우리의 마음은 무너집니다.

우리는 주의 말씀에서 이교도의 아이들까지도 주의 것이라고 읽었습니다. 주께서 이스라엘 백성이 주님의 자녀들을 도살한 죄로 고발하셨습니다(겔 16:21). 이 세상의 모든 자녀가 주님께 속해 있습니다. 예수님께서 자녀들을 자기 품에 안으시고 축복하여 자녀에 대한 그의 사랑을 본보기로 삼으셨습니다.

우리를 용서해 주십시오. 우리는 편협하거나, 사랑하지 않거나, 현실과 동떨어진 것으로 생각되는 것을 원치 않았기 때문에 그 문화가 우리의 아이들을 키우도록 내버려 둔 것을 뉘우칩니다. 우리는 소위 관용과 절제되지 않은 관능의 외국의 신들에게 우리 아이들을 준 것을 뉘우칩니다. 우리 삶의 발판으로 마련한 통신기술 자원을 통해 방송되는 문화적 거짓말로부터 우리 가족을 보호하기 위해 충분한 주의를 기울이지 않았음을 고백합니다.

아버지, 학교에서 제시하는 세속적 의제가 우리 아이들의 핵심 가치를 재구성하는 것을 막기 위해 우리가 조처하는 데 필요한 지혜를 주십시오. 우리 아이들의 마음이 문화적 압력과 기대에 끌리지 않도록 기도합니다.

겁쟁이의 삶을 끝내게 하소서. 바울이 디모데에게 전한 말을 명심하고, 주의 말씀 앞에 엎드려 경배합니다.

악한 사람들과 속이는 자들은 더욱 악하여져서 속이기도 하고 속기도 하나니, 그러나 너는 배우고 확신한 일에 거하라 너는 네가 누구에게서 배운 것을 알며, 또 어려서부터 성경을 알았나니 성경은 능히 너로 하여금 그리스도 예수 안에 있는 믿음으로 말미암아 구원에 이르는 지혜가 있게 하느니라(딤후 3:13-15).

하나님!
자비를 베풀어 주소서.
예수님의 이름으로 기도합니다. 아멘.

우리가 스스로 준비할 수 있는 가장 좋은 방법 중의 하나는 우리 아이들의 삶에 압도적인 영향을 미치는 문화를 다루는 자원을 활용하는 것이다. 자녀를 하나님의 편에 두기 위해 아래 도서 세 권을 추천하고자 한다.

- 『지속적인 신앙을 구축하는 데 도움이 되는 40가지 대화』(*40 Conversations to Help Them Build a Lasting Faith*), 나타샤 크레인(Natasha Crain) (Eugene, OR: Harvest House Publishers, 2016).
- 『엄마 곰 사과학: 아이들에게 문화적 거짓말에 도전할 수 있는 권한 부여』(*Mama Bear Apologetics: Empowering Your Kids to Challenge Cultural Lies*), 힐러리 모건 페레 총편집장(general editor Hillary Morgan Ferrer) (Eugene, OR: Harvest House Publishers, 2019).
- 『복구 불능의 손상: 우리 딸들을 유혹하는 트랜스젠더 열풍』(*Irreversible Damage: The Transgender Craze Seducing Our Daughters*), 아비가일 쉬리어(Abigail Shrier) (Washington, DC: Regnery Publishing, 2020).

또한, 학부모들이 성경적 관점에서 대중문화를 평가할 수 있도록 돕기 위한 웹사이트도 마련되어 있다. 영화, 팟캐스트 및 웹사이트에서 최신 상태를 유지하며 www.CounterCultureMom.com에서 유용한 자료를 얻을 수 있다.

제7장

자본주의는 병, 사회주의는 치료제?

시위대가 외친다.

"이익 창출이 아닌 사람이다!"

여러분은 사회주의를 옹호하는 많은 사람이 그것을 어떻게 정의하는지 모른다는 사실에 놀랄지도 모른다. 그들에게 있어서, 그것은 '무료'라는 한 단어로 요약된다. 사회주의는 무료 대학, 무료 의료, 무료 노후 보장, 안정된 직장 그리고 무료의 안락한 삶을 제공할 것이다.

사회주의 세계에서는 정부가 소득 평등을 보장할 것이기 때문에 아무도 뒤처지지 않을 것이라고 한다.

왜 부자들이 그들의 부를 가난한 사람들, 소외된 사람들 그리고 차별받는 인종과 공유해서는 안 되는가?

우리 문화에서 교회의 역할에 초점을 맞춘 책이 왜 사회주의에 관한 장을 포함하는지 궁금할 것이다. 결국, 기독교는 어떤 경제적, 정치적 체제에서도 살아남을 수 있다는 것을 증명했고, 교회는 카이사르의 통치하에서 시작되었고, 매우 훌륭하게 살아남았다.

러시아에서 수십 년간 공산주의 통치 기간에 비록 심각한 박해로 인해 방해를 받았지만 인내했다. 중국의 교회는 광범위한 탄압과 무서운 박해에도 불구하고 계속 살아남고 있다. 그 교회는 공산주의와 사회주의 아래서 심지어 최악의 상황에서도 살아남을 수 있다.

 나의 관심사는 사회주의가 가진 속임수 그리고 사회주의 체제가 그처럼 매력적으로 보이는데도 불구하고 왜 그것은 필연적으로 빈곤을 영속화하고 자유를 제한하며, 그 체제 아래에서 사람들의 사기가 꺾이는지 등과 관련이 있다. 사회주의는 본래 교회의 자유와 복음 사역으로 관대할 수 있는 능력을 침해한다.

 미합중국은 그의 모든 잘못에도 불구하고 시민들이 매년 사역을 포함한 가난한 사람들을 돕기 위해 자선단체에 4,000억 달러(약 531조 7520억원) 이상을 기부하는 것에 대해 감사해야 한다.[1] 미국의 관대함에 필적할 사회주의 국가의 이름을 댈 수는 없다.

 미국은 다른 나라들이 국가적 비극을 겪을 때 도움을 줄 수 있는 가장 관대한 나라다. 우리의 삶의 질이 세계의 부러움을 사는 데는 이유가 있다. 그렇다. 미국에도 가난은 있다 …. 그러나 그것은 사회주의가 고칠 수 있는 문제가 아니다. 앞으로 우리가 보게 되는 바와 같이, 자본주의 경제만이 더 많은 사람에게 더 많은 기회를 가져다줄 필요한 부를 창출할 수 있다. 우리 자본주의 경제는 전 세계에 의료, 식량 공급 등을 제공하는 복음주의 사역들을 지원할 수 있었다.

 사회주의란 무엇인가?

 다시 말해서, 그것은 정부 소유다. 또는 한 단어로 정의하면, 그것은 통계학이다. 정부가 생산수단에 대한 소유권을 갖고 공정한 방법으로 부를 재분배할 것을 약속한다. 겉으로는 빈곤과 재정 불안에 대한 매력적인 해결책처럼 보인다. 우리는 '월가점령운동'을 기억한다. 그들의 구호는 이렇게 요약할 수 있다.

 "월가가 지불하게 하라!"

---

1 "Fewer Americans are giving money to charity but total donations are at record levels anyway", The Conversation, July 3, 2018, https://theconversation.com/fewer-americans-are-giving-money-to- charity-but-total-donations-are-at-record-levels-anyway-98291.

그냥 보기에는 너무 좋은 선택인 것 같다.

코로나19 전염병은 정부가 지불할 수 있는 개념을 부채질했다. 기업을 구제하고 수백만의 신규 실업자들에게 수표를 지급하도록 수조 달러가 승인되었다. 우리는 다음과 같은 질문을 해야 한다.

이것이 큰 정부가 우리 국가의 이익을 위해 경제를 인수해야 하는 실례가 될 수 있을까?

우리는 이것을 이 장의 뒷부분에서 더 자세히 살펴볼 것이다.

지금은 오늘날까지도 우리에게 영향을 미치는 경제이론인 카를 마르크스의 철학적 관점을 생각해 보자. 그러면 우리는 그가 가르친 것과 일부 정치인이 널리 주장하는 '민주사회주의'가 무엇인지 구별할 수 있을 것이다.

1. 마르크스의 무덤 통치

카를 마르크스는 독일 라인랜드에서 유대인 부모 사이에서 태어났다. 그가 6살 때, 그의 아버지는 온 가족과 함께 루터 교인으로 세례를 받았다. 파리에서 공부하는 동안, 마르크스는 1844년에 프리드리히 엥겔스(Fried-rich Engels)를 만났고, 4년 후, 그들은 그들의 유명한 정치 문서인 '공산당선언'을 발표했다.

마르크스는 영국의 산업혁명에서 그가 본 학대에 대해 걱정했다. 값싼 노동력이 풍부해 부자들은 열악한 근로 환경을 유지하면서 낮은 임금을 지불하는 것이 가능했다. 여성과 아이들은 장시간 노동을 강요당하고 있었고, 과밀한 빈민가가 만연해 있었다. 마르크스의 관점에 따르면, 이러한 착취를 당한 노동자들은 생산수단에 대한 통제력을 얻을 필요가 있었다.

그의 철학은 다음 세 가지 신념에 기반을 둔다.

첫째, 물질은 최종적인 현실(물질주의)이며, 신이나 인간의 영혼은 육체의 죽음에서 살아남는 것이 없다는 믿음에 바탕을 두고 있었다.
둘째, 경제력은 지속적인 역사의 전진과 상승을 가능하게 한다.
셋째, 사유 재산은 모든 악의 근원이다.

마르크스는 기독교를 억압의 원천으로 보고 증오했다. 그에게 성경의 하나님은 사람들을 불의와 사회적 억압에 얽매이게 하는 잔인한 폭군이었다. 그는 종교를 '사람들의 아편'이라고 묘사했다. 경제적 평등이 확립되기 위해서는 교회에 대한 충성이 국가에 대한 충성으로 대체되어야 했다. 그가 인위적으로 만들어졌다고 믿었던 핵가족은 재정렬되어야 하고, 억압받는 어머니들은 해방되어야 했다. 레닌은 이렇게 말했다.

인구의 절반이 부엌에서 노예가 된다면 우리는 자유로울 수 없다.[2]

마르크스는 정부가 승인한 학교가 실제로 국가에 속한 아이들을 키우려면 어머니들은 집 밖에서 일해야만 한다고 믿었다. 가족 단위는 더는 독립적이고 경제적인 사회 단위로 간주하지 않았다. 공동 주택은 개인 주택을 대체해야 했다. 목표는 왕과 하인, 자본가와 노동자, 부자와 가난한 사람, 아내와 남편이 없는 계급 없는 사회로 자녀들의 세계관을 형성하는 것이었다.

마르크스주의의 기본적인 경제적 공리는 부자들이 부유하기 때문에 가난한 사람들이 가난하다는 것이다. 자본주의자는 억압자이고, 가난한 자는 그들의 희생자다. 부자들이 자발적으로 부를 나누지 않을 것이기 때문에, 유일한 길은 국가가 사유 재산을 몰수하여 부와 이익을 재분배하도록 한다는 것이다. 엄격한 통제와 경제적 감시를 통해서만이 평등과 정의가

---

2   As cited in Joseph K. Folsom, *The Family and Democratic Society* (London: Routledge, 1949), 198.

승리할 수 있다.

그의 능력에 따라 각자에게서, 그의 필요에 따라 각자에게로.[3]

우리는 자본주의는 탐욕에 바탕을 두고 있으며, 사회주의는 필요에 바탕을 두고 있다고 들었다.

법은 무엇인가?

마르크스는 법을 계급 탄압의 수단으로 보았다. 그의 말을 인용하면 다음과 같다.

정치적이든 시민적이든 법률은 경제 관계의 의지를 선언하고 말로 표현하는 것 이상의 일을 절대로 하지 않는다.[4]

마르크스의 관점에서, 모든 문화를 초월하는 고정된 법칙은 없다. 그것들은 무산 노동자 계급을 통제하는 수단으로 통치자들에 의해 발명되었다. 간단히 말해서, 법은 계급 착취의 수단으로만 존재한다.

마르크스는 혁명이 완료된 후에 사람들은 자본주의 법에서 마르크스주의 법으로 바뀌게 될 것이라고 가르쳤는데, 그것은 하나님이 주신 권리는 없고 국가가 부여한 권리만 있다는 것이다. 실제로 수년 뒤 러시아 마르크스주의 여성들이 포섭되어 스파이로서 매춘부 역할을 할 때 "당신의 몸은 당신 소유가 아니라 국가의 소유다"라는 말을 들었다.

3   Karl Marx, *Critique of the Gotha Program*, http://libcom.org/library/critique-of-the-gotha-program-karl-marx.

4   Karl Marx, *The Poverty of Philosophy* (Moscow: Foreign Languages Publishing House, 1955), 93; Quoted in John W. Montgomery, "The Marxist Approach to Human Rights Analysis and Critique", *The Simon Greenleaf Law Review* (Santa Ana, CA: Simon Greenleaf School of Law, 1981), 39.

그건 그렇고, 1973년에 미국 대법원이 로와 웨이드의 재판(Roe v. Wade)에서 낙태를 합법화하는 결정의 근거가 된 것은 이 마르크스주의 국가 권리의 개념이었다. 어머니에게 낙태의 권리를 부여한 판결은 국가가 태아의 생명 보호에 대한 강력한 관심이 없다는 가정에 근거한 것이었다. 하나님이 부여한 태아의 생존권에 대해서는 아무 말도 하지 않았다. 오히려 임산부의 사생활이 결정적 요인이었다.

국가의 권리가 하나님이 주신 권리를 대리할 때, 우리는 낙태에서 유아 살해로 그리고 안락사로 쉽게 이동할 수 있다. 중국 역시 같은 가정에 근거하여 강제 낙태법을 시행하고 있으며, 출산은 다른 경제 결정과 마찬가지로 국가 계획의 문제일 뿐이다. 부부들이 원한다고 해서 아기를 낳는 것은 허용되지 않는다.

권리를 창출하는 것은 하나님이 아닌 국가이기 때문에 국가의 인권 침해에 대해 논리적으로 국가를 비판할 수 없다. 결국, 국가 없이는 인권이 전혀 없을 것이며, 국가가 자신을 비판할 권리가 없다고 말한다면 그런 것이다. 국가는 권리를 부여하기도 하며 취소하기도 한다. G. K. 체스터턴(G. K. Chesterton)은 이렇게 잘 표현했다.

> 우리가 오직 하나님을 믿을 때만 정부를 비판할 수 있다. 일단 하나님을 배제하면 정부가 신이 된다. … 진실은 비종교가 사람들의 아편이라는 것이다.[5]

마르크스의 이론들은 전적으로 물질주의적이고 반신적인 기반 때문에 외면되어야 하지만 그런데도 마르크스주의 매력을 이해할 수 있다. 중남미와 같은 곳에서는 자본주의 체제가 부패하고 가난한 이들이 착취를 당

---

[5] G.K. Chesterton, *The Collected Works of G.K. Chesterton, Vol. 20* (San Francisco: Ignatius Press, 2001), 57-58.

하기 때문에 해방신학(문화막시즘)이 인기가 있다. 부자들의 부를 빼앗아 가난한 자들에게 나눠 줌으로써 경제 파이를 공평하게 나누겠다고 약속하는 혁명은 공평하고 공정하게 들릴 것이다.

결국, 부자들은 가난한 사람들을 착취하고, 정치인들은 뇌물을 받고, 관료들은 무기력한 사람들을 희생시키면서 국고에서 훔친 것으로 자신들을 부유하게 한다. 국가가 평등한 분배의 철학을 주장함으로써 이러한 광기를 통제할 혁명은 좋은 일인 것처럼 보인다.

거기에서 잃을 것은 무엇인가?

1980년대 중반 러시아를 방문한 후(1989년 베를린 장벽이 무너지기 전), 나는 마르크스주의가 러시아 사람들에게 왜 그렇게 매력적인지 더 잘 이해하게 되었다. 그들은 그들의 고통과 비참한 가난에 대해 고의로 무시하며, 사람들을 노예로 삼고 가혹하게 대했던 러시아 차르들의 지배하에 끔찍한 고통을 겪었다. 사람들은 부와 화려함의 한계를 알지 못하는 이 호화로운 통치자들을 위해 일했다.

국가가 그 모든 부와 권력을 몰수하여 어느 정도 평등하고 공정하게 분배하는 것은 타당하지 않을까?

볼셰비키는 여러모로 평범한 사람을 위해 싸우고 있었고, 어느 정도 괜찮은 생활 조건과 안전을 누릴 권리가 있는 억압받는 사람들의 편을 들었어야 했다.

하지만 슬프게도 그렇지 않았다. 그 약속들은 공산주의 최고 관료제에 의해 사라졌고, 국가는 임금을 통제했고, 누구에게 어떤 일자리를 줄지 결정했으며, 부패는 배가되었다. 국가권력의 증가는 교회가 폐쇄되고 종교의 자유가 거부되며, 국가 규칙을 따르기를 거부한 사람들이 처형된다는 것을 의미했다. 임금은 평준화됐지만, 공기업들은 비효율과 무관심한 노동자들의 무게로 무너졌다. 그리고 해방을 약속한 관료들은 도둑이 되었다.

공산주의 정권에 의해 살해된 수백만 명의 사람들은 헛되이 죽었다. 정부의 소유, 보장된 임금 그리고 국가의 우월성에 대한 마르크스주의의 경험은 실패하였다. 그것은 가시 박힌 철조망, 국가 정책에 반대하는 것에 대한 엄중한 처벌 그리고 국가 운영 검열 뒤에서만 성공할 수 있었다. 그리고 공산주의가 시도되는 곳마다 그것은 실패할 것이다. 반드시 실패한다.

그러면 자본주의는 더 나을까?

자본주의는 오늘날 미국과 다른 나라에서 많은 사람에 의해 공격받고 있다. 35년 전, 로버트 내쉬(Robert Nash)는 자본주의에 대항하는 공격을 이렇게 묘사했다.

> 자본주의는 그것의 탐욕, 물질만능주의와 이기주의, 사기행위의 만연, 사회 취향의 타락, 환경의 오염, 사회 내부의 소외와 절망 그리고 막대한 빈부격차 등 현대 사회의 모든 악의 원인으로 지목된다. 인종차별과 성차별도 자본주의의 영향으로 취급된다.[6]

자본주의는 재정적 불평등의 원인일 뿐만 아니라 미국의 모든 성차별, 외국인 혐오증, 백인우월주의의 뿌리라고 말한다. 일부는 미국의 자본주의 체제가 전 세계에 해를 끼쳤다고 말하기까지 한다. 미국 자본주의에 의한 착취로 인해 다른 나라들은 빈곤으로 전락했다고 한다. 그들은 자본주의의 가면을 벗겨 내고 그것의 해악을 드러내야 한다고 말한다. 마르크스주의자들은 "우리가 교수형에 처했던 마지막 자본가는 우리에게 밧줄을 팔아넘긴 자가 될 것이다"라고 말했다.

우리는 러시아에서 마르크스주의 정권이 실패한 원인을 들었다. 문화막시즘이나 사회주의는 이러한 약점을 고칠 것이다. 문화막시즘은 국가가 기업과 부를 점진적으로 인수할 수 있다는 생각을 조장한다는 것을 기억

---

6   Ronald H. Nash, ed. *Liberation Theology* (Milford, MI: Mott Media, 1984), 50.

하라. 이러한 변화는 국민의 의지에 따라 민주적으로 이뤄질 수 있다. 사람들은 일단 그들이 이런 형태의 정부의 '가치'를 보게 되면, 그들은 그것을 원할 것이다.

1) 문화막시즘 또는 민주사회주의

민주사회주의(문화막시즘, Democratic socialism/cultural Marxism)는 마르크스주의 철학의 과잉을 제거하겠다고 약속한다. 그것은 마르크스주의 아류일 뿐이다. 이러한 형태의 마르크스주의적 사회주의는 민주적 가치와 결합될 수 있다고 한다. 공직에 적합한 후보자를 선출함으로써 월가는 부를 공유하는 메인 스트리트가 될 것이다. 모든 사람이 부자에게 한정된 특권을 누릴 수 있도록 자원을 재분배해야 하지 않을까?

나는 마르크스주의 원칙을 반복한다.

그의 능력에 따라 각자에게서, 그의 필요에 따라 각자에게로.[7]

(자본주의는 국가가 각자의 능력 발휘를 통하여 각자의 필요를 충족하도록 하지만 마르크스주의는 각자의 필요를 국가가 충족시킨다는 것이다.-역자 주) 이전 장에서 만난 마르크스주의자인 헤르베르트 마르쿠제(Herbert Marcuse) 는 이렇게 말했다.

전통적인 혁명의 개념과 전통적인 혁명 전략은 끝났다. 이 아이디어들은 구식이다. … 우리가 착수해야만 하는 것은 일종의 확산과 분산된 시스템의 해체다.[8]

7 Karl Marx, *Critique of the Gotha Program*.
8 William S. Lind, ed., "Political Correctness: A Short History of an Ideology", Free Congress Foundation, November 2004, 10, http://archive.discoverthenetworks.org/viewSub-

다시 말해서, 마르크스주의는 정치적, 문화적 통제로 점차 힘과 지지자를 얻는다. 결국, 이것은 일종의 유토피아를 실현할 것이라고 한다. 문화막시즘의 비전은 탐욕, 인종차별, 계급구조가 없는 미국이다.

데이비드 호로위츠(David Horowitz)의 설명을 들어 보자.

> 급진적 시각에서 인간은 일단 제도적 억압에서 해방되면 천부적인 선량함이 발현되어 전통적인 힘의 딜레마는 더는 존재하지 않게 된다. 사회 정의가 팽배하고 권한 부여에 관한 골치 아픈 문제가 없는 미래다.[9]

이것은 거기에 도달하기 위한 수단을 정당화한다.

반복하자면, 민주사회주의는 국가가 점점 더 많은 생산수단을 점진적으로 소유하고 따라서 재화와 서비스를 통제하더라도 개인의 자유를 존중한다고 주장한다. 그것은 의료 옵션을 제한하고 시술에 대한 임금과 비용을 정하는 보편적인 의료 시스템을 구축하는 것으로 시작된다. 그것은 무료 대학을 제공하고 가난한 사람들에게 더 많은 보조금을 줄 것이다.

가진 사람과 없는 사람의 격차를 줄여 시민의 생활과 생활 조건을 공평하게 만든다고 한다. 그것은 민주적이라고 하지만 앞으로 우리가 보게 될 것처럼 결국 민주적 전체주의의 한 형태가 될 것이다.

민주사회주의가 약속을 이행할 수 있는가?

우리는 민주사회주의를 평가할 것이다. 그러나 먼저 마르크스주의가 주도하는 또 다른 목표에 관해 이야기해 보도록 하겠다.

Category. asp?id=1332.

9 David Horowitz, *Unholy Alliance: Radical Islam and the American Left* (Washington, DC: Regn- ery Publishing, 2004), 47.

2) 기후 변화의 중요성

앨 고어 전 부통령은 오랫동안 사람들에게 '지구 온난화'의 위험에 대해 경고해 왔다. 하지만 지구가 더워졌다는 것을 증명하는 증거가 이전에 주장했던 것보다 적었기 때문에, 그 용어는 '기후 변화'로 조정되었고, 이것은 우리 행성에 대한 실존적 위협이라고 한다.

십 대 청소년 그레타 툰베리(Greta Thunberg)는 유엔총회 앞에 서서 다음과 같이 말했다.

> 우리는 대멸종의 시작에 있으며, 여러분이 말할 수 있는 것은 돈과 영원한 경제 성장의 동화뿐이다. 어떻게 감히 그럴 수가 있을까![10]

많은 사람이 그녀의 의견에 동의하고 "우리는 지금 무언가를 해야 한다"라며 의제를 추진했다.

급진적인 세속주의자들이 기후 변화에 대해 그렇게 완강한 이유는 두 가지다.

첫째, 자본주의가 억압적이며 자연을 착취하여 세상을 살 수 없게 만든다는 마르크스주의 개념 때문이다. 스티븐 힉스(Stephen Hicks)의 '자본주의가 원인'이라는 설명을 보자.

> 그리고 자본주의는 부를 생산하는 데 매우 능숙하므로 환경은 제1의 적이 된다.[11]

---

10 Greta Thunberg's address to the United Nation's Climate Action Summit 2019, https:// www. npr.org/2019/09/23/763452863/transcript-greta-thunbergs-speech-at-the-u-n-climate-action-summit.

11 Stephen R.C. Hicks, *Explaining Postmodernism: Skepticism and Socialism from Rousseau to*

세속주의자들은 모든 자연이 똑같이 신성하다고 말한다.

> 세균에서 나무, 이, 땅돼지 그리고 인간에 이르기까지 모든 종은 도덕적 가치가 동등하다.[12]

결국, 진화론은 우리가 동물의 세계를 통해 성장했다는 것을 가르친다. 따라서 우리는 생명의 연속체 일부일 뿐이고, 이것은 동물의 생명이 우리 자신의 생명과 마찬가지로 신성하다는 것을 의미한다. 낙태를 조장하는 데 가장 골몰하는 세속주의자들 역시 곤충과 동물의 서식지를 방해한다는 이유로 송유관 건설을 거부하고 있는 이유가 여기에 있다. 딱정벌레와 태아는 동등하게 여겨진다.

뉴욕의 유니언신학교(Union Theological Seminary)에서 학생들은 식물에 참회했다. 그렇다. 여러분은 다음과 같은 권리를 읽는다. 그들은 식물에 참회했다. 그들은 심지어 그것에 대해 트윗을 했다.

> 우리는 함께 우리의 비탄, 기쁨, 후회, 희망, 죄책감 그리고 슬픔을 기도문에 담았다. 우리를 지탱해 주지만 우리가 너무 자주 존중하지 못했던 존재들에게 이것을 바친다.

이 신학교는 이것이 〈채굴주의:의식/전례적 응창〉[13]이라는 수업의 일부라고 설명했다.

그리고 더 많은 이야기가 있다.

Foucault (Loves Park, IL: Ockham's Razor Publishing, 2004), 155.

12 Hicks, *Explaining Postmodernism*, 156.

13 Veery Huleatt, "Progressive seminary students offered a confession to plants. How do we think about sins against nature?" *The Washington Post*, September 18, 2019, https:// www. washingtonpost.com/religion/2019/09/18/progressive-seminary-students-offered-confession-plants-what-are-we-make-it/.

물론 그리스도인으로서 우리는 환경의 훌륭한 청지기가 되어야 한다. 하나님은 우리에게 자연의 세계와 동물을 착취하지 않고 책임감 있게 사용하도록 주셨다. 우리는 우리의 청지기 직분에 관해 설명할 것이다. 플라스틱 사용을 줄이고, 폐기물을 적절하게 처리하고, 기타 환경적으로 양심적인 수십 가지 조치를 우리의 의제로 삼아야 한다. 그러나 우리는 또한 창조주와 피조물을 구별해야 한다.

그리고 할 말이 더 남아 있다.

둘째, 세속주의자들이 기후 변화에 대처하기 위해 수조 달러를 투자하려는 이유는 정부가 경제를 쉽게 통제할 수 있기 때문이다. 이것은 문화적 마르크스주의자들의 눈에는 항상 덤이다. 그들에게 큰 정부는 항상 거대 기업보다 낫다. 그리고 미국이 기후 변화에 전념하는 다른 국가들과 더 많은 부를 공유함으로써 이것은 또한 평등의 형태를 띤다. 억압자가 피억압자들에게 자원을 돌려주는 것이다.

결국, 세계의 병은 미국의 글로벌 지배가 원인이라고 비난하고 있다. 백인 우월이라는 구절을 '미국 우선주의'로 번역하면 우리가 모두 '부자' 미국을 증오해야 하는 이유에 대한 문화막시즘의 추론을 더 잘 이해할 수 있을 것이다.

미국은 세계에 빚을 지고 있다는 것이다.

2. 민주사회주의 사례 연구

민주사회주의가 가난과 우리 문화의 인종차별에 대한 해답이 될 수 있을까?

민주사회주의를 지지하는 가장 큰 주장 중 하나는 정부가 임금과 물가 통제를 해야 한다는 것이다. 그것은 자본주의가 영감을 주는 '경쟁 입찰'의 대상이 아니다. 사회주의 정부는 다양한 상품이 팔리지 않거나 자본주의 경제에서는 폐기될 상품이라도 가치 판단을 내리고 보조금을 지원할 수 있다.

정부의 통제는 임금 안정을 가져다줄 것이며 상위 1퍼센트의 부유층이 나머지 99퍼센트를 합친 것보다 더 많은 임금을 갖는 것을 허용하지 않을 것이다. 평등은 소득 규모 최하위를 위해서는 최저 임금이, 최상위에는 최고 임금을 적용해야 할 것이다.

그러나 민주적 다양성을 가지고 있다고 하더라도 사회주의가 한 약속이 오래가지 못하는 이유가 있다. 의도는 좋으나, 오랫동안 지속하면 실패한다. 사회주의는 존재하지 않는 곳으로 가는 사다리를 세운다.

그들은 부의 분배에 대해 말하지만 분배할 부를 창조할 방법이 없다!

스웨덴은 종종 민주사회주의를 시행한 나라의 한 예로 제시된다.

맞다. 하지만 이것은 실제로 실패한 사회주의 정책의 한 예다(이 시기 1980년대 후반에 대한민국은 수출에서 스웨덴을 추월하였고, 스웨덴은 지속해서 추락하였다-역자 주).

사상가 요한 노버그(Johan Norberg)는 1980년대 초까지 스웨덴은 자본주의, 작은 정부, 낮은 세금으로 부자가 된 나라라고 지적했다. 그것은 부를 남길 만큼 높은 생활 수준을 누렸다. 그 나라는 사회주의를 실험하기로 했고, 정부의 규모를 늘리고 세금으로 지급한 무료 상품과 서비스를 분배했다. 임금과 물가통제는 모든 시민에게 소득 평등을 제공하기 위한 것이었다.

그 결과 스웨덴이 더는 혁신적 성장과 경쟁에 호의적이지 않았기 때문에 기업들이 스웨덴을 떠나기 시작했다. 생활 수준이 떨어지기 시작했고 자본주의 정책에 의해 축적된 돈이 마르기 시작했다. 1990년대에 들어 스웨덴은 경제적 파멸을 피할 길을 만들어야 한다는 것을 알게 되었다. 정부는 사유 재산 소유권을 장려하고, 세금을 낮추고, 규제를 줄이고, 사회 보장을 부분적으로 민영화했다. 공공 부문의 공개 입찰로 경제가 회복되기

시작했다. 오늘날 스웨덴의 경제는 대부분 시장 주도형이다.[14]

베네수엘라는 자본주의로 축적된 부를 사회주의로 전환하기 위해 사용한 또 다른 국가다. 이 석유 부국은 정기적인 선거에서 사회주의 지도자를 선출했다. 그들은 정치혁명이 필요하지 않았다. 전국적인 민주적 선거는 광범위한 부와 평등을 약속하는 사회주의자를 세웠다. 사람들은 사회주의의 약속이 무시하기에는 너무 좋다고 생각했다(이 이야기는 「월드」[*World*] 매거진 2019년 5월 25일 자에 실렸다).[15]

1999년 우고 차베스(Hugo Chávez)는 "희망과 변화"(Esperanza y Cambio)라는 구호를 내걸고 선거운동을 벌였다. 그는 대중들에게 기업이 부유하고 서민이 가난한 것은 불공평하다고 말했다. 그가 당선되면 자본가보다 국가를 더 잘 운영할 책임자를 배치하여 모든 사람이 이익을 나눌 수 있도록 하겠다고 했다.

차베스가 당선되었을 당시 베네수엘라는 번영하고 있었다. 그 나라는 중산층이 성장하고 경제가 안정되었다. 그의 약속대로 차베스는 베네수엘라를 서서히 사회주의 국가로 탈바꿈시켰다. 그의 정부는 차근차근 생산수단을 장악했다. 정부는 질소 비료를 생산하는 페르티 니트로(Ferti Nitro)와 영국 기업들이 소유한 거대한 토지를 인수했다. 차베스는 때로는 그 회사들의 돈을 갚고, 때로는 그냥 가져가는 등 많은 다른 사업을 국유화시켰다.

처음에 이 나라는 완전한 고용, 보장된 급여 그리고 국가 의료서비스를 제공했다. 전 세계의 황홀한 사회주의자들은 그 변화를 칭찬했다. 그들은 이것이 민주사회주의가 어떻게 작동할 수 있는지를 보여 주는 예라고 생각했다.

---

14 Frank Camp, "INTERVIEW (Part I): Swedish Author Johan Norberg on the Devastating Impact of Socialism, and What It Could Cost The U.S.", *The Daily Wire*, February 14, 2020, https://www.dailywire.com/news/interview-part-i-swedish-author-johan-norberg-on-the-devastating-impact-of-socialism-and-what-it-could-cost-the-u-s.

15 Marvin Olasky, "The view from 'Doralzuela'", *World*, May 25, 2019, https://world.wng.org/2019/05/the_view_from_doralzuela.

영국 노동당 당수 제러미 코빈(Jeremy Corbyn)은 우고 차베스 전 베네수엘라 대통령이 "더 나은 다른 방법이 있음을 보여 줬다"라고 말했다. 그것은 '사회주의', '사회 정의'라고 불린다.[16] 할리우드 엘리트들이 진보적 사회주의가 가져올 수 있는 위대한 성공을 선전하기 위해 베네수엘라를 방문했다.

하지만 내가 글을 쓰고 있는 지금, 베네수엘라의 경제는 붕괴하였고 사람들은 먹을 것을 찾아 헤매고 있다. 성인들은 단백질이 풍부한 음식을 한 달에 두 번밖에 살 수 없다. 영양실조와 기아는 곳곳에 만연해 있다. 범죄자들이 음식을 찾아 남의 집에 침입한다. 정권을 비판하면 박해받거나 죽임을 당한다. 여권이나 비자를 발급받을 수 있는 사람들은 생계유지를 위해 집과 친척을 기꺼이 떠난다

(경제 성장의 가장 중요한 원천 중 하나인 민간 투자 측면에서의 결과는 1998년 GDP의 15.9퍼센트에서 2018년 추정치 2.1퍼센트로 감소, 산업 설비의 가동률은 2013년 55퍼센트에서 2020년 20퍼센트 이하로, 성능 활용 능력은 2010년 75.8퍼센트에서 2020년 22.1퍼센트로 감소했다[The Venezuelan Enterprise]. 이 원인 중 하나는 숙련된 기술자가 가능한 이미 해외로 이주하여 설비 유지보수가 되지 않은 것이라고 한다. 베네수엘라가 경제를 회복하는 방법은 자본주의로 정책을 전환하지 않으면 불가능할 것이다. 그런데도 권력의 부패로 그럴 가능성은 없어 보인다-역자 주).

석유 자원이 풍부한 이 나라에서 무엇이 잘못되었는가?

사회주의는 한동안 효과가 있으므로 기만적이다. 그러나 그것은 무한정 작동할 수 없다. 고(故) 마거릿 대처(Margaret Thatcher)는 그것을 관찰한 결과 "사회주의의 문제는 조만간 다른 사람들의 돈을 다 써 버린다는 것이다"라고 발표했다.

16 "Rees-Mogg movement ridicules Corbyn's 'socialist inspiration' Venezuela as it crumbles",*Express*, July 31, 2017, https://www.express.co.uk/news/uk/835146/Jeremy-Corbyn-mocked-Jacob-Rees-Mogg-Moggmentum-Venezuela-socialism-video.

올라스키(Olasky)는 다음과 같이 썼다.

> 차베스와 그의 후계자 니콜라스 정권은 돈이 바닥나지 않았다. 돈이 부족
> 할 때, 그들은 더 많은 돈을 인쇄했다. 엄청난 적자, 인쇄 자금, 인플레이
> 션, 물가통제, 결핍, 시위, 더 심한 권위주의, 더 많은 범죄, 더 많은 난민이
> 발생하는 경제적 죽음의 소용돌이가 시작되었다.[17]

베네수엘라는 경제적으로 디폴트를 선언하지 않았다. 오히려 정부는 더
많은 돈을 발행하여 2백만 퍼센트 이상의 인플레이션을 일으켰다. 일단
한 나라가 사회주의를 받아들이면, 쉽게 되돌아갈 수 있는 길은 없다. 결
국, 돈이 필요하면 단지 더 인쇄하기만 하면 된다. 그러나 제1차 세계대전
후 독일에서 배웠듯이, 한 나라의 빚을 갚기 위해 더 많은 돈을 인쇄하는
것은 경제 재난 이전에 일시적인 대책일 수 있다.

한 독일 친구가 내게 2백만 마르크의 1937년 독일 지폐를 주었는데, 나
는 정부가 빚을 갚기 위해 돈을 찍어낼 때 어떤 일이 일어나는지 상기시켜
주려고 그 지폐를 코팅해서 간직하고 있다.

물론 차베스와 그의 가족 구성원들은 개인적으로 매우 부유해졌다.
2013년 그가 암으로 사망한 후, 그의 딸 마리아 가브리엘라는 42억 달러
(약 4조 6천억 원)의 순자산을 가지고 있었다. 그의 후계자 니콜라스 마두로
도 부유해졌다. 권력층에는 탐욕과 부패가 만연해 있다. 경제를 좌지우지
하는 엘리트들이 아사와 강탈 그리고 죽어 가는 나라에서 안락한 삶을 누
리고 있다.

나는 올라스키의 말을 한 번 더 인용한다.

---

17   Olasky, "The view from 'Doralzuela.'"

여론 조사에 따르면, 베네수엘라사람들은 왜 많은 미국 젊은이가 사회주
의를 가장 온정적인 시스템으로 보는지 의아해한다. 그는 단절된 지도자
와 그의 관료 집단이 사람들의 가치를 가장 잘 판단할 수 있는 최고의 심
판관이라는 가정하에 사회주의가 어떻게 작용하는지를 보았다. 사회주의
는 … 획일적이고 불충분하며 자의적인 정의인 '평등'을 추구하면서 야망
을 분쇄한다. 그리고 이 모든 것을 더 큰 선이라는 이름으로 시행한다.[18]

베네수엘라 시민들은 부패를 뿌리 뽑는 정부 시스템을 선출한다고 생각
했지만, 부패를 확대하고 경제를 망치는 정부를 선출했다. 그리고 경제가
붕괴하기 시작하면, 정부는 사람들에 대한 통제를 유지하기 위해 필사적
인 조처를 해야 한다. 그것은 언론의 자유, 여행의 자유 그리고 종교의 자
유까지 제한할 것이다. 절망적인 사람들은 절박함에서 행동하고, 절망적
인 관료들도 똑같이 행동한다. 베네수엘라 사람들은 굶어 죽기 시작할 때
까지 사회주의를 좋아했다.

헤밍웨이의 소설 『태양은 다시 떠오른다』(*The Sun Also Rises*)에서 빌은 마
이크에게 어떻게 파산했는지 물었다. 마이크가 대답했다.

두 가지 방법으로!
서서히 그리고 갑자기![19]

사회주의 경제에서 파산은 서서히 일어나 갑자기 붕괴한다.

---

18 Olasky, "The view from 'Doralzuela.'"
19 Ernest Hemingway, *The Sun Also Rises* (New York: Simon & Schuster, 2014), 109.

3. 코로나19 구제금융과 사회주의 추진

중국 우한에서 시작된 코로나19 전염병이 순식간에 전 세계적으로 폭발하면서 세상은 바뀌었다. 아시아의 한 지역에서 시작된 질병은 곧 미국을 포함한 세계 각지로 기하급수적으로 확산되었다. 이에 많은 사업장이 문을 닫았고(필수라고 판단되는 사업장을 제외하곤), 체육행사가 취소됐고, 시장·주지사·미국 대통령으로부터 "집에 머물라"라는 지시가 내려왔다.

우리 도시는 유령 도시가 되었다. 두려움 때문에 우리는 모든 교회 예배를 취소하라는 정치인들의 명령에 따라 헌법상 집회의 권리를 포기하게 되었다. 비록 우리 중 많은 사람이 이 명령을 따랐지만, 우리는 결코 벤자민 프랭클린(Benjamin Franklin)의 말을 잊어서는 안 된다.

일시적인 안전을 사기 위해 필수적인 자유를 포기하는 사람은 자유도 안전도 받을 자격이 없다.[20]

1) 사회주의를 향한 발걸음

폐쇄로 인한 경제적 효과는 재앙적이었다. 많은 정치적 언급을 한 후, 의회는 수백만 명이 실업수당을 청구하는 상황에 희망을 주고 경제의 안정을 유지하기 위해 2조 2천억 달러(2,428조 원)의 구제금융안으로 통과시켰다. 이제까지 어느 정부도 경제를 유지하기 위해 이렇게 많은 돈을 창출한 적이 없다.

물론, 2조 2천억 달러는 일련의 다른 유사한 조치의 첫 번째 단계였다. 수백만 명의 절망적인 사람들이 이제 정부를 위해 일하고 있다(또는 일하지

---

20   Benjamin Franklin, Pennsylvania Assembly: Reply to the Governor, November 11, 1755, https://founders.archives.gov/documents/Franklin/01-06-02-0107.

않거나). 따라서 우리 중 많은 사람이 자본주의의 위협으로 여겼던 큰 정부가 이제 올바른 움직임을 나타낸 것처럼 보였다.

최소한 우리가 아는 한 이러한 구제금융이 필요했다. 그러나 그것은 사회주의를 향한 발걸음이 아니라 사회주의를 향한 도약이었다. 어떤 사람들은 경제적 개입이 단지 일시적이라고 주장했다. 바이러스가 사라지면 경제가 빠르게 반등할 것이라고도 말한다. 그들은 또한 정부가 의료 시스템을 인수하지 않았고 임금과 가격 통제를 시행하지 않았거나 기업의 소유권을 인수하지 않았기 때문에 자본주의는 여전히 오늘날의 질서라고 덧붙였다. 그러나 한 논평가가 말했듯이 경제는 전등 스위치처럼 껐다 켰다 할 수 있는 것이 아니다.[21]

워싱턴 포스트의 기고자인 게리 애버나시(Gary Abernathy)는 2020년 3월 25일 기사에서 실제로 코로나19에 대한 우리 정부의 대응이 많은 사람이 옹호하는 점진적인 사회주의를 가져올 것을 암시하였다.

애버나시는 다음과 같이 썼다.

> 사회주의를 향한 우리의 행진은 수십 년 전에 점진적으로 시작되었다. 그러나 코로나19에 대한 우리의 대응은 양당의 선출직 관리들이 사업을 접고, 시민들에게 출근하지 말라고 명령하고, 앞으로 더 엄격한 조치가 있을 것을 분명히 한 후에 영구적인 시행으로 이어질 것이다. 우리 경제가 며칠 만에 붕괴되었기 때문에 자유와 위험의 미묘한 균형은 뒷전이었다.

그는 이어서 끝맺는다.

---

21 Emily Stewart, "You can't turn the economy back on like a light switch", *Vox*, May 21, 2020, https://www.vox.com/2020/5/21/21263934/economy-reopening-stock-market-v-shape-recovery-jerome-powell.

우리는 루비콘강을 건넜다. 역사가들이 미국 경제가 자유시장 자본주의에서 민주사회주의로 전환점을 기록할 때, 그들은 이번 주를 가리킬 것이다. 모든 것이 펼쳐지는 것을 보는 것은 비행기가 느린 동작으로 추락하는 것을 보는 것과 같았다. 연기가 걷힌 뒤 남은 것은 우리가 알고 있던 미국의 미약한 유물이 될 것이다. 이제 우리는 모두 사회주의자들이다.[22]

고맙게도 그는 틀렸다. 아직 우리는 모두 사회주의가 아니다. 적어도 아직은. 그러나 우리는 그 방향으로 많은 조처를 했으며 정부가 계속해서 과격한 조처를 하고 사회주의 정책을 추구해야 한다는 압력이 증가할 것이다. 정치인들은 더 많은 표를 얻기 위해 더 많은 무료 서비스를 약속할 것으로 예상한다.

2) 명목화폐의 발행

미국 연방준비제도이사회(FRB)가 코로나19 전염병에 직면하여 문을 닫은 근로자와 기업에 보상하기 위해 2조 2천억 달러를 어디서 얻었는가?

이 돈은 단순히 명목(Fiat)에 의해 만들어졌다. 이 단어는 '그것을 하게 내버려 두어라'라는 뜻의 라틴어에서 왔다.

그 말이 암시하듯, 그 돈이 존재한다는 연방준비은행의 법령에 따라 단순히 허공에서 만들어진 것이다. 그것은 우리 정부에 대한 우리의 신용을 제외하고는 그것을 뒷받침할 어떤 것도 없이 디지털로 만들어졌다. 연준은 실제 돈을 거의 인쇄하지 않는다. 인쇄된 돈은 정부가 보유한 총액의 일부에 불과하다. 이 수조 달러는 디지털로만(장부상으로만) 존재한다.

---

22   Gary Abernathy, "The coronavirus shows Bernie Sanders won", *The Washington Post*, March 25, 2020, https://www.washingtonpost.com/opinions/2020/03/25/we-are-all-socialists-now/.

연준이 수십억 달러 또는 심지어 수조 달러를 명목으로 창출할 수 있는 능력은 돈 그 자체가 진정한 가치가 없다는 것을 일깨워 준다. 돈의 가치는 항상 신뢰에 기초한다. 금 그 자체도 특별한 가치가 없다. 수 세기 동안 사람들이 금에 가치를 부여했다는 것을 빼면 말이다. 몰타 기사단은 동전에 "금속이 아니라 신뢰"(Non Aes, sed fides)라는 말을 찍었다. 나는 정부가 더 많은 구제금융을 위해 더 많은 돈을 발행하라는 요구와 프로그램들이 앞으로 계속해서 진행될 것이라고 믿는다.

현대통화이론(MMT, Modern Monetary Theory)은 정부가 결코 돈이 고갈되지 않는 경제 계획에 대한 비교적 새로운 아이디어에 부여된 이름이다. 2016년 버니 샌더스 대통령 선거캠프의 자문역인 스테파니 켈튼(Stephanie Kelton)은 이렇게 말했다.

> 연방정부는 돈이 고갈될 수 없다. … 연방정부는 미국 달러화의 발행자로서 국민 모두의 의료 보장에 필요한 모든 돈을 만들 수 있다.[23]

그래서 돈은 마술처럼 보일 수 있고, 사회주의는 번창할 수 있다.

카이사르의 역할이 클수록
카이사르의 통제력도 커진다.

이 글을 쓰는 시점에서 '코로나19 위기'의 전체적 영향은 아직 결정되지 않았다. 아마도 우리는 정부구제금융과 정부의 통제를 향한 이러한 조치

---

23 Marvin Olasky, "Money like magic", *World*, May 25, 2019, https://world.wng. org/2019/05/ money_like_magic.

를 되돌릴 수 있을 것이다. 그러나 미국이 사회주의의 방향으로 나아갈 때마다 부의 균등 분배에 대한 요구가 더 많아질 것이다. 더 많은 정치인이 당선을 위해 공돈을 약속하고 더 많은 규제가 뒤따를 것이다. 일단 정부가 그 길을 따라가면 방향을 바꾸는 것은 거의 불가능하다.

마이어 암셸 로스차일드(Mayer Amschel Rothschild)는 말했다.

> 나에게 한 국가의 돈을 발행하고 통제할 수 있도록 허가해 달라.
> 그리고 나는 누가 법을 만드는지는 상관하지 않겠다![24]

그렇다. 카이사르의 역할이 커질수록 카이사르의 통제력도 커진다.

채널을 고정해 주기 바란다.

성경은 사회주의를 가르치는가?

가끔 나는 사회주의가 성경에서 발견된다고 생각하는 사람을 만난다. 실제로 우고 차베스는 베네수엘라에서 캠페인을 벌이면서 이러한 주장을 했다. 주장은 예루살렘 교회의 초대 교회는 본질에서 사회주의적이라는 것이다.

> 믿는 무리가 한 마음과 한 뜻이 되어 모든 물건을 서로 통용하고 자기 재물을 조금이라
> 도 자기 것이라 하는 이가 하나도 없더라(행 4:32).

또한, 아나니아와 삽비라는 자신들을 위해 돈을 감추었기 때문에 죽었다는 지적도 있다. 예수님이 가난한 자들에게 연민을 전하신다는 사실은 사회주의에 대한 지지로 옹호되는데, 이는 부를 분배하기 때문에 자본주의보다 더 동정적이라고 한다.

---

24 No primary source is known for this statement, but is it frequently attributed to Mayer Amschel Rothschild.

그것은 속단할 일이 아니다.

초대 교회의 이야기는 정부 정책에 적용할 수 없다. 먼저 '모든 것을 공유'하겠다는 것은 신자들의 자발적 헌신이었다. 아나니아와 삽비라를 포함한 누구도 참여할 의무가 없었다. 베드로는 그 부부를 방문했을 때 이 사실을 분명히 밝혔고, 그들의 죄는 사도들에게 땅을 판 돈 일부만 준 다음 모두 주었다는 속임수에서 비롯되었다. 그는 땅을 팔고 그 대가로 받은 돈을 헌금할 지 말지는 그들의 의지임을 분명히 했다. 베드로의 말을 들어 보자.

> 땅이 그대로 있을 때에는 네 땅이 아니며 판 후에도 네 마음대로 할 수가 없더냐 어찌하여 이 일을 네 마음에 두었느냐 사람에게 거짓말한 것이 아니요 하나님께로다(행 5:4).

즉, 토지는 그들의 소유였고 그들은 자유롭게 그것을 팔고 돈의 소유권을 유지할 수 있었다. '속임수'는 그들의 유일한 죄였다.

성경은 십계명에서도 사유재산권을 거듭 확언하는데, 여기서 우리는 "도둑질을 해서는 안 된다"(출 20:15)라고 읽는다. 개인의 돈을 훔치든 국가의 돈을 훔치든 도둑질은 여전히 도둑질이다.

성경은 세계 각국을 위한 경제 체제를 제시하지 않는다. 그러나 자본주의가 개신교 개혁에 뿌리를 두고 있는 이유가 있는데, 개신교 개혁은 정직과 청렴으로 사람들이 원하는 상품을 만들어서 부를 얻으려고 하는 것이 좋다는 생각을 제안했다. 이러한 접근 방식은 '개신교 직업윤리'로 알려진 것으로 발전했는데, 이는 근면, 규율, 검소함이 성경적이라는 것이다. 하나님은 아담에게 에덴동산에서 할 일을 주셨다. 아담이 주의하고 성실함으로 보살펴 주기를 기대하셨기 때문이다. 전도서의 한 구절을 보자.

> 사람이 먹고 마시며 수고하는 것보다 그의 마음을 더 기쁘게 하는 것은 없나니 내가 이것도 본즉 하나님의 손에서 나오는 것이로다(전 2:24).

가장 일상적인 것을 포함한 모든 일이 하나님의 영광을 위해 이루어져야 하며, 우리의 수고에 대한 보상을 기대하는 것이 잘못된 일이 아니다. 성경이 확언하듯이 부를 모으는 것은 위험성이 있지만, 부자가 되면 안 된다는 것은 성경적이지 않다.

모든 형태의 사회주의는 부를 소유한 사람들의 것을 가난한 사람들에게 강제로 재분배해야 한다. 아무도 어떤 것도 주지 않는다. 국가가 빼앗고 국가가 분배한다. 그러나 사회주의는 무기한 작동될 수 없다. 그 이유를 들어 보자.

> 사회주의는 번영을 위해 일하도록 하는 대신 방탕과 게으름을 보상하기 때문이다. 그러나 사도 바울은 누구든지 일하고 싶지 않으면 먹지 말라고 하였다.[25]

그리고 더 있다.

4. 경제이론과 인간 본성

자본주의는 '탐욕'에 기반하고 사회주의는 '필요'에 기반한다는 것이 사실인가?

사실은 그 반대다.

생각해 보라. 자본주의는 자본가가 사람들의 요구를 충족하는 사업을 할 때만 작동한다. 자본주의는 사람들이 실제로 원하고 구매할 제품을 생산하는 데 의존한다. 소비자들은 그들의 돈으로 자본주의에 찬성하여 투

---

25   D. James Kennedy Ministries, *Why Do You Believe That?* (Fort Lauderdale, FL: D. James Kennedy Ministries, 2019), 15.

표하고 있다. 따라서 그것은 민주적이다. 소비자가 없으면 이익도 없다. 자본주의 권력은 소비자의 손에 있다.

권력을 정부 엘리트의 손에 맡기는 사회주의와는 대조적이다. 사회주의에서는 제품이 그것을 필요로 하는 사람들의 욕구 충족을 고려하지 않고 만들어진다. 정부가 사람들이 무엇을 가져야 하고 얼마를 지불해야 하는지 결정한다. 그리고 부의 재분배를 담당하는 사람들은 자신들의 노고에 대해 자신들에게 추가 '상여금'을 줄 수 있다. 사회주의에서 부패는 국가 관료들에 의해 편리하게 입법될 수 있다.

대표적인 예가 있다. 1980년대에 아내와 내가 러시아를 방문했을 때 통역사는 아무도 신을 수 없는 신발을 만든 공장에 관해 이야기했다. 신발의 형태가 잘못되었고, 아무도 사지 않았지만, 공장에서는 계속해서 생산하여 신발이 창고에 쌓여 있었다. 그러나 노동자들은 정부로부터 보장된 임금을 계속 받고 있었기 때문에, 자신들이 아무도 원하지 않는 제품을 만드는 것에 신경 쓰지 않았다. 사람들의 요구는 무시되었다.

주조 공장에서 일했던 나의 루마니아 친구는 그곳에서의 경험을 말해 주었다. 그곳에서는 노동자들이 일정량의 철 제품을 생산해야 하는데, 그들이 생산한 제품 대부분은 불량한 장비와 조잡한 장인 정신으로 인해 사용할 수 없었지만, 노동자들은 모두 똑같은 임금을 받았다.

자동차, 냉장고, 공공 주택 등 우리가 들은 이야기는 같았다. 어떤 것도 효율적으로 작동하지 않았고 고객을 염두에 두고 만들어진 것도 없었다. 노동자들은 굳이 사람들이 원하거나 필요로 하는 것을 생산할 의지가 없었다. 사용할 수 있는 것들조차도 말이다.

우리는 심지어 매장에서도 이것을 알아차렸다. 자본주의 국가에서, 상점 점원들은 자신들이 고객의 요구를 충족시키는 데 의존하고 있다는 것을 알고 고객을 기쁘게 해 주려고 애를 쓴다. 그러나 공산주의/사회주의 국가에서는 점원들이 고객을 무시하거나 심지어 고객에게 무례할 수도 있다. 그들은 이윤을 나누지 않기 때문에 당신이 그들의 상품을 사든

말든 상관하지 않는다. 그들은 상품 판매 여부에 관계없이 똑같이 급여를 받는다.

아무도 아침에 일어나 정부를 위해 일하고 싶어 하지 않는다. 사회주의에서는 무관심, 게으름, 창의력 부족이 모두 보장된 임금을 통해 보상받는다. 일이 잘되든 안 되든, 효율적으로 되든, 아니면 무관심하게 되든, 모두 똑같이 가난을 분담한다. 다음과 같은 말을 들었다.

"그들은 계속해서 일하는 척하고, 정부는 그들에게 돈을 주는 척한다."

1950년대에 제랄드 L. K. 스미스(Gerald L. K. Smith)는 사회주의에 대해 이렇게 경고했다.

> 부자들의 자유를 빼앗는 법을 제정한다고 해서 가난한 사람들을 자유롭게 만들 수는 없다. 한 사람이 일하지 않고 받으면, 다른 사람이 대가를 받지 않고 일해야 한다. 정부는 먼저 다른 사람에게서 빼앗지 않으면 아무에게도 줄 게 없다.[26]

정부는 다른 사람의 것을 빼앗아서 주어야 하므로 정부는 엄격한 통제가 필수다. 경제가 '중앙집권적'일수록 철권통치를 해야 한다. 그리고 철권으로 통치하지 않으면 작동하지 않는다. 나는 반복한다. 사회주의는 항상 부의 분배에 대해 말하지만 분배해야 할 부의 창출에 대해서는 말하지 않는다.

러시아 사람들이 지정된 경로 밖에서 물물교환을 통해 건설된 암시장을 형성해야만 살아남을 수 있었던 것은 당연하다. 우리가 러시아에 있었을 때, 사람들이 어떻게 살아남았는지에 관한 이야기를 차례로 들었다. 그들은 수리공에게 감자 한 봉지를 주고 탁자를 침대로 바꿨다. 그들은 밭에서 하루 일한 대가로 헌 신발 한 켤레와 바꾸었다. 그들의 독창성은 끝이 없

---

26 Gerald L.K. Smith, Wikipedia, https://en.wikipedia.org/wiki/Gerald_L._K._Smith.

었다. 우리는 거의 모든 사람이 그들의 임금과 연금으로 살아남을 수 없으므로 들판에서 나물을 채취해야 했다고 들었다.

어떤 체재가 더 자비로울까?

고객의 요구 사항을 충족시켜야 하는 것이 필요할까?

아니면 사람들에게 유익을 줄 생각 없이 수술할 수 있는 사람이 필요한가?

우리 경제가 '파이'라고 상상해 보자. 사회주의자들은 여러 조각으로 잘라내고 그것들을 고르게 분배하기를 원한다. 하지만 제공된 후에는 다른 파이가 유통되지 않는다. 오직 정부만이 또 다른 '파이'를 만들 수 있고, 파이를 굽는 데 개인적인 이익이 없으므로 모든 것이 정체된다. 아니면 사회주의를 카스트제도로 생각하라. 줄의 맨 뒤에 섰으면 거기 있어야만 한다. 앞으로 나아가는 길은 없다. '보잉'과 같은 회사는 사회주의 체제 아래에서 발전할 수 없었다.

자본주의에서 기업이 실패하면 그 기업의 노동자들이 고통을 받는다. 이제 관료들의 정부가 그들의 평등에 따라 나라 전체를 운영한다고 상상해 보라. 그들이 실패했을 때, 그렇게 될 것이지만, 나라 전체가 무너진다 (권력 집단을 제외한 국민 전체가 고통을 받는다-역자 주). 러시아, 중국, 쿠바, 히틀러의 국가사회주의 독일 등 이야기는 항상 똑같다.

국가가 생산수단을 소유할 때, 그것은 엄격한 임금과 가격 통제가 필요하다. 그것은 국민의 자유를 제한할 필요가 있다. 정부로부터 제한된 임금을 받고 일할 의사가 부족할 때, 병원이 혼잡하므로 서비스를 줄여야 한다. 의료비 부담은 늘려야 하고, 나이 든 사람들은 불필요한 존재로 여겨진다.

카를 마르크스가 예측하지 못한 것은 노동자가 더 나은 혜택과 임금을 받을 수 있도록 돕는 역할을 해 온 노동조합의 부상이었다. 마르크스가 영국에서 본 가진 자와 가지지 못한 자 사이의 차이점들은 상당한 정도로 다루어졌다. 어떤 경제체재도 완벽하지 않다. 모든 것에는 결함이 있으며, 모든 것은 수정이 필요하다. 인간으로서의 우리의 타락 때문에, 우리는 오직 가장 좋은 것을 추구할 수 있을 뿐, 완벽한 것을 추구할 수는 없다.

5. 탐욕과 부패

사회주의는 치명적인 결함으로 인해 무한정 기능할 수 없다. 사회주의나 마르크스주의 국가의 유토피아적 꿈을 종식하는 인간 본성에 대한 성경적 시각을 이해하지도, 인정하지도 않는다. 그것은 기만적이고 국민의 기본적인 요구를 충족시킬 수 없으므로 반드시 실패하는 경제이론이다.

어떤 형태의 경제가 가장 부패할까?

사회주의인가 자본주의인가?

물론, 인간적으로 슬프지만 두 형태 모두 탐욕과 부패를 조장할 수 있다. 그러나 이성과 역사 둘 다 사회주의는 본질적으로 탐욕과 부패에 더 많은 기회를 제공한다는 것을 증명했다. 사회주의에서, 당신은 당신이 더 열심히 일한다고 해서 생활 방식을 원하는 대로 바꿀 수 있는 것이 아님을 일찍부터 배운다. 그러나 그것은 시스템을 조작해서 할 수 있다. 여러분이 할 일은 '무료'를 얻기 위해 시스템을 속이는 방법을 찾는 것이다.

이스라엘이 사회주의 원칙에 따라 키부츠를 운영하기 시작했을 때, 사람들은 음식과 서비스가 '무료'라는 이유로 이 제도를 남용하기 시작했다. 그들은 전기요금을 시장 가격으로 지불할 필요가 없었기 때문에 불필요하게 전등과 난방을 오래 켜 두었다. 음식이 '무료'였기 때문에 애완동물들은 식당 테이블에서 먹었다. 키부츠의 개척자 중 한 사람이 말했다.

그곳은 기생충의 천국이 되었다.[27]

기생충을 위한 천국!

생산수단만 정부의 손에 있다면 탐욕이 사라질 것으로 생각하는 이유는 무엇일까?

그렇다. 우리는 인간으로서 사리사욕을 가지고 있다. 그리고 탐욕은 모든 인간의 마음속에 깊숙이 자리 잡고 있다. 그러나 사회주의에서는 '무료'를 얻기 위한 대중 간의 경쟁 때문에 탐욕이 일상화된다. 탐욕은 부를 분배하는 통치자들 사이에서 그리고 그들의 보장된 수입으로 살아남으려고 노력하는 가난한 사람들 사이에서 맹위를 떨친다. 그렇다. 여러분은 살아남기 위해 정부 프로그램을 우회할 수 있는 창의적인 방법을 찾아야만 한다.

물론 자본주의도 완벽과는 거리가 멀다. 탐욕과 부패 그리고 종종 잔인한 경쟁이 넘쳐난다. 그렇다. 엘리트들은 그들 스스로 많은 월급을 지급하고 경쟁자들을 약화시키려 한다. 월가는 고리대금업자들과 치열한 투자자들이 그들의 이익을 끊임없이 관찰하는 사람들로 붐빈다. 그러나 거기에는 적어도 기소를 가능하게 하는 엄격한 규칙들이 있다.

사회주의는 게으름을 보상하고 성취를 억누르며 개인의 자유를 제한한다. 사회주의하에서는 대부분 부패가 억제되지 않고 남아 있는데, 그 이유는 부패를 발견하거나 뿌리 뽑기 어렵기 때문이다. 기소하는 것은 거의 불가능에 가깝다. 돈이 어디로 가는지 좌지우지하는 관료들은 법을 만들고 스스로 보상하는 사람들이다. 자본주의 아래 있는 가난한 사람들조차 사회주의 국가들 대부분의 가난한 사람들보다 훨씬 나은 것은 당연하다.

베네수엘라의 다니엘 밀란(Daniel Milán)은 이렇게 말했다.

---

27 Camp, "INTERVIEW (Part I): Swedish Author Johan Norberg on the Devastating Impact of Socialism, and What It Could Cost The U.S."

진정한 사회주의 국가를 만들기 위해서는 좀비들과 많은 로봇이 필요할 것이다. 왜냐하면, 진정한 인간은 사회주의를 원하지 않기 때문이다.[28]

사회주의는 개인들을 관료주의와 엄격한 규제의 바다에 잠기게 한다. 마르크스의 유토피아적 꿈은 결국 프롤레타리아가 장악하면 계급 없는 사회가 출현할 것이라고 한다. 이것은 인간의 경험과 심지어 성경의 인간관에 대한 간단한 이해조차 거부한다.

마르크스는 자본가들이 자신들의 목적에 맞게 가난한 사람들을 착취하고 조작한 경제 체제를 이용한다고 믿었고, 믿을 수 없을 정도로 순진한 태도로, 일단 적당한 경제 환경이 마련되면 인간의 본성은 갑자기 이타적이며 배려심이 생길 것으로 생각했다. 그는 적절한 조건에서 인간은 자발적이고 합법적으로 행동할 것이고, 결국 국가와 법 모두 시들해질 것이라고 믿었다.

마르크스의 망상은 오늘날에도 여전히 믿어지고 있다. 복음주의자들이 자주 추천하지만 성경이 아닌 사회학에 근거한 책 『신앙에 의한 분열-복음주의 종교와 미국의 인종 문제』(*Divided by Faith: Evangelical Religion and the Problem of Race in America*)에서 저자들은 다음과 같이 썼다.

진보주의자들은 인간이 인종차별, 불평등, 교육 기회가 부족한 같은 사람들이 행복하게, 생산적으로, 평등하게 사는 것을 막는 사회적 합의로부터 해방된다면 천성적으로 선한 인간이 될 것이다.[29]

마르크스도 이에 동의했을 것이다. 존 워윅 몽고메리(John Warwick Montgomery)가 지적했듯이 그의 실수는 사람들의 어려움이 단지 외부 사회적

---

28   Olasky, "The view from 'Doralzuela.'"

29   Michael O. Emerson and Christian Smith, *Divided by Faith: Evangelical Religion and the Problem of Race in America* (Oxford: Oxford University Press, 2001), 76.

조건의 산물일 뿐이라고 믿는 것이었다.

> 인간 자신이 착취의 조건을 만들어 냈는데, 어떤 논리가 그러한 조건을 제거함으로써 인간이 갑자기 그것들을 다시 재현할 수 없게 될 것이라는 믿음을 정당화시킬 수 있을까?
> 근원적인 문제는 경제(또는 비인격적인 요인)에 있는 것이 아니라, 인간의 마음속에 있다.[30]

그런데도, 어떤 사람들은 항상 국가 통제에 열광할 것이다. 베를린 장벽이 무너진 뒤 러시아 신문에는 도로의 갈림길을 그린 만화가 실렸다. 한 길은 '자유'로, 다른 길은 '소시지'로 분류되었다. 우리가 짐작할 수 있듯이, 자유로 가는 길은 찾는 사람이 거의 없었다. 소시지로 가는 길은 발자국으로 가득 차 있었다.

잘못된 길로 나가는 것은 재앙을 초래한다. 앞 장에서 인용한 윈스턴 처칠의 이런 말들은 반복될 가치가 있다.

> 자본주의의 본질적인 악덕은 부의 불평등한 분배이다. 사회주의의 본질적 덕목은 고통의 평등한 공유다.[31]

의견충돌의 여지가 많이 있지만, 우리는 모두 확실히 정부가 치안을 유지하고, 시민들이 서로에게 해를 끼치지 않도록 하는 법을 시행하고, 상품이 생산될 때 적절한 기준을 충족하도록 보장하는 법을 만들며, 부패를 막는 법을 만드는 데 중요한 역할을 한다고 믿는다.

30 Quoted in John Warwick Montgomery, *The Law Above the Law* (Minneapolis: Bethany House, 1975), 169.

31 Winston Churchill, House of Commons, October 22, 1945.

하지만 기업 소유, 임금과 가격 결정 그리고 누가 무엇을 원하는지 알아
내는 것에 관한 한, 충성스러운 소비자 기반을 구축해야만 생존하기 위한
이익을 얻는 민간 사업자들이 그 일을 훨씬 더 잘 해낼 것이다.

요약하자면, 국가가 더 많이 소유할수록, 국가는 시민을 더 많이 통제
한다. 그것은 시민들을 더 많이 통제할수록, 그들의 자유를 더 많이 제한
한다. 결국, 경제 체제를 좌지우지하는 사람들이 혜택을 본다. 조지 오웰
(George Orwell)이 『동물농장』(*Animal Farm*)에서 다음과 같이 말했다.

모든 동물은 평등하지만 어떤 동물은 다른 동물보다 더 평등하다.[32]

누군가는 이런 취지의 관찰을 하였다.

"사람들은 사회주의가 반드시 부정해야만 하는 자유에 대한 갈망을 가
지고 태어난다."

출처를 알 수 없는 소식통의 사회주의와 관련된 마지막 경고는 꽤 설득
력이 있다.

"쥐는 왜 치즈가 공짜인지 이해하지 못하기 때문에 덫에 걸려 죽는다."

6. 교회의 응답

그리스도인으로서 우리는 다음과 같은 질문을 해야 한다.

위의 통화 정책에 대한 논의가 돈에 대해 우리에게 주는 교훈은 무
엇인가?

수백만 명의 그리스도인들이 부패한 관료들에 의해 운영되는 사회주의
정권하에서 살아가고 있다. 그리고 자본주의 국가들은 그들의 탐욕과 부

---

32 George Orwell, *Animal Farm* (Orlando, FL: Houghton Mifflin Harcourt, 2009), 192.

패의 몫을 가지고 있고 부자들 사이에서 가난한 사람들이 살고 있다.

이 모든 게 정말 중요할까?

그것은 여러 가지 이유로 중요하다.

자본주의는 서양의 많은 그리스도인에게 필요한 것보다 더 많은 돈을 벌 기회를 주었다. 이 부는 전 세계의 수많은 선교 사업을 촉진시켰다. 소위 제3 세계 국가의 선교 사업을 생각해 보라. 서구에서 제공하는 기금으로 운영되고 있음을 알게 될 것이다.

선교 단체는 도움이 필요할 때 사회주의 국가에서 후원자들을 찾지 않는다. 그들은 그곳에서 그리스도인들이 단지 생존할 만큼의 돈이 있는 것이 행운이라는 것을 알고 있기 때문이다. 자본주의 경제만이 일반인의 생활 수준을 생계 수준 이상으로 높일 수 있다.

그러나 가난 속에서도 그리스도인들은 관대함을 나타낼 수 있다. 코로나19 대유행 동안 나는 정부구제금융이나 임금 보장이 없는 사회주의 국가의 일부 그리스도인과 연결되었다. 그러나 그들은 자신을 위한 돈으로 가난한 사람들을 먹이고 그들이 할 수 있는 곳이면 어디든 도움을 주기 위해 모금을 하고 있었다. 관대함은 돈의 문제가 아니라 인간 마음의 문제다.

선한 사마리아인은 여리고로 가는 길에 상처를 입은 사람을 돌보기 위해 국영 프로그램을 찾지 않았다. 그는 자신들만 위하는 독선적인 종교 지도자들을 바라보지도 않았다. 예수님은 우리에게 사마리아인에 대해 말씀하신다. 그는 그를 자기 짐승에 태우고 여관으로 데려와 돌보았다. 다음날 그는 데나리온 두 개를 꺼내 여관 주인에게 주었다(눅 10:34-35).

> 이 사람을 잘 돌보아 주라 비용이 더 들면 내가 돌아올 때에 갚으리라(눅 10:35).

이것은 자발적이고 희생적인 기부였다.

나의 짐을 공유하고 싶다.

우리는 돈이 진짜 무엇인지 다시 생각해 보고 예수님이 우리 자금을 어떻게 사용하는지에 대해 무엇을 가르쳤는지 더 깊이 숙고할 필요가 있다.

예수님은 왜 돈에 대한 의존에 관해 반복적으로 경고하셨을까?
그리고 그가 진정한 부에 대해 말할 때 그는 무엇을 의미했는가?
왜 돈이 그렇게 기만적인가?

돈은 마치 하나님처럼 약속한다. 그때 돈은 말한다.

> 나는 네가 건강하거나 병들거나, 너의 친구들이 너를 실망하게 할 때도 함께 있을 것이다. 다른 사람들이 굶주리고 무료급식소에 긴 줄이 있을 때도 너와 함께하겠다. 나는 너에게 안녕과 건강 그리고 즐거움을 약속한다.

대부분의 사람이 큰돈이 걸리면 거짓말을 하고, 속이고, 그렇지 않으면 그것을 얻기 위해 그들의 기본 원칙을 버릴 것이다. 여러분은 이 기만적인 구호를 들어 보았을 것이다.
"할 수 있으면 정직하게 얻어라. 만약 꼭 그래야 한다면 속여서라도 얻으라. 그러나 그것을 반드시 얻어라."
그러나 돈은 약속을 지킬 수 없다. 나는 노스우즈(캐나다, 미네소타, 위스콘신의 국경 지역을 따라)에서 끔찍한 눈보라 속에 다가오는 겨울을 피할 수 없었던 두 명의 광부에 대한 진실한 이야기를 읽었다. 몇 달 후, 그들은 금 조각으로 둘러싸인 오두막에서 굶어 죽은 채 발견되었다. 돈은 다른 형태의 부(예: 음식, 의복)로 변환되지 않는 한 내재한 가치가 없다. 또는 우리가 현명하다면 영원한 부에 투자할 것이다.
내 마음에 가장 깊숙이 박힌 돈에 관한 성경 구절은 예수님이 비유적인 문맥으로 누가복음 16:9에서 가르치신 것이다.

내가 너희에게 말하노니 불의의 재물로 친구를 사귀라 그리하면 그 재물이 없어질 때에 그들이 너희를 영주할 처소로 영접하리라(눅 16:9).

다시 말해서, 여러분이 가진 돈으로 인플레이션, 디플레이션, 정치 권력의 변화 그리고 여러분 자신이 죽음에서 살아남을 수 있는 형태로 바꿔라. 예수님은 이것이 "참된 재물"(눅 16:11)이라고 말씀하셨다.

결국, 모든 인간의 화폐는 가치가 없게 될 것이다. 윌라드 칸텔론(Willard Cantelon)은 그의 저서 『달러가 죽은 날』(The Day the Dollar Dies)에서 내가 결코 잊지 못할 이야기를 들려주었다. 그것은 제2차 세계대전 이후 베를린에 세워질 성경학교에 관한 이야기다. 잔해 가운데 그리스도인들이 모여 그리스도인들의 생활과 사역을 위해 독일 젊은이들을 훈련하고 있었다.

성경학교를 돕고자 하는 한 독일인 여성이 건축 프로그램에 10,000마르크라는 기부금을 가져왔다. 그녀는 그것이 마치 자기 인생의 전부인 것처럼 자신의 돈을 자랑스럽고 소중하게 쥐고 있었다. 그리고 문자 그대로 그랬다. 그녀는 그 돈을 벌기 위해 열심히 일했고 전쟁 내내 그것을 지켜 왔다. 그녀는 기부금을 내놓으면서 자랑스러운 미소를 지었다.

그러나 칸텔론은 그녀에게 슬픈 사실을 말해야만 했다. 그는 다음과 같이 썼다.

그녀가 이 돈을 너무 오래 가지고 있었다고 어떻게 말할 수 있을까?
그녀의 돈이 사실상 쓸모가 없다는 소식으로 인해 이 예민한 영혼을 놀라게 하는 것이 왜 내 몫이 되었는가?
왜 그녀는 조간신문을 읽거나 '본'의 새 정부가 이 화폐를 폐기하였다는 발표를 듣지 않았을까?

"부인."
나는 천천히 말했다.

"미안하지만 이 돈을 받을 수 없어요."

할 수 있는 한 부드럽게 말했다.

"이 화폐는 폐기되었습니다."[33]

한 달 전에는 그 돈으로 건축자재를 구매할 수 있었다. 그것은 노동자들에게 음식을 제공하고 예비 학생들을 도울 수 있었다. 그러나 한 달 후인 지금은 그 돈은 쓸모가 없게 되었다.

우리의 사랑과 희생은
유토피아적 꿈의 거짓된 희망에
대한 매력적인 대안이 되어야 한다.

나는 모든 신자, 특히 자본주의의 혜택을 받은 사람들을 생각한다. 언젠가 주님이 오시면 은행과 은퇴 자금에 쓸모없는 돈을 남겨 두고 그리스도의 심판대 앞에 설 것이다.

그러나 주의 날이 도둑 같이 오리니 그 날에는 하늘이 큰 소리로 떠나가고 물질이 뜨거운 불에 풀어지고 땅과 그 중에 있는 모든 일이 드러나리로다(벧후 3:10).

모든 것이 취소된다. 우리는 확신한다.

프란시스 쉐퍼(Francis Schaeffer)가 말했듯이, 우리는 "연민을 가진 자본주의"를 가져야 한다. 그렇다. 자본주의는 너무 자주 가난한 사람들을 착취하고 인간 마음의 탐욕에 호소한다. 그러나 우리는 '영원한 집'에서 우리

---

33   Willard Cantelon, *The Day the Dollar Dies* (Plainfield, NJ: Logos International, 1973), vi–vii.

를 만날 사람들이 있도록 그것을 사용하여 돈을 버릴 의도로 돈을 벌기 위해 최선을 다해야 한다.

우리의 사랑과 희생은 유토피아적인 꿈의 거짓된 희망에 대한 매력적인 대안이 되어야 한다. 그리고 카를 마르크스가 여전히 통치하는 곳에서도 교회는 교회가 되도록 부름을 받았다.

> 무릇 많이 받은 자에게는 많이 요구할 것이요 많이 맡은 자에게는 많이 달라 할 것이니라 (눅 12:48).

7. 우리 모두의 기도

아버지!

우리는 저희가 가진 모든 것은 아버지의 것이라고 자주 말합니다. 그리고 지적으로도 알고 있다. 하지만 우리가 이 일을 할 수 있도록 도와주소서. 우리가 우리의 소유에서 아버지의 소유로 우리의 자금을 이전할 수 있기를 바랍니다. 우리가 진정으로 주님을 인정하고, 우리가 가진 것을 어떻게 하면 가장 잘 사용할 수 있는지 주님의 지도를 구하여 영원한 선을 거두게 하소서.

"보물을 하늘에 쌓아 두라"(마 6:20)라는 말씀이 우리의 동기부여이자, 좌우명이며, 우리의 기쁜 임무가 되게 하소서.

인색함은 우리를 위해 너그럽고 자유롭게 자신을 주신 그리스도를 부정하는 것임을 기억하게 하소서. 우리의 보물이 하늘에는 많고 땅에는 적게 되기를 원합니다.

이 기도가 말만이 아니라 행동이 되게 하소서.

예수님의 이름으로 기도합니다. 아멘.

제8장

미국 파괴를 위한 급진 이슬람과의 연합

우리는 헌법을 파괴하기 위해 헌법이 (보장하는) 자유를 이용할 것이다!

이것은 미시간주 디트로이트 근처에서 무슬림 시위대가 들고 다니는 표지판에 적힌 구호이다.

"자유를 사용하여 자유를 파괴하라!"

미국에서 두 가지 이념(하나는 근본적으로 세속적이고 하나는 근본적이고 억압적인 종교)이 공통 기반을 구축하는 이유는 무엇인가?

그리고 이 두 그룹이 기본적인 유대-기독교 가치에 대한 공격에 손을 잡은 이유는 무엇일까?

급진적인 이슬람주의자들과 급진적인 세속주의자들은 하나가 되어 함께 공동의 적과 싸우고 있다.

우선, 미국에 사는 무슬림 대다수는 서양의 가치를 받아들이고 미국의 종교사나 경제 체제를 공격하는 데 관심이 없다는 점을 강조한다. 그들은 서구의 자유와 기회의 혜택을 누리며 계속 그렇게 되기를 희망한다. 우리 대부분은 이 종교의 진정한 본질을 반영하지 않는 서구화된 이슬람 버전에 대해 잘 알고 있다.

그러나 미국에서 '샤리아법'을 시행하고 그들의 깃발이 백악관 위에서 펄럭이는 것을 보고자 열렬한 열정을 가진 급진적인 이슬람주의자들이 있다. 이 지도자들은 결코 다수가 아니지만, 그들은 불균형적인 통제와 영향력을 가지고 있다. 그들은 종종 기만적인 수단으로 다른 사람들을 자극하고 미국과의 싸움에 동참할 수 있는 능력을 갖추고 있다.

미국의 이슬람관계협의회(CAIR:Counsel on American-Islamic Relations) 공동 설립자는 이렇게 말했다.

> 이슬람은 다른 어떤 신앙과 동등하게 되기 위해 미국에 있는 것이 아니라 지배적으로 되기 위해 미국에 있다. 이슬람은 지구상에서 유일하게 받아들여지는 종교이며, 꾸란은 미국에서 가장 높은 권위가 되어야 한다.[1]

2004년의 급습으로 미연방수사국(FBI)은 '무슬림형제단'(Muslim Brother-hood)이 미국을 정복하려는 계획을 드러낸 비밀문서를 발견했다. 일일이 검토하지는 않겠지만, 반테러 고문인 패트릭 풀(Patrick Poolle)이 작성한 요약본을 보여 드리겠다.

그는 다음과 같이 설명한다.

> [프로젝트]는 서구의 문화침략에 대한 유연한 다단계의 장기적인 접근 방식을 나타낸다. 이민, 침투, 감시, 선전, 시위, 속임수, 정치적 올바름, 테러 등 다양한 전술의 활용을 요구하며, 이 프로젝트는 20년 넘게 '무슬림형제단'의 기본계획 역할을 해 왔다.[2]

'무슬림형제단'의 계획은 우리에게 다음과 같은 것을 가르친다.

---

1 *Shariah: The Threat to America: Abridged* (Washington, DC: The Center for Security Policy, 2016), 40, https://www.centerforsecuritypolicy.org/2016/06/30/shariah-the-threat-to-america-abridged/.
2 Patrick Poole, "The Muslim Brotherhood 'Project'", *Frontpage*, May 11, 2006.

이슬람의 침입은 여러 가지 수단을 동원하여 여러 곳에서 분출될 것이다.[3]

우리의 위험성은 독일이 처음에 아돌프 히틀러의 외침을 무시한 것처럼, 사람들로 하여금 소수의 급진주의자에게만 집중하게 하여 이 전략이 드러나지 않게 한다는 것이다.

1950년대 초에 이슬람교도들은 급진좌파에 동맹이 있다는 것을 깨닫기 시작했다. '무슬림형제단'의 대표적인 이론가인 사이드 쿠틉(Sayyid Qutb)은 이슬람의 사회 정의라는 정석적인 텍스트를 썼다. 그의 의제는 인류를 해방하고 정화와 구원을 가져오기 위해 전 세계에 이슬람 율법을 강요하는 것이었다. 사회 정의에 대한 그의 견해는 급진좌파의 견해에서 공통점을 찾았고, 그것은 그리스도인들에게 부정당하는 이슬람교도를 기쁘게 하고 이슬람교도에 대한 권리를 지지하기를 간절히 바라는 한 가지 이유다.

내가 2020년 이 글을 쓸 때, 최근에 미국에서 어떠한 테러 공격도 없었다는 사실에 놀라지 마라. 급진 이슬람주의자들은 테러가 그들의 전략에 반할 수 있다는 것을 알고 있다. 그들이 자신들의 권리로 보는 것을 주장하면서 '은밀한 지하드'를 유지하는 것이 최선이다. 뉴욕의 전 미국 수석 변호사 앤드루 매카시(Andrew McCarthy)는 우리의 진짜 위협은 테러가 아니라 이슬람주의라고 강조해 왔다.

> 좌파와 이슬람주의자들은 둘 다 사회를 위한 그들의 계획이 급격한 변화를 수반하면 대부분의 미국인에게 혐오스럽게 여겨진다는 것을 잘 알고 있다. 그들은 은밀하게 그들의 목적을 달성해야 한다.[4]

---

3 William J. Boykin et al., *Shariah: The Threat to America: An Exercise in Competitive Analysis* (Washington, DC: The Center for Security Policy, 2010), 47.

4 Andrew C. McCarthy, *The Grand Jihad: How Islam and the Left Sabotage America* (New York: Encounter Books, 2012), 162.

미국에서는 '무슬림형제단'이 수십 개의 조직을 운영하고 있다. 그러한 조직들은 말하자면 '거대한 지하드'를 실행하는 지상군이다. 형제단의 희망은 서구인들이 테러리즘에 너무 치중한 나머지 그들이 머리기사에서 벗어나 미국의 내부 변화를 눈치채지 못하게 하는 것이다.

법무부의 최고 영예 훈장을 받은 매카시를 다시 인용한다.

> 정책 입안자들은 무슬림들이 성취하려고 하는 것을 이해하지 못할 것이다. 그들은 지하드의 수단 중 하나인 폭력에만 근시안적으로 초점을 맞추면서 폭력이 종식되면 이슬람의 위협이 우리의 생활 방식에 영향을 미치지 못할 것이라는 잘못된 추측을 한다.[5]

그는 경고한다.

> 자유롭고 자기 결정적인 사람들이 우리의 문제가 이슬람 테러리스트에 국한된 것처럼 가장하는 것은 국가적 자살 행위다.[6]

그러므로 테러의 위협은 속임수와 잠입의 더 음험한 캠페인의 포석에 지나지 않는다.

급진 이슬람주의자들과 급진 세속주의자들 모두 유토피아를 믿는다. 이슬람교도들은 종교적 유토피아를, 급진적 좌파는 세속적인 유토피아를 믿는다. 그러나 두 집단 모두 기독교의 영향력과 자본주의가 파괴되기 전에는 그들의 비전이 실현될 수 없다고 믿는다. 그 후, 세속주의자들과 이슬람주의자들은 헤어져야만 할 것이다. 그들은 미국에 대해 두 개의 매우 다른 이상을 가지고 있기 때문이다.

---

5   McCarthy, *The Grand Jihad*, 51.
6   McCarthy, *The Grand Jihad*, 28.

하지만 지금으로서는, 그들은 문화 전사로서 나란히 존재한다는 것을 알게 된다. 누군가 말했듯이, 급진좌파는 이슬람을 탈 기독교화에 도움을 줄 수 있는 '공성 망치'로 보고 있다.

빌라도와 헤롯도 그들의 의견의 차이를 포기하고, 그들의 공적인 예수를 죽이려고 친구가 되었다. 그들이 전장에서 말하듯이, "나의 적의 적은 내 친구다."

1. 9.11의 기회

급진좌파가 미국을 약화하기 위해 이슬람주의자들과 합류한 시기를 정확히 짚어 본다면, 끔찍한 테러 공격으로 거의 3,000명의 미국인이 목숨을 잃었던 2001년 9월 11일일 것이다. 그 후 미국 시민들 사이에 다시금 애국심이 일어났지만, 비판적인 성찰도 있었다.

급진좌파는 이 테러 행위가 미국의 잘못이라는 이슬람의 설화를 열렬히 받아들였다. 테러리스트들은 억압받는 사람들이 할 일을 대신했다. 그들은 적을 공격했다는 것이다. 학교, 사무실 건물 그리고 잔디밭에서 단결의 표시로 미국 국기가 펄럭일 때, 급진 좌파는 국기에 대한 공격, 애국심에 대한 공격 그리고 미국에 대한 공격을 시작했다.

영향력 있는 소설가 바버라 킹솔버(Barbara Kingsolver)는 미국이 얼마나 증오스러웠는지 고함을 지른 뒤 9월 25일(테러 발생 14일 만에) 테러리스트들을 추적하고 처벌하려는 미국 지도자에 대한 비판적인 글을 썼다.

그녀는 물었다.

"우리는 누구를 테러리스트라고 부르는가?"

이어서 말했다.

애국심은 언론의 자유를 죽음으로 위협한다. 그것은 사려 깊은 망설임, 우리 지도자들에 대한 건설적인 비판, 평화를 위한 탄원 등으로 격분했다. 그것은 우리의 문화를 배우고 그들의 재능을 우리 경제에 이바지하기 위해 몇 년을 보낸 외국 태생의 사람들을 경멸한다.

미국 국기는 협박, 검열, 폭력, 편협, 성차별, 동성애 혐오 그리고 종이 분쇄기를 통해 헌법을 밀고 나가는 것을 의미한다.[7]

그녀는 국기에 대한 공격으로 끝을 맺었다.

그래서 좌파의 마음속에는 과격한 이슬람이 아닌 미국이라는 공통의 적이 있었다. 이슬람은 남성에게 복수의 아내를 허용하고 세계 패권을 추구하며, 사우디의 법은 이슬람에서 다른 종교로 개종하는 사람들을 처형해야 한다고 주장하는 것에 개의치 않는다. 동성애자에 대한 돌팔매, 종교적 우월주의, 여성에 대한 억압(폭력은 아니더라도)을 신봉하는 근본주의 신정 체제를 수호하려는 좌파의 의지가 놀랍다.

그러나 공동의 적은 그들이 싸움에 함께 참여하게 만든다. 좌파는 급진 이슬람교도들을 옹호하며, 그들이 우리를 증오할만한 충분한 이유가 있다고 주장한다.

영향력 있는 철학자 노엄 촘스키(Noam Chomsky)가 말하길, 미국에 대해 저질러진 악이 무엇이든지 간에 그것은 미국이 다른 나라들에 대해 저지른 악에 비해 미미하다고 한다.

데이비드 호로위츠(David Horowitz)가 촘스키에 대해 쓴 글을 보자.

노엄 촘스키는 40년 동안 책 뒤에 책, 소책자 뒤에 소책자, 연설 뒤에 연설로 하나의 메시지로 모습을 드러냈고 하나의 메시지만을 출판했다. 그것

---

7 David Horowitz, *Unholy Alliance: Radical Islam and the American Left* (Washington, DC: Regn- ery Publishing, 2004), 13-14.

은, '미국은 위대한 사탄이다. 그것은 세상에서 악의 원천이다.'[8]

그래서, 급진 이슬람주의자들과 급진 좌파들 양쪽의 마음속에는, 자유에서 잉태되고 모든 사람이 평등하게 창조되었다고 말하는 나라는 정말로 노예제도에 기반을 두고 정복에 헌신하는 위대한 사탄이다. 미국은 수 세기 동안 국경과 전 세계에서 억압, 빈곤, 불의에 대한 책임이 있다고 알려져 왔으며, 그 비난은 오늘날까지 계속되고 있다.

미국의 테러와의 전쟁은 미국 자신의 어두운 면을 감추기 위한 미국의 책략에 불과하다고 말하는 사람들이 있다. 9.11 테러 공격은 미국이 악하다는 사실을 부각했을 뿐이고, 마침내 닭들은 집으로 돌아와 보금자리를 찾았다. 미국의 방어권조차도 비웃음에 사로잡혀 있었다. 요약하자면, 테러와의 전쟁은 미국 사회의 모든 잘못된 것에 대한 희생양으로 삼기 위해 발명되었다는 것이다.

우리는 심지어 9.11 테러 18주년 기념일에 이슬람 테러리스트들을 언급하는 것을 주저하는 언론의 망설임도 보았다. 「뉴욕타임스」는 트위터를 통해 "항공기가 세계무역센터(WTC)를 무너뜨리려 했다"[9]라고 올렸다가 나중에 삭제했다. 타임스는 누가 비행기를 조종하고 있는지 밝히지 않았다. 이는 특히 끔찍한 공격을 저질렀던 알카에다 무슬림 테러리스트를 비난하는 사람들과 거리를 두기 위해 최선을 다했다.

그렇다. 두 대의 비행기가 트윈 타워로 날아갔다. 그러나 비행기는 스스로 비행하지 않았다. 토크쇼에 대한 많은 논의의 요점은 미국이 탈레반과의 전쟁에서 폭탄으로 사람들을 죽이는 방법에 관한 것이다. 물론 이것은

8   David Horowitz, "The sick mind of Noam Chomsky", *Salon*, September 26, 2001, https://www. salon.com/2001/09/26/treason_2/.

9   Brian Flood, "New York Times deletes 9.11 tweet after backlash: 'Airplanes took aim and brought down the World Trade Center'", *Fox News*, September 11, 2019, https://www.foxnews.com/media/new-york-times-9-11-tweet-deleted-airplanes.

잘못된 동등성이지만 일어난 일에 대해 미국을 비난하는 사람들을 덮는데 사용된다.

데이비드 호로위츠는 다음과 같이 말했다.

평판 있는 모든 조사에 따르면 수억 명의 이슬람교도들이 이러한 공격을 지지했고, 수만 명의 '이교도'가 이미 이슬람 테러리스트들의 손에 의해 목숨을 잃었다고 썼다. 그러나 오바마 대통령은 이슬람이 이러한 사실들과 관련이 있다는 것을 부인했다.[10]

컬럼비아대학의 니콜라스 드 제노바(Nicholas de Genova) 교수는 다음과 같이 말했다.

평화는 애국심이 아니다. 평화는 파괴적이다. 평화는 우리가 사는 세계와는 매우 다른 세계, 즉 미국이 설 자리가 없는 세계를 예상하기 때문이다.[11]

평화란 '미국이 설 자리가 없는 세계'이다.

문화 마르크스주의자들은 사람들이 억압을 받기 때문에 악을 행한다는 순진한 생각을 믿는다. 억압을 없애면 그들은 평화롭고 친절할 것이다. 미국 전역의 수많은 사람과 이야기를 나눈 데니스 프레거(Dennis Prager)는 좌파에 대해 이렇게 말한다.

그들은 가족을 폭파하려고 몸에 폭탄을 두르는 사람들 … 나이트클럽에 폭탄을 설치하는 사람들 … 승무원들의 목을 베고 비행기로 무고한 미국인들

---

10 David Horowitz, *Dark Agenda: The War to Destroy Christian America* (West Palm Beach, FL: Humanix Books, 2018), 131.

11 Horowitz, *Unholy Alliance*, 34.

로 가득 찬 빌딩으로 돌진하는 것은 그들에게 충분한 수입이 없기 때문이라고 실제로 믿는다.[12]

또는, 문화적 마르크스주의자들이 덧붙이듯이, 그것은 미국이 그들에게 한 짓 때문에 일어난 일이다. 다시 말해서, 테러리스트들은 잘못이 없다. 그들을 테러리스트로 만든 것은 미국이다.

좌파는 미국이 탄압을 중단한다면 이슬람주의자들이 과격화된 원인은 사라질 것이라고 믿고 있다. 만약 미국이 올바른 외교 정책을 가지고 있다면 그들은 다시는 고층 건물을 향해 비행기를 날리지 않을 것이고 수천 명의 사람을 죽이지도 않을 것이다. 억압, 특히 미국의 억압은 잘못이다. 따라서 좌파는 자본주의가 뿌리째 뽑히고 사회주의 국가가 등장한다면, 급진 이슬람은 더는 급진적일 필요가 없을 것이라고 믿는다.

이런 태도는 무함마드 시절로 거슬러 올라가는 이슬람교도의 피해 주장과 잘 맞아 떨어진다. 그들의 '피해'는 항상 그들이 다른 사람들에게 가하는 악보다 더 크다고 말해 왔다.

덴마크 만화 논란이 진행되는 동안, '폭도들의 공격과 암살 … '모독적인' 그 그림에 전혀 관여하지 않은 200명이 넘는 사람의 목숨을 앗아갔다.'[13] 그러나 폭력적인 행동은 이슬람이 모욕을 받았기 때문에 정당화되었다고 한다. 그들의 죽음에 대한 비난은 이슬람에 이 고통을 가한 만화가에게 돌려졌다. 폭동은 세상에 교훈을 주었다.

"우리를 비난하지 마라. 그렇지 않으면 우리가 당신을 쫓을 것이다. 그것은 모두 당신 잘못 때문일 것이다."

12 Dennis Prager, "If you believe that people are basically good…", *Jerusalem World Review*, Decem- ber 31, 2002, http://jewishworldreview.com/0103/prager123102.asp.
13 See Paul Marshall and Nina Shea, *Silenced: How Apostasy and Blasphemy Codes Are Choking Freedom Worldwide* (New York: Oxford University Press, 2011), 174.

2. 모스크와 정부의 연합

미국에서 정교분리는 급진 좌파들 사이에서 신조다. 정교분리는 정부가 종교의 자유로운 행사를 방해해서는 안 된다는 것을 교회에 보증하기 위해 토머스 제퍼슨(Thomas Jefferson)이 작성한 편지에 언급되어 있다는 사실에도 불구하고, '교회와 국가의 분리'라는 문구가 미국 헌법에 나타나지 않는다는 것은 우리 공립학교에서 모든 기독교적 영향력을 근절하기 위한 좌파의 의제를 지지하는 것이라고 한다.

그러나 세속주의자들의 마음속에는 모스크와 국가의 분리 같은 것은 없다. 9.11 이후, 이슬람교도들은 그들의 종교를 전도하는 것이 허용되었고 심지어 격려를 받았다. 미국시민자유연맹은 이의를 제기하지 않았으며 종교 재단으로부터의 자유(Freedom from Religion Foundation)도 반대하지 않았다.

좌파는 학교가 기독교의 영향을 받지 않도록 했지만 9.11 공격에 영감을 준 바로 그 종교인 이슬람의 가르침과 이슬람으로의 개종을 환영했다. 좌파는 만약 어떤 종교가 서구의 가치를 파괴하려는 것이라면, 우리 학교에서 종교가 적극적으로 장려되는 것에 대해 신경 쓰지 않는다. 이슬람이 아니라 기독교가 악당이 된다.

2018년, 뉴저지의 채텀중학교 학생의 두 어머니는 학생들에게 이슬람을 전파하려고 두 개의 비디오를 보여 준 것에 대해 학교를 상대로 연방 소송을 제기했다. 하나는 '이슬람에 대한 소개'이고, 다른 하나는 '5개의 기둥'이었다. 이 어머니들은 학교에 직접 호소했지만 거절당했다. 그들이 이 문제를 계속 주장했을 때 그들은 소셜 미디어에서 편협한 이슬람 혐오자(증오, 무지, 편협, 인종차별)로 공격받았다.

토머스모어법학센터(Thomas More Law Center)는 비디오가 이슬람의 역사와 그것이 가르치는 내용에 대한 왜곡된 그림을 제공했기 때문에 학교에 대

해 소송을 제기했다.[14]

많은 학교의 학생들은 유사한 교육 시도를 견뎌야 했다. 2015년에 테네시의 스프링힐중학교(Spring Hill Middle School) 학생들은 이슬람으로 개종한 사람들이 사용하는 성명서 '알라 외에 신은 없고, 모하메드는 그의 예언자다'를 필기하도록 강요받았다.[15]

일부 학교의 학생들은 꾸란 일부를 외우고, "알라는 위대하다!"(Allahu Akbar!)라고 외치고, 라마단을 기념하기 위해 점심에 단식하라는 말을 들었다. 메릴랜드, 미시간 그리고 애리조나에 있는 학교들은 이슬람교 학생들이 학교 수업 시간에 기도하는 것을 허용하고 있다.

2008년 독립 국가연구기관인 미국교과서협의회(American Textbook Council)는 가장 널리 사용되는 중고등학교 사회 교과서 10종이 『국제 안보에 대한 기초와 도전을 잘못 전하는 이슬람에 대한 불완전하고 왜곡된(거짓으로 구성된) 견해를 제시하고 있다』[16]라는 보고서를 발표했다. 결론은 이 교과서들이 이슬람의 역사와 가르침을 희화화하고 서구 역사와 가치를 폄훼한다는 것이다.

위원회는 또한 다음과 같이 언급했다.

7학년 교과서들은 이슬람교를 빛나는 언어로 묘사하고 있지만, 기독교를 혹독한 시각으로 묘사하고 있다. 학생들은 놀랄 만한 경험을 한다. 이슬람교는 종교 간 관용의 모델로 등장하는데, 그리스도인들은 침략전쟁을 벌

---

14 Horowitz, *Dark Agenda*, 59–60.

15 Thomas D. Williams, PhD, "7th Graders in Tennessee Made to Recite 'Allah Is the Only God' in Public School", *Breitbart*, September 10, 2015, https://www.breitbart.com/politics/2015/09/10/7th-graders-in-tennessee-made-to-recite-allah-is-the-only-god-in-public-school/.

16 Robert Spencer, *Stealth Jihad: How Radical Islam Is Subverting America without Guns or Bombs*(Washington, DC: Regnery Publishing, 2008), 190.

이고 유대인들을 살해한다. 이슬람은 조화와 문명의 모델로 제공된다. 반 유대주의, 종교재판 그리고 종교전쟁은 기독교의 오점으로 기록한다.[17]

놀랄 것도 없이, 이 교과서들에서 미국은 세계의 재난들 때문에 비난을 받고 있다.

미국 교과서위원회 보고서에서 주의 깊게 읽어야 할 한 가지 진술이 있다. 이슬람교육협의회는 현재 출판사에 대한 사실상 견제받지 않는 권력을 누리고 있으며 "현대 검열의 대리인"이라며 "출판사가 상당하고 실질적인 개정을 계획하지 않는 한 출판물에 대한 검토 요청을 거부할 수 있다"라고 출판사에 알렸다.[18] 미국시민자유연맹과 우리 법원이 열성적으로 추진하는 학교에서의 종교교육의 금지는 이슬람교도의 요구를 존중하기 위해 편리하게 자리를 비운다.

오늘날 미국 시민의 세금은 일부 공립학교에서 무슬림을 위한 기도실을 짓고, 식당에서 할랄 음식(이슬람법이 정한 기준에 따라 준비됨)이 제공되도록 하는 데 사용되고 있다. 그리고 '종교 및 시민의 가치연구소'(The Institute on Religion and Civic Values, 이전의 이슬람교육협의회) 같은 조직은 연방 자금 지원으로 공립학교에서 이슬람을 가르치기 위한 자료를 제공한다. 이슬람의 세탁 버전을 소개하고 꾸란이 일상생활에서 어떻게 사용될 수 있는지 알려주는 동영상이 제공된다.

좌파의 사람들이 수정헌법 제1조의 완전성에 대해 진정으로 우려한다면(그들이 해석하는 대로) 교회와 국가를 분리하는 동일한 벽이 모스크와 국가 역시 분리해야 할 것이다. 그러나 좌파는 이슬람에 대해 가르치는 것뿐만 아니라 공립학교에서 이슬람을 위해 적극적으로 전도하는 것을 축하한다.

---

[17]　Spencer, *Stealth Jihad*, 195.
[18]　Spencer, *Stealth Jihad*, 206.

왜 좌파는 기독교를 경멸하는가?

근본주의 이슬람은 개인의 자유와 정부 권력에 대한 헌법적 통제를 존중하는 유대-기독교 미국과 같은 '이단적인' 문화와 전쟁을 선포했다.

또, 이슬람교의 혐오스러운 여성 대우에 대해서 페미니스트는 왜 침묵하는가?

페미니스트는 언어적으로 마비된 상태이며, 한편으로는 여성이 이슬람교에서 어떻게 대우받는지에 대해 동의하지 않지만, 다른 한편으로는 이슬람에 공을 떠넘긴다. 이슬람 국가에서 동성연애자가 사형당해도 좌파 진보는 침묵하고 있다. 좌파들은 그들이 서구 문명의 토대를 파괴하도록 돕는 종교에 관해 비판적이기를 원하지 않는다. 데이비드 호로위츠의 말을 빌려 보겠다.

> 기독교에 대한 증오와 헌법에 대한 경멸에 대해 좌파와 정치적 이슬람 모두 동의한다.[19]

그리고 더 있다.

3. 무슬림 교리, 이민

"다양성은 우리를 더 강하게 만든다!"

여러분은 어떤 대의명분을 옹호하는 사람들이 하는 말을 들어본 적이 있을 것이다. 그러나 그것이 실제로 무엇을 말하는지 살펴보자.

공통점이 적을수록 우리가 더 강해진다는 것이 정말 사실일까?

---

19   Horowitz, *Dark Agenda*, 61.

하나님이 바벨탑에서 사람들이 서로 다른 언어를 쓰게 하여 혼란을 가져오셨을 때, 그들의 '다양성'이 그들을 강하게 하지 못했다. 오히려, 그들의 다양성은 그들을 흩어지게 하고 약하게 만들었다. 국가는 공통의 핵심 가치와 공통의 언어를 공유하는 사람들에 의해 결합된다. 우리는 우리가 미국에서 사는 것을 환영하는 모든 사람이 헌법과 그 핵심 가치에 대한 공동의 헌신을 가지고 함께하기를 바랄 수 있다.

이민은 미국을 이슬람화하려는 이슬람의 목표에 필수적이다. 앞에서 언급했듯이, 많은 이슬람교도는 종교의 자유와 같은 서구적 가치를 통합하고 받아들였다. 그들은 이 자유를 핵심 가치로 존중한다. 그러나 꾸란과 하디스(무함마드의 말)를 문자 그대로 받아들여 미국 내 이슬람의 패권에 헌신하는 사람들도 있다.

꾸란과 하디스 모두 이슬람교도들에게 이민을 권유하는 명령을 포함하고 있다. 예를 들면, 다음과 같다.

> 알라가 나에게 청구한 것 가운데서 다섯 가지를 너에게 청구하겠다. 알라를 위해 모이고, 듣고, 복종하고, 히즈라(Hijrah, 이주)하고, 지하드(성전)를 벌이는 것이다(하디스 17344).

역사적으로 무함마드는 7세기에 메카를 떠났고 나중에 메카를 점령하기 위해 돌아올 수 있도록 군대를 강화하기 위해 소수의 추종자와 함께 메디나로 떠났다. 이것은 히즈라(Hijrah ,이주)로 알려지게 되었다. 이 이주 모델은 새로운 이주한 국가에 동화하기 위한 것이 아니라 이주한 국가를 식민지화하고 변형하기 위한 것이다.

'무슬림형제단'이 미국을 파괴하려는 계획의 첫 번째 주요 요점을 기억하라.

무슬림의 존재를 확대하기 위한 출생률, 이민 그리고 동화 거부.[20]

이 전략은 인도네시아를 불교와 힌두교 국가에서 세계에서 가장 큰 이슬람교 지배 국가로 변화시켰다. 난민을 위한 국경 개방은 재앙적인 인도주의적 위기에 대한 동조적인 대응으로 볼 수 있지만, 유럽이 발견한 것처럼 장기적인 위험과 결과를 초래할 수 있다.

이슬람주의자들의 급진적인 희망은 이슬람교도의 이민과 서구에서의 인구 증가를 통해 '샤리아법'이 결국 미국의 법을 대체하리라는 것이다.

4. 정치적 올바름의 속임수

"우린 차별하지 않아!"

이 말은 관용을 주장하는 좌파들의 집요한 외침이다. 그러나 현실은 모든 사람이 차별하고 있다. 고용주들은 잠재적인 직원들을 차별한다. 사람들은 그들이 어느 교회, 모스크, 또는 사원에 다니는지(또는 위의 어느 곳도 다니지 않던지)로 차별한다. 그리고 우리는 모두 누가 나의 친구가 될 것인지, 주말에 누구를 데리고 저녁을 먹으러 갈 것인지를 결정할 때 차별한다.

매일 그리고 모든 방법으로 우리는 사람들에 대해 선택을 한다. 그리고 각각의 선택은, 어떤 의미에서는 차별이다. 상식에서 벗어난 '정치적 올바름'은 사람들이 해롭고 위험한 이데올로기와 영향을 현명하게 구별하기 위해 주의를 기울이는 것을 단념시켰다. 두려움, 차별 문제에서 올바른 편에 서는 것에 대한 두려움은 어떤 사람들을 묶고 어리석은 결정을 내리도록 몰아붙인다.

---

20   Boykin et al., *Shariah*, 125-126.

국가로서 우리의 큰 잘못 중 하나는 우리가 제대로 구별할 줄 모른다는 것이다. 그래서 우리가 차별한다는 비난을 받을 수 있다는 두려움은 우리의 안보 서비스마저 '정치적 올바름'의 요구에 굴복하게 만든다.

상식에서 벗어난 '정치적 올바름'은
사람들이 해롭고 위험한 이데올로기와
영향을 현명하게 구별하기 위해
주의를 기울이는 것을 단념시켰다.

다문화주의와 다양성 집착으로 우리 국가 안보 기관들이 마비돼 지하드 의제의 진척에 대한 수사가 차질을 빚고 있다. 아무도 반이슬람주의자로 보이고 싶어 하지 않으며, 이것은 국가 안보에 심각한 실책으로 이어졌다. 안보 보고서 『샤리아-미국에 대한 위협』(Shariah-The Threat to America) 축약판에서 저자들은 다음과 같이 결론을 맺는다.

다문화주의, 정치적 올바름, 잘못된 관용 개념 및 순전히 고의적인 맹목주의가 결합하여 현재 미국이 직면하고 있는 위협에 관해 혼란과 부정의 분위기를 조성했다.[21]

그들은 우리 안보 시스템의 침해가 범죄라는 데 동의한다. '이슬람 공포증'이란 단어는 사실 그 비판이 정확하더라도 이슬람에 비판적인 사람들을 누구나 수치스럽게 여기기 위해 이슬람교도에 의해 발명된 단어이다. 자본주의를 약화하기 위해 사용된 '정치적 올바름'이 이슬람이 번성하도

---

21 *Shariah: The Threat to America: Abridged*, 16.

록 허용하고 있다.

우리 문화는 지혜를 무심코 받아들이는 것과 교환하고, 용기를 비겁함
과 교환하도록 한다.

다행스럽게도 하나님이 이런 시기에 교회를 일으켜 세우셨다.

5. 교회의 대응

그리스도인인 우리는 우리 가운데 사는 이슬람교도들에게 환영의 손
길을 내밀어야 한다. 우리는 두려움이 우리 공동체의 이슬람교도를 외면
하게 하도록 감히 내버려 둘 수 없다. 에릭 메탁사스(Eric Metaxas)는 "만약
당신이 두려움에 근거한다면, 당신은 예수를 경배하는 것이 아니다"라고
말한다.

우리는 이슬람교도들을 우리의 적으로 볼 것이 아니라, 오히려 그들을
정신적, 문화적 속박 속에 가두는 종교에 현혹된 사람들로 보아야 한다.
우리는 가능한 한 그들의 종교에 친숙해져야 한다. 마틴 루터는 꾸란을 독
일어로 번역해야 한다고 주장했는데, 이는 독일인들이 이슬람교로 개종하
지 않도록 하는 제일 나은 방법이라고 생각했기 때문이다. 꾸란을 읽는 사
람은 누구나 그 책이 하나님에게서 온 것이 아니라는 것을 즉시 알아차릴
것이라고 그는 주장했다. 우리는 이런 그리스도인이 되어야 한다.

> 뱀처럼 지혜롭고 비둘기처럼 순결해야 한다(마 10:16).

교회는 신자들이 그들의 역사, 신념, 목표를 완전히 이해하면서 이슬람
신도들을 참여시킬 수 있도록 해야 한다.

다만 내가 나의 저서 『바벨론 교회를 바라보라!』에서 밝힌 바와 같이 교
회와 '무슬림과의 종교 간 대화'가 늘어나는 추세를 경계해야 한다. 이슬

람교의 관점에서, 종교 간 대화의 목표는 사이드 쿠툽에 의해 언급되었다.

> 이슬람과 자할리야(Jahiliyah, 무슬림이 아닌 사회) 사이의 틈새는 크므로 다리
> 를 건설해야 하지만 그것은 서로 왕래하는 다리가 아니라 오직 자할리야
> 사람들만 건너오는 다리여야 한다.[22]

이슬람교의 관점에서, 횡설수설하는 종교 간의 대화는 허용될 만하고 심지어 필요하다. 목표는 이슬람으로의 초대지만, 짜 맞춰진 이슬람에 관한 이야기를 서구 관객들과 무심코 헌신하는 그리스도인들의 입맛에 맞추어 쉽게 받아들일 수 있도록 하는 것이다.

나는 시간을 내어 무함마드 샤피크(Muhammad Shafiq)와 모하메드 아부-니머(Mohammed Abu-Nimer)의 저서 『종교 간 대화-무슬림을 위한 안내서』 (Interfaith Dialogue: A Guide for Muslims)를 읽었다.

나는 그들의 종교 간 대화에서 이슬람교도의 동기를 더 잘 이해할 수 있었다. 이슬람과 이슬람교도를 위해 쓴 이 책은 매우 중립적인 어조로 말하고 있는데, 그리스도인들이 이 중 많은 것을 쉽게 받아들일 수 있을 것이다.

> 그들은 공정성, 공손함, 사려 깊은 경청, 공존의 필요성에 관해 이야기
> 한다.[23]

하지만 이 책의 목표는 이슬람교도들이 아닌 사람들에게 그들의 믿음을 받아들일 수 있도록 표현하는 방법을 가르치는 것이다. 간단히 말해서, 그

---

22 Stephen Coughlin, *"Bridge Building" to Nowhere: The Catholic Church's Study in Interfaith Delusion* (Washington, DC: The Center for Security Policy, 2015), 8.

23 Muhammad Shafiq and Mohammed Abu-Nimer, *Interfaith Dialogue: A Guide for Muslims* (Herndon, VA: The International Institute of Islamic Thought, 2011).

것은 이슬람교의 신성한 텍스트와 역사를 재해석하여 정화(미화)된 버전을 제시하기 위해 쓰였다. 이 책은 이슬람교도들이 이슬람에 대한 '오해'를 없애기 위해 종교 간 대화를 이용해야 한다고 여러 번 말하고 있다.

이 글을 주의 깊게 읽어 보기를 바란다.

> 각각의 대화 상대는 그들 자신의 종교와 신념을 정의할 권리가 있다. 그래서 나머지는 상대방에게 외부로부터 그것이 어떻게 보이는지만 설명할 수 있다.[24]
> 이 세미나들은 기독교와 무슬림의 신념을 모두 다루고, 상호 판단하지 않고 서로에 대한 비교적인 시각만 제공해야 한다.[25]

결론은 이렇다. 종교 간 대화에 참여하는 이슬람교도들은 꾸란이나 이슬람의 공격적이고 피비린내 나는 역사로부터 바람직하지 않은 사건은 언급하지 않고, 논쟁의 여지가 없는 이슬람의 버전을 제시할 수 있는 강령을 원한다. 각 참가자는 상대방의 말을 액면 그대로 받아들여야 하며, 상대방이 말하는 것을 비판해서는 안 된다. 각 종교에 대한 비판적 분석이 위축된 셈이다.

이슬람교도들이 이런 '종교 간 대화'를 열망하는 것은 당연하다. 그것은 그들에게 속기 쉬운 미국 청중들 사이에서 그들의 믿음을 기만적으로 퍼뜨릴 기회를 준다.

이슬람교도들에게 복음을 전하는 더 좋은 방법은 그들과 개인적인 관계를 맺는 것이다. 무슬림 지인들이 예수님을 구주로 받아들일 가능성에 열려 있든 없든 친절과 진정한 우정의 행위로 우리의 말을 뒷받침하며 복음을 전하는 것을 의미한다. 은밀한 침투를 통해서든 노골적인 폭력을 통해

---

24 Shafiq and Abu-Nimer, *Interfaith Dialogue*, 43.
25 Shafiq and Abu-Nimer, *Interfaith Dialogue*, 108.

서든 급진 이슬람주의자들의 계획과 행동에도 불구하고, 하나님은 항상 이 세상에서 일어나는 일을 통제하신다.

우리 중 많은 이가 복음을 폐쇄한 국가들을 위해 적극적으로 기도하고 이슬람 국가에 파견된 선교사들을 지원하는 데 도움을 주고 있다. 이슬람 세계를 위한 우리의 기도에 대한 하나님의 응답의 한 부분이 이슬람교도들을 미국으로 데려와 진정한 그리스도인들에게 소개하는 것이다.

그들의 나라에서 홍보하는 캐리커처가 아니라면 어떨까?

무슬림 이민은 잠재적인 위험을 나타내지만, 그것은 또한 좋은 기회를 제공한다. 나는 이곳 미국에서, 특히 난민들 사이에서 이슬람 공동체에 손을 내밀고 있는 교회와 그리스도인들의 많은 예를 들 수 있었다.

우리의 증언은 분별력과 결부되어야 한다. 종종, 미국 그리스도인들은 다른 사람들을 가장 잘 믿는 경향이 있어서 그들을 오도하려는 사람들을 종종 보지 못한다. 여러 방면에서 그리스도인들은 이슬람교도들과 종교 간 대화를 시작한다. 이러한 규칙은 명확하다.

그리스도인들은 그들이 믿는 것을 자유롭게 설명할 수 있고, 그러면 이슬람교 지도자는 이슬람이 믿는 것을 설명할 동등한 기회를 얻게 된다. 이러한 대화는 교차 검토의 기회가 주어지지 않기 때문에, 무슬림은 미국 청중을 위해 정화(미화)된 이슬람의 버전을 자유롭게 제시할 수 있다(다시 한 번, 이 문제에 대해 나의 저서, 『바벨론 교회를 바라보라!』 제8장 "성도들에게 단번에 주신 믿음 수호"를 참조하기를 바란다).

만약 우리가 결국 급진주의자들에게 자유를 빼앗긴다면 어떻게 될까?

샘 솔로몬(Sam Solomon)은 샤리아 율법에 대한 교육을 받았고 기독교로 개종하기 전까지 15년 동안 그것을 가르쳤다. 그가 여기 미국을 방문했을 때, 나는 그가 이슬람교도들이 그들의 방식을 따르고 샤리아법이 승리한다면 이 나라는 어떻게 될지에 대해 강연하는 자리에 참석했다. 그의 발표는 잘 연구되었고, 설득력이 강했으며, 무서웠다. 그날 늦게 우리는 식당에서 만나 이야기를 나누었다.

나는 그에게 간단한 질문을 던졌다.

"당신이 공유한 것에 비추어 볼 때 그리고 미국에서 급진 이슬람이 얻고 있는 이득을 생각하면, 교회의 목사로서 나의 책임은 무엇인가?"

그는 집게손가락을 내 가슴에 대고 말하였다.

"당신의 책임은 당신의 백성들에게 그 신앙을 위해 순교할 준비가 되어 있도록 가르치는 것이다."

나는 그것을 내 직무의 일부로 생각해 본 적이 없다. 그러나 그의 말은 결코 나를 떠나지 않았고, 그 이후로 나는 성경과 교회 역사 모두에서 순교를 공부해 왔다. 신앙 때문에 사형에 처해진 그리스도인은 수백만 명에 달하며, 그들은 수많은 방법으로 죽었다. 이슬람이 가장 선호하는 처형 방법은 칼을 사용하는 것이다. 나는 결국 이 순교를 주제로 책을 쓰기를 희망한다.

진리로 무장한 용기는
우리의 소명이다.

한 번은 이집트에서 테러리스트들이 많은 그리스도인을 살해한 후 카이로의 젊은 그리스도인들이 "요청에 의한 순교자!"(Martyr by Request!)라는 문구가 새겨진 티셔츠를 입고 거리를 행진했다는 소식을 들었다. 나는 미국에 있는 우리가 그런 용기를 가질 수 있을지 잘 모르겠다. 사실, 우리는 종종 우리의 생명은 말할 것도 없고 어떤 안락함마저도 포기하기를 꺼린다.

우리는 아마도 이곳 미국에서 순교와 마주치지는 않겠지만, 이슬람이 영향력을 확대하고 종종 우리의 권리와 충돌하는 '권리'를 주장함에 따라 세속주의가 우리에게 강요하는 문화적, 법적 압력에 견딜 수 있을 만큼 교회가 용기를 낼 수 있을지 자문해 보아야 한다.

이슬람에 대한 비판을 금지하는 '정치적 올바름'과 법이 교회를 마비시킬 것인가?

이미 이슬람에 대한 비판은, 아무리 옳고 사려 깊다 하더라도, 확장된 넓은 문화권에서는 금기시되고 있다.

스위스 종교개혁의 지도자 울리히 츠빙글리(Ulrich Zwingli)는 다음과 같이 말했다고 한다.

빌어먹을, 용기 있는 일을 해!

진리로 무장한 용기는 우리의 소명이다.

6. 우리 모두의 기도

다니엘 9장에서 다니엘의 기도 중 선택된 구절을 기도합니다.

주여 수치가 우리에게 돌아오고 우리의 왕들과 우리의 고관과 조상들에게 돌아온 것은 우리가 주께 범죄하였음이니이다 마는, 주 우리 하나님께는 긍휼과 용서하심이 있사오니 이는 우리가 주께 패역하였음이오며, 우리 하나님 여호와의 목소리를 듣지 아니하며 여호와께서 그의 종 선지자들에게 부탁하여 우리 앞에 세우신 율법을 행하지 아니하였음이니이다(단 9:8-10).

나의 하나님이여 귀를 기울여 들으시며 눈을 떠서 우리의 황폐한 상황과 주의 이름으로 일컫는 성을 보옵소서 우리가 주 앞에 간구하옵는 것은 우리의 공의를 의지하여 하는 것이 아니요 주의 큰 긍휼을 의지하여 함이니이다 주여 들으소서 주여 용서하소서 주여 귀를 기울이시고 행하소서 지체하지 마옵소서 나의 하나님이여 주 자신을 위하여 하시옵소서 이는 주의 성과 주의 백성이 주의 이름으로 일컫는 바 됨이니이다(단 9:18-19).

아버지!

저희는 당신 것입니다. 저희가 길을 잃은 나라에서 당신을 충실히 대변할 수 있도록 도와주소서. 우리의 삶과 증언으로 당신을 사랑하고 존경할 수 있도록 도와주소서. 우리와 다른 모든 사람에게 은혜와 존경을 표하고 주의 거룩한 말씀을 나누는 데 용기를 내도록 도와주소서.

예수님의 이름으로 기도합니다. 아멘.

제9장

비방하라! 헐뜯어라! 중상하라!

대상을 선정하고, 동결하고, 개인화하고, 분열시켜라![1]

이것이 활동가 사울 알린스키(Saul D. Alinsky)가 『급진주의자들을 위한 규칙』(*Rules for Radicals*)이라는 책에서 쓴 것이다.

급진적 세속주의자들은 '공존'에 만족하지 않는다. 오히려 그들은 우리가 그들의 의제에 완전히 굴복할 것을 요구한다. 그리고 그들은 자신과 의견이 다른 사람들을 비난하는 것이 이성적이거나 공손하게 행동하는 것보다 더 효과가 있다는 것을 알아차렸다. 그들이 그것을 알든지 모르든지, 그들은 마르크스주의자인 사울 알린스키의 위에서 인용한 지시를 따르고 있다.

알린스키가 목표물을 분열시키라고 말할 때, 그는 이렇게 말했다.

목표물의 지원 네트워크를 끊고 동정심으로부터 격리하라. 기관이 아니라 사람을 좇아가라. 사람들은 기관보다 더 빨리 무너진다(이것은 잔인하지만 매우 효과적이다. 직접적이고 개인화된 비판과 조롱이 효과가 있다).[2]

1　Saul D. Alinsky, *Rules for Radicals: A Pragmatic Primer for Realistic Radicals* (New York: Vintage Books, 1989), 130.

2　Ellis Washington, "Alinsky, Obama: Lies, lies, lies", *WorldNetDaily*, September 16, 2011, https:// www.wnd.com/2011/09/345625/.

직접적이고 개인화된 비판과
조롱이 효과가 있다!

처음부터, 알린스키의 방법을 연습한 사람들은 세 가지 무기를 사용할
것이다.

첫째, 수치심
둘째, 조롱
셋째, 협박

1973년으로 거슬러 올라가서, 동성애운동가들은 미국정신의학협회
(APA: American Psychiatric Association)를 설득하여 동성애를 정신질환 목록에
서 제거하고 정상적인 행동으로 재분류하도록 설득했다.[3] 이러한 변화는
과학적 근거 때문이 아니라 급진주의자들이 미국 정신의학협회의 연례 회
의를 방해하기 위한 체계적인 노력을 계획했기 때문이었다. 3년 전 미국
정신의학협회 회의에서 운동가들은 마이크를 잡고 "정신의학은 인간의 탈
을 쓴 적이다"라고 말했다.

> 정신의학은 우리를 상대로 가차 없이 박멸 전을 벌여 왔다. 당신은 이것을
> 당신에 대한 선전포고로 받아들일 수 있다. … 우리는 당신들이 우리의 주
> 인이 되는 것을 모두 거부한다.[4]

---

3   "Homosexualityand psychology",Wikipedia, https://en.wikipedia.org/wiki/ Homosexu-
     ality_and_psychology.
4   Jeffrey Satinover, *Homosexuality and the Politics of Truth* (Grand Rapids, MI: Baker Books,
     1996), 33.

그 결과는 무엇일까?

한 과학 사회가 경험적인 연구를 무시하고 호전적인 집단의 요구에 굴복했다. 이 하나의 행동을 통해, 동성애운동은 협박이 연구, 과학, 시민 의식 그리고 대화를 대리한다는 것을 알게 되었다. 따돌림은 그들의 길에 있는 어떤 장애물도 극복할 수 있을 것이다.

데이비드 호로위츠는 『어둠의 의제』(Dark Agenda)에서 이렇게 썼다.

> 좌파는 자신의 길을 가로막는 사람들을 파괴하는 것에 대한 양심이나 한계가 없다. 전쟁은 미국의 공립학교에서 종교의 행위를 제거하는 것으로 시작되었다. 그 이후로, 그것은 더욱더 분열적이고 강렬해졌을 뿐이다.[5]

급진주의자들은 그들의 관용에 동의하지 않는 어떤 사람에 대해 본능적으로 참을 수 없다. 그들은 우리 교회를 포함한 모든 사회 구성원이 그들을 축하해 줘야 한다고 주장한다.

자연법에 대한 논쟁, 동성애자들이 아이를 입양하도록 하는 것에 대한 의문, 전통적인 가족에 관한 유리한 주장, 이 중 어느 것도 토론의 대상이 아니다. 이들의 주장은 간단명료하다. LGBTQ 권리의 어떤 것도 반대하는 사람들은 편협한 사람들이다. 그리고 편협한 사람들은 배척을 받아 마땅하고, 가능하다면 벌을 받아야 한다.

비방과 협박은 이성적인 토론보다 더 강력하다.

---

5 David Horowitz, *Dark Agenda: The War to Destroy Christian America* (West Palm Beach, FL: Humanix Books, 2018), 92.

1. 공개적 수치

1) 발의안 제8호

2008년 캘리포니아주 유권자들이 제안한 발의안 제8호(결혼을 1남 1녀로 규정)가 통과되자 LGBTQ (Lesbian, Gay, Bisexual, Transgender, Queer[레즈비언, 게이, 양성, 성전환자, 퀴어]) 단체는 이에 대해 보복을 했다. 법안 지지자들의 이름과 주소를 온라인에 공개함으로써 창피를 주고, 급진주의자들에 의한 괴롭힘을 유발했다.[6] 동성 결혼 금지를 지지하는 많은 사람은 직장을 잃었고 사업체들은 불매운동을 당했다. 직원들은 위협을 받았고 그들의 집과 재산은 파괴되었다.

일부 급진주의자들은 개정안을 지지하고 투표한 사람들을 공개적으로 수치스럽게 하려고 기관 시설에 난입했다. 지지자들은 괴롭힘을 당하여 굴복하거나 최소한 침묵을 지켰다.

「뉴욕타임스」 전면 광고는 LGBTQ 커뮤니티 반발의 전술을 "집단 거부권"이라고 비난하며 발의안 제8호 지지자들에 대한 폭력 중단을 촉구했다. 그러나 이러한 지속적인 반발의 영향으로 6년 후, 모질라(Mozilla-Firefox의 웹브라우저 개발자)의 공동 설립자이자 새로 임명된 최고경영자 브렌던 아이크(Brendan Eich)가 캘리포니아 개정안을 지지하기 위해 1,000달러를 기부했다는 이유로 사임하라는 압력을 받았다.[7]

그의 기록에 의하면 그는 사업상 동성애자들을 차별한 적이 없다고 해도, 혐오스럽고 편협하다고 비난을 받았다. LGBTQ 커뮤니티는 아이크가

---

6   Thomas Messner, "The Price of Prop 8", *The Heritage Foundation*, October 22, 2009, https://www. heritage.org/marriage-and-family/report/the-price-prop-8.

7   David Crary and Rachel Zoll, "Mozilla CEO resignation raises free-speech issues", *USA Today*, April 4, 2014, https://www.usatoday.com/story/news/nation/2014/04/04/mozilla-ceo-resignation-free-speech/7328759/.

해고된 이후에도 활동가들이 "1남 1녀" 법안을 지지했던 사람들을 처벌할 수 있도록 사람들과 기업 명단을 지속해서 공개해 왔다.

이로 인해 동성 결혼을 거부하는 일부 교회는 더는 목회자나 장로들의 이름을 온라인에 게재하지 않게 되었다. 그들은 괴롭힘을 당하고, 표적이 되고, 반복적인 공격을 당할 수 있다. LGBTQ 공동체의 철학은 다음과 같이 말할 수 있다.

"만약 여러분이 우리를 지지하지 않는다면, 우리는 여러분의 견해에 반대할 뿐만 아니라, 여러분은 악이며, 호통을 당해도 마땅하다."

칙 필레(Chick-fil-A)는 영국 레딩에 레스토랑을 열었고, 대중들에게 따뜻한 환영을 받았다. 사람들은 그들의 특별한 치킨을 맛보기 위해 긴 줄을 서서 기다리고 있었다.

몇 년 전, 최고경영자 댄 T. 캐시(Dan T. Cathy)는 한 인터뷰에서 이렇게 말했다.

> 우리는 가족 단위에 대한 성경적 정의인 가족을 매우 지지한다. … 우리는 그것이 모두에게 인기가 없을 수도 있다는 것은 알고 있지만, 주께 감사드리며, 우리는 우리의 가치를 공유하고 성경적 원칙에 따라 운영할 수 있는 나라에 살고 있다.[8]

그리고 칙 필레가 가족에 대한 성경에서 말하는 관점을 선호하는 사회 조직을 지원한다는 사실만으로도 처음에는 이곳 미국에서, 다음에는 영국에서 급진주의자들의 반대를 이끌기에 충분했다. 8일 동안 쉬지 않고 항의한 끝에, 칙 필레는 영국에서 그들의 레스토랑을 닫았다. 그들은 증오, 욕설, 끊임없는 괴롭힘에 의해 쫓겨났다.

---

8 K. Allan Blume, "'Guilty as charged', Cathy says of Chick-fil-A's stand on biblical & family values", *Baptist Press*, July 16, 2012, http://www.bpnews.net/38271/guilty-as-charged-cathy-says-of-chickfilas-stand-on-biblical-and-family-values.

296 우리는 침묵하지 않으리라!

마르크스주의 각본에서 평화로운 공존은 평화를 의미하는 것이 아니다. 전쟁을 멈추지 않고 유토피아 투쟁을 계속하겠다는 뜻이다. 급진주의자들의 마음속에는 전통적인 가치를 고수하고 좌익의 공격에 맞서는 사람들은 식탁에 오를 자격이 없는 거물들이다.

급진주의자들은 자신들의 편이 승리해야 하고 이성, 토론, 상호 존중을 희생시켜야만 한다고 믿는다. 혁명은 좌파가 승리할 때까지 계속되며, 그러면 전체주의가 성숙할 것이다. 도덕적 이유로 그들의 의제에 동의하지 않는 사람들은 고개를 숙이거나 부끄러워해야만 한다.

우리의 문화는 강압에 의해 변화되고 있다.

2) 사립학교

사립학교들은 무자비한 성혁명을 받아들이고 자신들의 신념을 버려야 한다는 정치적, 도덕적, 경제적 압박을 받고 있다. 올랜도 센티넬(Orlando Sentinel)은 장학금을 받는 150개 사립학교가 동성애 등 부도덕한 행동을 금지하는 도덕적 기준을 갖고 있다는 지적에 대해 상세한 조사 내용을 실었다.[9]

이제 이러한 학교에 자금을 대는 기업들은 지원을 중단해야 한다는 압력을 받고 있다. 사립학교가 LGBTQ 반대 정책을 수립하는 것을 금지하는 법안도 제출되었다. 이런 정책을 계속하는 학교에 다니는 학생들은 학업에 필요한 장학금을 받지 못할 것이다. 이미 일부 기업은 이들 플로리다의 학교들에 기부한 것에 대해 세금 공제를 받고 있음에도 불구하고 지원을 중단할 것이라고 보도했다.

---

9 Annie Martin and Leslie Postal, "Lawmakers, voucher advocates meet on private schools' anti- LGBTQ policies", *Orlando Sentinel*, February 6, 2020, https://www.orlandosenti-nel.com/news/ education/os-ne-school-scholarship-protests-20200206-bwclm26yy-5abflbfc7l5z2dony-story.html.

이것에 대해 생각해 보자. 부모들은 그들의 아이들이 LGBTQ 생활방식을 용납하지 않는 환경에 있기를 원하기 때문에 이러한 사립학교를 선택한다. 그러나 LGBTQ 공동체는 부모들로부터 그러한 자유를 빼앗고 그들의 의제에 무릎을 꿇도록 강요하려고 한다. 부모들은 그들의 자녀들에게 무엇이 최선인지 모른다는 것이다. 성혁명을 대표하는 사람들은 "우리는 도덕의 진정한 중재자다"라고 말한다.

"당신이 비록 동의하지 않더라도, 우리의 도덕을 받아들여라!"

조지 오웰의 말이 생각난다. 그는 전체주의 통치를 이렇게 묘사했다.

> 전체주의 통치자는 인간의 얼굴을 영원히 짓밟는 것이다.[10]

2. 망신을 줘라! 창피를 줘라! 수치심을 안겨라!

1) 공공 광장에서의 맹렬한 비난

다양한 단체나 견해에 항의하는 시위는 다소 일반적이고 합헌적이다. 토론토에서의 시위를 다르게 만든 것은 표적이 된 사람 때문이었다. 조나단 반 마렌(Jonathon Van Maren)은 토론토의 한 도서관 밖에서 항의하는 성난 군중들을 이렇게 묘사했다.

> 수백 명의 남녀가 모여 혐오 표현에 대한 언론 자유 금지 등의 구호를 내걸고 이런 구호를 외쳤다.
> "성전환은 인권이다!"
> "공공도서관 인가를 취소하라!"

---

10 George Orwell, *1984* (New York: Signet Classics, 1977), 267.

"수치스럽다!"

그러자 적개심과 분노가 수면 바로 아래에서 거품을 일으켰다.

부끄럽다!

창피하다![11]

그들을 불쾌하게 한 것이 무엇이었나?

LGBTQ 의제에 반대하는 보수의 모임?

낙태 반대 집회?

사회주의를 비난하는 정치 집회?

아니다. 그 시위는 낙태와 동성애는 찬성하지만 남성이 여성이 될 수 있다는 것에 동의하지 않는 페미니스트커런트(Feminist Current) 설립자인 메건 머피(Meghan Murphy)를 겨냥한 것이었다. 이 범죄는 그녀를 트위터에서 퇴출했고, 시위자들은 그녀를 악랄하고 혐오스러운 악당이라고 비난했다. 그녀는 백인우월주의자와 비교되었다.

조나톤 반마렌(JonathonVanMaren)은 다음과 같은 질문과 결론을 내렸다.

만약 그들이 친 동성애 페미니스트마저 이 정도로 싫어하고, 그녀의 삶을 망치려고 한다면, 그들은 기회가 왔을 때 우리에게는 무슨 짓을 할 것인가? 우리는 그들의 전격적인 기습이 숨이 막힐 정도로 빠르게 우리 사회제도를 통과하였고, 그들이 이제 막 시작하였다는 것을 이해해야 한다.[12]

---

11   Jonathon Van Maren", Protest at public library shows LGBT movement won't stop until it dominates everything", *LifeSite*, October 30, 2019, https://www.lifesitenews.com/blogs/feminist-argues-at-public-library-males-cant-become-female-lgbt-movement-rampages.

12   Van Maren, "Protest at public library shows LGBT movement won't stop until it dominates everything."

2) 캠퍼스의 비방

텍사스 입학생들은 보수단체에 가입하면 '독스'(doxxed-특정인을 괴롭힐 목적으로 신상을 털고 그 정보를 웹사이트에 게재하는 것)를 당한다는 말을 들었다. 즉, 그들을 괴롭힐 목적으로 개인정보가 공개적으로 방송될 것이다. 그들에게 불리하게 사용될 수 있는 과거의 어떤 것이라도 말이다.

왜일까?

보수주의자들은 인종차별주의자, 동성애 혐오자, 탐욕스러운 자본가로서 주장되기 때문이다.[13]

2017년 2월 마일로 야노풀로스(Milo Yiannopoulos)가 버클리에서 연설할 예정이던 당시, 경찰은 경계는 하였지만 앞으로 일어날 폭력 사태를 저지하지는 않겠다는 의지를 드러냈다. 폭도들이 참석하려는 사람들을 때리고 후추 스프레이를 뿌리고 대학 경비원들에게 폭발물을 던지면서 행사는 결국 취소되었다. 그 후 폭도들은 경찰에 의해 저지되지 않은 더 많은 소동을 일으키기 위해 거리로 퍼져 나갔다.

운동가들은 나중에 야노풀로스가 연설하도록 허락하는 것은 "캠퍼스 학생들의 정체성이 위기에 처했을 수도 있다"라고 말하면서 그 폭력을 정당화했다. 따라서 한 칼럼니스트는 이러한 공격은 "폭력 행위가 아니었다"라고 주장했다. 그것은 "정당방위"였다.[14]

헤더 맥도널드의 말처럼, "시민성은 위축되고 있으며 시민의 평화는 위험에 처할지도 모른다. 복면한 무정부주의자들은 보수주의자들이 공공 포럼에서 연설하는 것을 막기 위해 무력을 사용한다."[15] 언론과 시민의 자유

13 Jon Street, "Incoming Texas freshmen threatened with doxxing if they join conservative campus groups", *Campus Reform*, June 21, 2019, https://www.campusreform.org/?ID=13363.

14 Heather Mac Donald, *The Diversity Delusion* (New York: St. Martin's Press, 2018), 20-22.

15 Mac Donald, *The Diversity Delusion*, 4.

는 피해자 문화가 허구라는 것을 보여 주기 전에는 복원되지 않을 것이다. 맥도널드는 이렇게 말했다.

> 대졸자들은 수년 동안 미국이 조직적으로 인종차별적이고 부당하다는 말을 들어 왔다. 다른 사람의 재산을 파괴하고 이념적 적들을 기습공격하는 폭도들의 구역질 나는 권위 의식은 미국 정치의 이 심오한 위임화의 자연스러운 연장이다.[16]

우리가 한때 알았던 미국은 사라졌다.

3. 히틀러의 브라운 셔츠와 안티파의 검은 가면

"미국의 약탈과 벙어리"(The Looting—and Muting—of America), 이것은 예루살렘 포스트(The Jerusalem Post)의 머리기사였다.

그것은 2020년 6월 18일에 기명 논평에 등장했다. "미국, 나는 당신이 걱정이다"라는 말로 시작되었다. 그러고 나서 조지 플로이드의 사망 후 일어난 폭동에 관해 서술한 뒤, 다음과 같이 이어 갔다.

> 극단적으로 들릴지 모르지만, 수백 개의 가게 유리창이 부서지고 난폭한 불량배들이 마음대로 강도질을 하는 장면을 보면서, 법집행관들은 옆에서 꼼짝하지 않고 서 있었다. 1938년 '크리스탈나흐트'(Kristallnacht)의 모습을 떠올리지 않을 수 없었다.[17]

16 Mac Donald, *The Diversity Delusion*, 22.
17 Stewart Weiss, "The looting—and muting—of America", The Jerusalem Post, June 18, 2020, https://www.jpost.com/opinion/the-looting-and-muting-of-america-631909.

크리스탈나흐트는 대략 '유리창이 깨진 밤'으로 번역이 되며 나치가 독일 전역의 유대인 및 그들의 재산을 공격했던 1938년 11월의 저녁 시간을 가리킨다. 그 구실은(항상 구실이 있어야 한다!) 유대인 학생에 의해 살해된 독일 외교관 에른스트 폼 라트(Ernst vom Rath)의 파리 총기 난사 사건이었다. 폭력적 보복은 선전부 장관인 요제프 괴벨스(Joseph Goebbels)에 의해 조직되었는데, 그는 보복이 자발적인 것으로 보여야 한다고 명시했다.

게슈타포의 수장 하인리히 뮐러(Heinrich Müller)는 모든 경찰서에 사전에 무슨 일이 일어날지 알리는 전보를 보냈고, 이러한 사건들은 "방해되어서는 안 된다"라고 했다. 소방서는 화재진압을 하지 말라는 지시를 받았다. 경찰과 정치인들이 지켜보는 가운데 폭도들은 유대인을 살해하고 상점의 기물들을 파괴했다.

우리는 1938년 독일의 약탈자와 방화범 중 일부가 "에스트론을 위한 정의"라고 쓰인 팻말을 들고 있었을지도 모른다고 상상할 수 있다. 마찬가지로 2020년 5월 미니애폴리스에서 500여 채의 건물을 약탈하고 불태우며 파괴한 무정부주의자들도 "조지 플로이드에게 정의를 추구한다"라고 했다.

크리스탈나흐트는 사실이다.

미국에는 안티파(반파시스트)라는 새로운 파시스트운동이 있는데, 이는 의심할 여지 없이 2020년의 폭동에 참여했다. 그들이 주장하는 것은 전체주의 국가에 대한 혁명을 촉구하기 때문에 자신들을 반나치로 홍보한다. 그들의 목표는 보수주의자와 자본가다. 집회에서 한 안티파 연사는 살해당한 나치 관리 그레고어 슈트라서(Gregor Strasser)의 말을 되뇌었다.

우리는 사회주의자의 적, 경제적으로 약한 자를 착취하고, 부당한 임금, 책임과 성취가 아닌 부와 돈에 따라 개인을 부도덕하게 평가하는 현재 자본주의 경제 체제는 반드시 없애야 하는 적이며, 따라서 우리는 모든 상황에서 이 시스템을 폐지하기로 했다![18]

이 정치운동은 그들의 목적을 어떻게 달성할 것인가?

나치 돌격대인 히틀러의 갈색 셔츠와 같은 전술을 사용하여 회의를 방해하고, 언론의 자유를 중단시키고, 혼란을 일으켰다. 어느 관찰자는 그들을 이렇게 표현했다.

> 그들은 미국인의 언론의 자유를 무제한으로 제한할 수 있는 권리를 주장하며, 폭력과 불법을 이용해 좌파운동가들이 인종주의자나 반대주의자라고 생각하는 사람을 파괴한다.[19]

이렇게 말하는 것은 놀랄 일도 아니다. 아마 히틀러의 나치돌격대가 갈색 셔츠를 입고 안티파는 검은 마스크를 쓴다는 것만이 다른 점일 것이다. 소렌 컨(Soeren Kern)은 다음과 같이 말했다.

> 안티파의 역사에서 미국과 유럽의 안티파가 사용하는 일반적인 전술은 극단적인 폭력과 공공 및 사유 재산 파괴를 이용하여 경찰이 행동하도록 자극한다. 그런 다음 안티파는 정부가 파시스트라는 안티파 주장을 증명하는 식이다.[20]

우리는 2020년 폭동 중에 포틀랜드, 오리건 및 기타 도시에서 이 전술을 확실히 보았다.

---

18 Gregor Strasser, "Thoughts about the Tasks of the Future", June 15, 1926, see Wikiquote: https:// en.wikiquote.org/wiki/Gregor_Strasser.

19 WND Staff, "Antifa revealed! Free exposé of alt-left" *WorldNetDaily*, January 23, 2018, https:// www.wnd.com/2018/01/antifa-revealed-free-expose-of-alt-left/.

20 Soeren Kern, "A Brief History of Antifa: Part 1", *Gatestone Institute*, June 12, 2020, https://www. gatestoneinstitute.org/16104/antifa-history.

안티파는 증오에 맞서 싸운다고 하면서도 항상 증오와 야유를 퍼붓고, 창문을 깨며, 차에 불을 지르고, 소동을 일으킨다. 사회의 모든 구조를 타파하고 스스로 혁명을 이루기 위해서는 권력 구조를 비방할 필요가 있다. 이것과 함께 경찰에 대한 비방도 자행되고 있다. 그들의 항의의 표면적인 이유는 백인 경찰이 흑인 미국인들을 총으로 살해하기 때문이라는 것이다.

놀랍게도, 우리 도시에서의 폭력 범죄가 증가하고 있는 상황에서, 정치인들 사이에서 경찰의 예산을 삭감하는 일이 탄력을 받고 있다. 나는 이 책에서 앞서 제기한 질문을 다시 한번 해야만 한다.

어떻게 무정부주의자들이 아니라 경찰이 미국에 대한 위협이 되는 지경에 도달했는가?

분명히 경찰은 그들이 저지르는 조지 플로이드 살해와 같은 추잡한 행동에 대한 책임을 져야 한다. 우리는 모두 나쁜 일이 일어났을 때 정의를 추구한다. 그러나 극소수의 나쁜 행동에 대응하여 경찰 전체의 예산을 삭감하라는 것은 광기다.

내가 앞서 말했던 것을 기억하라. 급진주의자들은 경찰력이 퇴출당하고 심지어 폐지될 때, 아무도 책임지지 않으리라는 것을 안다. 급진주의자들이 책임질 것이다. 그들은 자유로운 약탈과 파괴를 할 것이며 자신들의 것이 아닌 남의 것을 약탈할 것이다. 그들은 재산을 파괴하는 것에서 사람들을 파괴하는 것으로 바뀔 것이다.

내 요점은 흑인 미국인들이 부당한 대우를 받고 있는지에 대한 논쟁을 시작하는 것이 아니다. 확실히 경찰에 의한 인종적 부당함의 예가 있다. 나의 요점은 다음과 같다. 경찰은 무정부 상태에 대한 최후의 방어선이다.

그리고 만약 그들이 지속해서 욕을 먹고, 비난받고, 존중받지 못하고, 궁극적으로 자금 지원이 중단되면, 범죄는 증가할 것이다. 경찰 측의 인터뷰에서 우리 경찰관들의 사기 저하, 범죄 예방에 이제는 적극적이지 않겠다고 말하는 경우가 많다. 나는 한 경찰서장이 사람들에게 경찰관들을 존중하라고 간청하는 것을 보았다. 경찰의 예산을 삭감하는 것은 더 많은 경찰관을 채용할 돈이 줄어들고 훈련비를 덜 받는 것을 의미하는 것이다.

이곳 시카고에서 두 명의 흑인 경찰관이 범죄 수사에 부지런하지만 법원은 신속하게 범죄자들을 길거리로 내보낸다. 보석금조차도 필요 없다. 그것은 결국 '회전문' 정의로 귀결된다. 경찰이 폭력조직 등을 해체해 범죄 예방 활동을 벌였던 경찰이 이제는 프로파일링이나 과도한 폭력행사에 대한 혐의를 받지 않으려고 그렇게 하지 않는다.

여기 시카고에서 증가하는 범죄율을 확인해 보라. 그러면 경찰에 대한 비난이 우리를 어디로 몰고 갔는지 알 수 있을 것이다. 내가 이 글을 쓰는 동안, 시카고는 1년 전과 비교해 살인율이 두 배나 증가한 것을 경험하고 있다. 비록 시장이 경찰의 예산 삭감을 반대하고 있지만 말이다.

2014년, 한 무리의 시위자들이 뉴욕시 거리를 행진하면서 외쳤다.

우리는 무엇을 원하는가?
죽은 경찰.
언제?
지금![21]

이 행진이 있은 뒤 일주일 후, 크리스마스 직전에 두 명의 경찰관이 브루클린에서 총에 맞아 쓰러졌다.[22] 우리는 시위대의 구호가 살인을 촉발하도록 분위기를 조성했는지는 결코 알 수 없을 것이다. 그러나 사회 정의 전사들은 그들의 소원을 성취했다.

21 "Video Shows NYC Protesters Chanting for 'Dead Cops'", *NBC New York*, December 15, 2014,
https://www.nbcnewyork.com/news/local/eric-garner-manhattan-dead-cops-video-millions-march-protest/2015303/.

22 Ross Barkan and Jillian Jorgensen, "Elected Officials, Sharpton React to Killing of Two Police Officers in Brooklyn", *Observer*, December 20, 2014, https://observer.com/2014/12/elected-officials-sharpton-react-to-killing-of-two-police-officers-in-brooklyn/.

정중함, 이성, 투표함에 대한 의존은 사라졌다. 격분한 운동가들은 그들이 다른 사람들의 증오라고 주장하는 것을 밀어내기 위해 싸우고 약탈한다. 내게 있어, 폭력을 정당화하려는 시도에서 자신을 속이는 능력은 끊임없는 놀라움의 원천이다.

4. 동맹 찾기

LGBTQ 커뮤니티는 이제 그들의 이름에 A를 추가한다. 그것은 이제 LGBTQA이며, A는 그들의 '투쟁' 연합군을 나타낸다. 그들은 그들의 의제에 대해 의견충돌의 여지를 허용하지 않는다. 부모들, 학교들 그리고 교회는 그들의 지시에 항복하도록 강요받고 있다.

만약 당신이 복종하지 않으면 어떻게 되는 것인가?

만약 당신이 당신의 자녀들에게 그들의 세계관을 형성하지 못하도록 막는다면, 그들은 당신을 재정적으로, 집단적으로 그리고 개인적으로 압박할 것이다. 그들의 도덕성을 받아들이거나 아니면 결과를 감수하라.

> 우리는 친절하고 자비롭지만,
> 문화적 압력에 굴복하여 동맹이
> 되도록 부름을 받지 않았다.

우리는 '흑인 역사의 달'(Black History Month)을 기꺼이 기념하지만 이제 우리는 '동성애 자부심의 달'(Gay Pride Month)을 기념해야 한다는 말을 듣는다. 놀랍게도, 많은 선의의 그리스도인 기업이 동성애 자부심의 달을 준수한다는 것을 보여 주기 위해 무지개 깃발을 게양하거나 '동맹 핀'을 착용한다. 조 카터(Joe Carter)가 말하듯이, "그들은 그렇게 함으로써 '동의'하지 않는 사람들에게 쏟아질 분노를 피할 것을 보여 준다."

조 카터는 이어서 말한다.

> 우리는 LGBT 친화적인 옹호자들이 신앙에서 떨어질 것이라는 생각에 너무나 괴로워한다. 그러나 그들이 이미 역사적인 정통 기독교의 신앙을 거부하고, 이전에 있었던 그 어떤 것보다 파괴적이며 증오적인 우상 숭배적 이단으로 대체했다는 것을 알지 보지 못한다. 우리는 이웃이 하나님께 회개하지 않고 반역할 수 있다고 말할 때 이웃을 사랑하지 않는다. … 우리가 LGBT 이웃을 진정으로 사랑한다면 담대하게 하나님의 말씀을 전해야 한다(행 4:31).[23]

확실히 우리는 동성애로 인해 어려움을 겪고 있는 사람들에게 사랑과 동정심을 가지고 다가가야 하지만 성경이 말하는 것을 준수해야 한다. 우리는 친절하고 자비롭지만, 문화적 압력에 무릎을 꿇고 동맹이 되도록 부름을 받지 않았다.

우리는 우리가 섬길 사람을 선택해야 한다.

5. 불의의 뿌리

나는 우리 문화에 대한 그의 예리한 분석 때문에 이미 이 책에서 데이비드 호로비츠를 여러 번 인용했다. 그는 유대인이며 불가지론자이지만 명확성과 확신으로 기독교 가치를 옹호한다. 그는 급진 좌파의 의제를 폭로

---

23 Joe Carter, "How LGBT Pride Month Became a Religious Holiday", *The Gospel Coalition*, June 26, 2019, https://www.thegospelcoalition.org/article/lgbt-pride-month-became-religious-holiday/.

할 뿐만 아니라 그 자신이 급진주의자가 된 것에서부터 미국과 세계에 대한 보수적 시각을 개발하기 위한 자신의 여정에 관해서도 이야기한다. 그의 이야기는 매우 유익하다.

호로비츠는 자신이 자유의 투사라고 칭하는 흑표당에 가입했을 때 그 것은 현실로 다가왔다. 그들은 자신들이 모든 사람을 위해 정의와 평등의 편에 서 있다고 주장했다. 그러나 그들을 더 잘 알게 되면서, 그는 흑표당 (Black Panther Party)이 '갈취, 방화, 마약 밀매 그리고 몇 건의 살인을 하는 범죄 집단'이라는 것을 깨달았다. '흑표당'은 "미국 좌파 지도자들과 기관들의 지지를 받으며 이러한 범죄를 저질렀다"라고 말한다. 호로비츠는 덧붙였다.

> 좌파는 살인범들이 억압받는 자들의 목소리라고 그들을 옹호했고 진보적인 대의명분을 옹호했다.[24]

호로비츠는 불의의 근원은 사회가 아니라 인간의 마음속에 있다는 것을 깨닫게 했다. 이른바 자유민주적 진보라고 불리는 사람들은 그들 자신도 그들 자신의 편견, 증오 그리고 부당함으로 가득 차 있다. 그의 불의의 원인에 대한 말을 들어 보자.

> 불의는 억압적인 인종과 성별, 또는 오로지 우리의 정치적 적들에 의해 야기된 것이 아니다. 부정은 인간의 이기심, 기만, 악의, 시기, 탐욕, 욕망의 결과다. 사회는 불의의 원인이 아니다. 사회는 단지 우리가 누구인지에 대한 반영일 뿐이다.[25]

---

24 Horowitz, *Dark Agenda*, 32-33.
25 Horowitz, *Dark Agenda*, 33.

이다음 성명의 요점은 매우 분명하고 명백하므로 주의 깊게 읽어야 한다.

> 세상을 구하는 것이 그들의 사명이라고 생각하는 정치적으로 정당한 사
> 람들은 우리를 괴롭히는 문제들을 고칠 수 없다. 왜냐하면, 문제는 그것이
> 우리의 창조물이기 때문이다. 그들의 것이자 우리의 것이다. 자칭 사회 구
> 세주들은 너무 많은 권력을 추구하며, 악과 불의의 근원을 이해하지 못하
> 기 때문에 공산주의와의 로맨스가 보여 주듯이 그들은 문제를 더 악화시
> 킬 뿐이다.[26]

호로비츠는 알렉산드르 솔제니친(Alexander Solzhenitsyn)의 말을 인용한다.

> 선과 악을 구분하는 선은 국가, 계층, 정당들을 지나는 것이 아니라 각 사
> 람의 마음을 통과하고 모든 사람의 마음을 통과한다.[27]

훌륭한 지적이다.

우리는 그리스도인으로서 죄와 속임수의 문제가 모든 인간의 마음에 있
다는 것을 알기 때문에, 우리는 개인의 회심을 강조한다. 성경의 주장대로
인간의 본성은 하나님만이 바꿀 수 있다. 우리는 개인의 책임을 믿는다.
우리가 인생에서 우리의 운명에 의해 영향을 받는다는 것에는 동의하지
만 우리는 존재하는 모든 사회 문제에 대한 희생양을 찾아야 한다고는 생
각하지 않는다. 그리스도인이 아닌 유대인인 호로비츠조차도 원죄 교리는
인간의 상태를 정확하게 진단하는 것이라고 말한다.

이것이 증오에 항의하는 이들이 가장 혐오스러운 경우가 많은 이유가
여기에 있다.

---

26 Horowitz, *Dark Agenda*, 33.
27 Horowitz, *Dark Agenda*, 34.

6. 곧 다가온다. 여러분의 교회로

하룻밤 사이에 복음을 전하는 여러분의 교회는 '멋진 예배 장소'에서 편협함과 증오의 교회로 낙인찍힐 수 있다. 이것은 미주리주 컬럼비아에 있는 크로싱교회(Crossing)에서 일어났던 일이고, 어디서든지 일어날 수 있는 일이다.

2019년 10월 13일 일요일, 키스 사이먼(Keith Simon) 목사는 창세기에 대한 새로운 설교 시리즈의 목적으로 창세기 1:27에 대한 메시지를 설교했다. 그의 주제는 '성별'이었다. 그 설교는 사려 깊고, 환영받으며, 비판적이지 않았다. 성 정체성 혼란 문제에 관해 말하려는 시도에서, 그 어조는 존중과 연민의 하나였다. 그러나 그는 하나님이 오직 두 개의 성별, 즉 남성과 여성만을 창조했다는 성경적 가르침을 긍정했다. 그는 다음과 같은 일련의 문제를 제기하는 것으로 끝을 맺었다.

아버지와 어머니의 개념을 지우고 부모 1과 부모 2로 대체하는 것이 맞는가?
이것이 가정에 도움이 된다고 확신하는가?
성전환한 생물학적 남성이 스포츠에서 여성들과 경쟁하는 것이 정당하다고 확신하는가?
사춘기에 접어든 소년들에게 성전환 수술을 준비하기 위해 호르몬을 투여해야 한다고 확신하는가?
우리가 어떤 사람인지에 대한 내적 감정이 항상 현실을 정의한다고 확신하는가?

보통 이런 설교는 복음주의 교회에서만 기대할 수 있는 것이 아니라 성경과 생물학에서 일관된 것으로 받아들여질 것이다. 그때까지는 별일이 없었다.

그러나 월요일이 되자 소셜 미디어의 불똥이 이어졌고 주변 사회는 양극화 논쟁에 휩싸였다. 교회는 지역 미술관과 다큐멘터리 영화제의 오랜 후원자였다. 며칠 만에 온라인 탄원서가 만들어졌고 예술계와 영화제에 교회와의 인연을 끊을 것을 촉구하는 시민 1,000명이 신속하게 서명을 했다.[28]

그들은 순순히 그렇게 했다. 목사를 적그리스도라고 부르는 등 인신공격도 이어졌다. 교회에 들어가 본 적도 없고 설교조차 듣지 못한 사람들이 분노의 불길을 부채질했다. 지역 신문과 텔레비전의 광범위한 보도는 전국적인 관심을 끌었다.

크로싱교회는 그들의 공동체를 위해 항상 적극적으로 참여해 왔다. 예를 들어, 2019년 8월에 교회는 43만 달러(약 4억 7천 7백만 원)를 모금하여 미주리주의 환자 4만 2천 명의 의료 부채를 갚았다(후원인이 교회와 제휴하여, 맡긴 대출 총액은 수백만 달러(수십억 원)이었다. 교회는 재정적으로 어려운 사람들을 돕는 여러 지방 단체를 지원하고, 매년 가난한 나라들의 효과적인 사역들과 협력하기 위한 선교 여행을 계획하고 있다. 20년 전에 시작된 이 교회는 현재 4,000명의 교인이 있다.

확실히 이곳이야말로 예배드려야 할 곳이라는 소문이 있었다. 그들은 자신이 반대하는 것으로가 아니라 자신이 누구인가로 유명했다.

그러나 교회는 인계철선을 건드렸다. 현재의 문화는 많은 의사가 성전환이 어린이와 성인에게 해로울 수 있다고 말함에도 불구하고, 시민 담론, 합리적 토론, 생물학적 및 과학적 증거에 대한 정직한 평가를 거부한다. 성별은 유동적이며, 흔들리는 욕망과 성향에 따라 변할 수 있는 마음의 상태라는 현대적 표현을 비판 없이 받아들이라는 일관된 주장이 있었다. 남

---

28 KOMU and Missourian Staff, "Sermon at The Crossing leads to call for boycott of local businesses", *Missourian*, October 18, 2019, https://www.columbiamissourian.com/news/local/update-sermon-at-the-crossing-leads-to-call-for-boycott-of-local-businesses/article_adb47a54-f151-11e9-87aa-eb41f6d01b0c.html.

자가 여자가 되고 여자가 남자가 될 수 있을 뿐만 아니라, 그 범위안에는 다른 여러 성별도 있다.

성별 위화감이 해결되지 않았다고 성전환 수술을 받은 사람들이 공유하는 가슴 아픈 이야기의 증거는 무시되고 있다. 성전환자의 고통을 다루는 질문을 하는 단순한 행동조차도, 감히 그들에게 물어보려는 사람들은 비난을 초래한다.

소셜 미디어는 증오, 허위 비난 및 끊임없는 분노의 원동력을 제공했다. 하나의 불꽃이 비판과 억제되지 않은 분노의 불을 지를 수 있다.

그들 중에는 타인에게
자신의 이념을 강요하지 않고
희망과 치유를 추구하면서
조용히 고통받는 사람들이 많다.
우리는 그들을 위해 거기에 있어야 한다.

이것은 앞으로 많은 교회가 직면하게 될 현실이다. 성별과 성 문제가 가족, 공동체, 교회를 분열시키면서 일부는 조직화된 종교에서 분리되기 시작하고 전체적으로 기독교를 거부할 것이다. 교인이 줄어들 수 있다. 교회가 가지치기 과정에 있는 것 같다. 일부는 남아 있지만 다른 일부는 떠날 것이다.

우리 교회 안에는 그들과 동의하지 않는 사람들을 악마화하는 전투적인 소수민족 일부가 아닌 성적 정체성 때문에 고군분투하는 많은 사람이 있다. 그들 중에는 타인에게 자신의 이념을 강요하지 않고 희망과 치유를 추구하면서 조용히 고통받는 사람들이 많다. 우리는 그들을 위해 거기에 있어야 한다. 우리가 이 현실을 무시하는 것은 도움의 손길을 찾아 환영할

곳으로 오려는 사람들을 외면하는 것이다. 교회는 투쟁을 나누고, 질문을
하고, 성장할 수 있는 안전한 장소여야 한다.

무신론자 볼테르(Voltaire)는 이렇게 말했다.

> 나는 항상 하나님께 아주 짧은 기도를 드렸다.
> 오 주님, 우리의 적들을 아주 우스꽝스럽게 만들어 주세요!
> 하나님께서 허락하셨다.[29]

그러나 그는 심지어 협박, 수치심, 괴롭힘을 사용하지 않으셨다. 그분은
그분의 생각을 내려놓고 우리가 비록 결함이 있지만, 그분을 위해 일하게
하셨다. 그리고 그분은 소셜 미디어 시대, 분노의 시대에 살지 않으셨다.

7. 교회의 응답

본회퍼가 "침묵하는 것은 말하는 것"이라고 한 말이 옳았다. 앞 장에서
알게 된 바와 같이, 흑인의 생명도 중요하다(BLM)는 이제 이 만트라(주문)
를 포로로 잡았다. 침묵하고 그들을 옹호하지 않는 사람들은 인종차별 편
에 있음을 암시한다. 그들이 우리에게 말하라고 한 것은 맞지만, 우리가
해야 할 말에 대해서는 그들이 틀렸다. 우리는 BLM이 조장해 온 폭력에
반대해야 하고, 우리는 이 장에서 설명한 도덕적 무정부 상태에 빠진 우리
나라에 반대해야 한다.

한마디로 우리는 강하고, 절제되고, 동정심을 유지해야 한다. 우리를 공
격하는 자들에게서 우리를 구해 달라고 기도할 것이 아니라 두려워하지

---

29   Voltaire, Letter to Étienne Noël Damilaville (16 May 1767), https://en.wikiquote.org/
wiki/ Voltaire.

않게 해 달라고 기도해야 한다. 초대 교회 사람들은 고난을 받았을 때 하나님에게 박해를 없애 달라고 요청하지 않았다. 오히려 그들은 두려움 없이 통과하게 해 달라고 기도하였다.

> 주여 이제도 그들의 위협함을 굽어보시옵고 또 종들로 하여금 담대히 하나님의 말씀을 전하게 하여 주시오며(행 4:29).

우리는 우리를 공격하는 자들에게서
구해 달라고 기도할 것이 아니라
두려워하지 않게 해 달라고 기도해야 한다.

나는 몇 년 동안 "우리는 무엇을 위해 존재하는지 무엇을 반대하는지 알려야 한다"라는 반복된 진술과 씨름해 왔다. 현재의 정치적, 도덕적 풍토에 비추어 볼 때, 동성 결혼, 성별 유동성, 집단적 죄의식에 반대한다는 말을 듣는 많은 사람의 마음속에서 여러분이 원하는 것은 사라질 것이다. 머지않아 다른 신념들이 같은 반응을 끌어낼 것이다.

우리는 이미 문화적인 관점에서 낙태를 반대하는 것은 여성을 증오한다는 것을 의미하며, 예수님만이 하나님께로 나아가는 길이라고 믿는 것은 종교적 편협함이라는 것을 알고 있다.

우리를 반대하는 사람들을 우리의 적으로 볼 것이 아니라, 그들은 자유를 얻어야 하는 사람으로 보아야 한다는 것을 강조하고 싶다. 가장 큰 소리를 지르는 사람들이 논쟁에서 이기는 이 시점에서, 우리는 냉정을 잃어서는 안 된다.

우리는 길을 잃은 사람들을 어떻게 봐야 할까?

우리는 그들의 분노와 고통을 넘어 내면의 갈등에 대한 치유가 필요한 사람으로 그들을 존중해야 한다. 우리는 제2차 세계대전 동안 연합군이 프랑스를 적으로 보지 않고, 자유를 원하는 사람들로 여겼다는 것을 볼 필요가 있다.

> 나로 말미암아 너희를 욕하고 박해하고 거짓으로 너희를 거슬러 모든 악한 말을 할 때에는 너희에게 복이 있나니, 기뻐하고 즐거워하라 하늘에서 너희의 상이 큼이라 너희 전에 있던 선지자들도 이같이 박해하였느니라(마 5:11-12).

우리는 동성애를 지지하지 않으면서도 동성애자들을 환영하는 교회가 되어야 한다. 성 정체성으로 어려움을 겪는 사람들을 위해, 하나님을 믿고 도움을 청한다면, 신체를 바꾸는 수술이나 비성경적인 성적 관계로 인한 죄책감으로 자기혐오에 빠진 채 인내를 시도하는 것보다 더 많은 치유를 찾을 수 있을 것이라는 점을 상기시켜야 한다.

우리는 단호하지만 이해심이 있고, 확고하지만 지혜로워야 한다. 우리는 예수님을 본보기로 삼아야 한다.

> 욕을 당하시되 맞대어 욕하지 아니하시고 고난을 당하시되 위협하지 아니하시고 오직 공의로 심판하시는 이에게 부탁하시며(벧전 2:23).

우리가 설 때 남들보다 더 크게 소리칠 필요는 없다. 우리는 단지 우리 자신이 우리의 사령관과 왕께 충실하다는 것을 알 필요가 있다. 우리는 마틴 루터처럼 기꺼이 이렇게 말해야 한다.

지금 우리는 서 있다. 우리는 달리할 수 없다.

8. 우리 모두의 기도

아버지!

우리가 성난 세상에서 치유와 희망의 대리인이 되어야 한다는 것을 이해하도록 도와주소서. 험난한 세상 가운데 평화와 희망의 말을 하게 해 주소서. 우리는 다음과 같은 가르침의 말씀을 성취하도록 도와주소서.

> 또 수고하여 친히 손으로 일을 하며 모욕을 당한즉 축복하고 박해를 받은즉 참고, 비방을 받은즉 권면하니 우리가 지금까지 세상의 더러운 것과 만물의 찌꺼기같이 되었도다(고전 4:12-13).

예수님이 아버지의 부르심에 순종하셨음을 기억하도록 도와주소서.

> 믿음의 주요 또 온전하게 하시는 이인 예수를 바라보자 그는 그 앞에 있는 기쁨을 위하여 십자가를 참으사 부끄러움을 개의치 아니하시더니 하나님 보좌 우편에 앉으셨느니라(히 12:2).

순간이 아닌 영원이 최종 판결임을 기억하게 하소서. 우리는 당신의 이름으로 인한 수치를 당하는 특권에 기뻐합니다.

예수님의 이름으로 기도합니다. 아멘.

제10장

깨어나라! 남은 것을 강화하라!

이 장의 제목은 예수님이 사랑하는 교회에 하신 말씀이다.

우리가 그것을 이행하기 위해 얼마나 많은 문화를 받아들여야 할까?

그것은 교회의 역사를 통틀어 끝없이 논의되어 온 질문이다. 우리가 포용할 수 있는 문화의 측면도 있지만, 반드시 반대해야 할 부분도 많다. 받아들일 수 있고 받아들일 수 없는 것을 분별하는 우리의 능력은 교회로서 우리의 증언을 지속하는 데 매우 중요하다.

내가 염려하는 것은 우리가 문화의 가장 매혹적인 유혹에 굴복하고 이를 연민, 사랑, 문화적 관련성의 이름으로 정당화하고 있다는 것이다. 우리는 기꺼이 속고 있다. 그리고 너무 자주, 우리는 스스로 그것에 대해 좋게 여긴다.

수년 전, 내 아내 레베카와 나는 요한계시록 2-3장에 있는 일곱 교회의 유적지를 둘러보았다. 우리가 방문한 성읍 중에는, 예수님이 편지를 쓰시며 경고하신 사데 교회도 있었다.

> 사데 교회의 사자에게 편지하라 하나님의 일곱 영과 일곱 별을 가지신 이가 이르시되 내가 네 행위를 아노니 네가 살았다 하는 이름은 가졌으나 죽은 자로다. 너는 일깨어 그 남은 바 죽게 된 것을 굳건하게 하라 내 하나님 앞에 네 행위의 온전한 것을 찾지 못하였노니(계 3:1-2).

깨어나라!

남은 것을 강화하라!

이 교회 지도자들이 눈치채지 못한 이 교회에 대한 예수님의 염려는 무엇인가?

그 대답은 편지에 명시되어 있지 않지만, 그것을 파악하는 것은 그리 어렵지 않다. 살아 있다는 평판을 받았던 이 교회는 사람들이 주변 문화에 복종했기 때문에 죽었다. 그들은 이제는 세상을 적으로 보지 않았다.

우리 여행단이 고대 사르디스(Sardis; 사데 교회가 있던 곳)를 방문했을 때, 우리는 3세기 교회 건물의 폐허 바로 옆에서 이교도들의 성생활을 위한 사원의 폐허들을 발견했다. 이 건물들은 신약성서 시대 이후 2, 3세기까지 거슬러 올라갔지만, 나란히 놓인 폐허가 된 이 유적들은 여전히 사데 교회의 역사에 대한 주석이다.

교회는 분명히 성적으로 관대한 이 사원들 옆에서 편안함을 느꼈던 것 같다. 주변 문화가 주는 유혹에 굴복해 맞서지 못했다. 아마도 그 신도 중 일부는 두 곳에서 예배를 드렸을 것이다. 그들은 교회에 간 후 몇 걸음 떨어진 곳으로 걸어가서 이교도 우상의 관대한 신들을 방문하였다. 그들에게 성적 허용은 너무 매력적이어서 저항할 수 없었다.

다행히 교회 안에 있는 모든 사람이 관능적인 문화의 유혹에 굴복한 것은 아니다. 예수님은 또 말씀하셨다.

> 그러나 사데에 그 옷을 더럽히지 아니한 자 몇 명이 네게 있어 흰 옷을 입고 나와 함께 다니리니 그들은 합당한 자인 연고라(계 3:4).

다행스럽게도, 적어도 몇몇 사람은 그들의 옷을 만연한 관능으로 더럽히지 않았다.

소위 진보적인 그리스도인들은 전통적인 기독교가 이런저런 이유로 실패했다고 믿는다. 여기에는 좀 더 전통적인 교회의 회원들과 지도자들의 독선으로 상처를 받은 사람들이 포함된다. 그들은 기독교가 살아남으려면 다시 만들어져야 한다고 주장한다. 성경적 기독교가 우리 문화와 우리 사회의 변화하는 가치와 동떨어져 있다고 주장한다.

진보주의자들은 복음주의 교회가 인종적 부당성, 성차별, 이슬람 혐오, 수치스러운 심판론으로 가득한 독이 있다고 믿는다. 그들의 목표는 이러한 해로운 태도와 사상으로부터 교회를 몰아내고 보다 온정적이고 포괄적이며 문화적으로 관련된 형태의 기독교를 배양하는 것이다. 그래서 그들은 진보의 기치 아래 문화와 연합한다.

기술과 미디어 덕분에 우리는 1세기의 그리스도인들보다 우리와 훨씬 더 가까운 이교도 문화를 접할 수 있다. 이교도 사원은 컴퓨터, 휴대전화, 태블릿을 통해 접근할 수 있다. 그리고 너무나 많은 우리 가정이 혼란스러워하고 있으며, 아이들은 사랑과 긍정을 어디에서 찾아야 하는지에 상관하지 않고 찾고 있으므로 유혹은 훨씬 더 강해진다.

오늘 교회에 많은 쓰나미가 몰려오고 있다. '중도'를 찾아 복음을 타협하고 재정립해야 한다는 압박감은 "단번에 주신 믿음"(유 3)을 훼손하는 것으로도 충분히 입증될 수 있다. 현대 문화가 역사적인 기독교에 대해 점점 더 편협해짐에 따라, 교회는 점점 약해지도록 유혹을 받아 결국 세상에 흡수되고 만다. 등불이 깜박이다가 꺼진다.

1. 오늘날 예수님의 음성

나는 먼저 오늘날 예수님이 교회에 하시는 말씀을 모두가 알지 못한다는 것을 분명히 한다. 아마 여러분도 그것에 대해 여러분의 생각이 있을 것이다. 그러나 나는 그분이 우리에게 말씀하실 것이라고 믿는 세 가지 문제를 겸허히 제안할 것이다. 그리고 그분은 사데 교회에 하셨던 것처럼 동정심과 단호함을 가지고 말씀하신다. 그분은 우리에게 비싼 대가를 치르고 우리를 샀다는 것을 상기시키면서 사랑스럽게 말씀하시곤 하셨다.

자, 들어 보자.

"당신의 삶과 증언을 복음으로 이끌어 가도록 결심하라."

예수님이 말씀하셨다.

> 예수께서 이르시되 내가 곧 길이요 진리요 생명이니 나로 말미암지 않고는 아버지께로
> 올 자가 없느니라(요 14:6).

부활하신 후에 그분은 "모든 세상에 들어가서 복음을 선포하라"(마 16:15)라고 재촉하셨다.

최근, 나는 미국과 전 세계에서 복음주의에 중점을 둔 것으로 알려진 선교 단체에 적어도 30년 동안 참여하고 있는 한 기독교 지도자와 이야기를 나누었다. 그러나 그 사역은 현재 더 진보적인 그리스도인들의 지도 아래에 있다. 그는 지난번 회의에서 나에게 이렇게 말했다.

> 당신은 사회 정의에 관한 회의에 참석했다고 생각했을 것이다.

가능한 한 많은 사람에게 복음을 전해야 한다는 절박함은 사라졌다. "추수할 것은 많은데 일꾼이 적다"(마 9:37)라는 더 큰 시야를 잃지 않도록 교회와 목회자에게 동기를 부여하는 방안을 논의했다.

오늘날 많은 새천년 세대가 복음주의와 보수 정치와의 로맨스는 어울리지 않는다고 느끼며 사회 정의에 헌신하기로 했다. 그리고 슬프게도, 그들 중 많은 이가 개인적 회개라는 교리를 버리고, 보다 실용적인 복음이라고 생각하는 것, 즉 가난하고 어려운 사람들을 돕는 것을 선택했다. 즉, '사회 정의의 복음서'다. 이 새천년 세대 중 일부는 정의에 관해 이야기하지만 심판에 관해서는 이야기하지 않는다.

바나 그룹(Barna Group)에 따르면 이렇다.

많은 기독교 새천년 세대가 복음 전도의 실제 실천에 대해 확신이 없다고 한다. 거의 절반(47퍼센트)은 언젠가 같은 믿음을 공유하기를 바라는 마음에서 자신의 개인적 신념을 가지고서 다른 신앙을 가진 사람들과 공유하는 것이 잘못되었다는 것에 어느 정도 동의한다. 그들은 또한 만약 누군가가 그들에게 동의하지 않는다면, 그들이 자신을 판단하고 있다는 것에 어느 정도 동의한다. 그리고 그 답변에서 성경의 인용구 중 가장 많은 부분이 마태복음 7:1이라고 덧붙일 수 있다.

"비판을 받지 아니하려거든 비판하지 말라"(마 7:1).[1]

그리스도가 아버지께 나아가는 유일한 길이라고 믿는 것은 편협함으로 간주하고, 지옥에 대한 믿음은 원시적이고, 잔인한 판단주의는 중세적 관념으로 회귀하는 것으로 간주한다. 하나님은 은혜가 필요할 만큼 죄를 짓지 않았다고 생각하는 사람들에게도 은혜를 베풀 정도로 관대하신 분으로 여겨진다. 조나단 에드워즈(Jonathan Edwards)의 고전적인 메시지 "성난 하나님의 손에 있는 죄인"은 오늘날 "성난 죄인의 손에 계신 하나님"으로 다시 쓰일지 모른다.

이것은 비극적인 상실이다. 우리가 복음을 전하려는 열정을 잃고, 천국과 지옥과 유일한 길이 그리스도라는 성경적 가르침을 버리면, 우리가 이 세상의 삶을 더 낫게 하려고 노력하면서 다가올 삶의 현실을 외면한다면, 우리는 순간적 제단 위에서 영원한 것을 희생하는 것이다. 우리는 천국을 이 땅과 바꾸고, 영원을 현재와 교환하는 것이다. 우리는 "살아 있는 하나님의 손에 떨어지는 것은 무서운 일"(히 10:31)이라는 것과 "우리 하나님은 소멸하시는 불"(히 12:29)이라는 것을 잊고 있다.

1   Barna Group, "Almost Half of Practicing Christian Millennials Say Evangelism Is Wrong", February 5, 2019, https://www.barna.com/research/millennials-oppose-evangelism/.

우리는 다른 사람들의 영과 혼과 육의 필요에 우리 자신을 헌신하도록 그리스도처럼 급진적인 삶을 살라는 명령을 받았다. 다른 사람의 영, 혼과 육의 필요에 우리 자신을 드리는 근본적인 삶을 살아가도록 명령받았다. 하나님이 초국가적 공동체, 모든 인종과 문화에서 믿는 자들을 함께 부르시지만, 그런 통합은 복음 안에서만 이루어질 수 있다는 점을 상기해야 한다.

우리는 또한 복음이 말로만 오는 것이 아니라 남을 위해 기꺼이 모든 것을 희생하려는 진실하고 배려심 많은 그리스도인을 통해 온다는 것을 깨달아야 한다. 우리는 항상 사람들을 영원한 삶으로 이끄는 다리를 건설할 기회를 항상 모색하면서, 구원의 마음으로 봉사해야 한다. 만약 우리가 복음의 메시지의 특별한 중요성을 보지 못한다면, 우리는 영원한 영혼 대신 일시적인 육체로 대체한다.

복음주의자로서 우리는 성경의 말씀으로 돌아가야 한다. 우리는 천국에 관해 이야기하고 지옥에 대해 경고해야 한다. 우리는 사람들이 궁핍하므로 봉사하는 복음 중심의 사회사업이 필요하다. 물론 우리는 그들이 그리스도를 믿든 믿지 않든 계속해서 그들을 섬겨야 한다.

그러나 우리 마음의 외침은 그들이 복음을 믿고 구원을 받아야 한다는 것이다. 동정심이 우리가 이 세상의 고통을 덜어 주도록 우리에게 동기를 부여한다면, 그 동정심은 우리에게 다가올 세상에서 고통을 덜어 주기 위해 좋은 소식을 나누도록 동기를 부여해야 한다.

사회 정의가 주도하는 세상에서
복음이 길을 잃기 쉽다. 복음은
우리가 예수님을 위해 할 수 있는
것이 아니라 예수님이 우리를
위해 하신 일임을 기억하자.

우리는 이 세대가 사회 정의가 최선이라고 해도 그것은 복음이 아니라고 말해야 한다!

> 다른 이로써는 구원을 받을 수 없나니 천하 사람 중에 구원을 받을 만한 다른 이름을 우리에게 주신 일이 없기 때문이다(행 4:12).

어떤 대가를 치르더라도 복음을 나누고 부끄러움 없이 실천하겠다고 결심하자.[2]
예수님은 더 많은 말씀을 하셨다.
"문화의 성혁명에 굴복하지 않겠다고 결심하자."
우리 주 예수 그리스도의 이 말씀을 기억하자.

> 마음이 청결한 자는 복이 있나니 그들이 하나님을 볼 것임이요(마 5:8).

> 그들을 진리로 거룩하게 하옵소서 아버지의 말씀은 진리니이다(요 17:17).

신약성경의 많은 구절은 우리의 열정을 성취하기 위해 순결을 버리라는 유혹을 한다. 바울은 이렇게 기록했다.

> 때가 이르리니 사람이 바른 교훈을 받지 아니하며 귀가 가려워서 자기의 사욕을 따를 스승을 많이 두고, 또 그 귀를 진리에서 돌이켜 허탄한 이야기를 따르리라(딤후 4:3-4).

사람들은 '자신의 열정에 맞는' 교사들에게 끌릴 것이다. 인간의 경험을 바탕으로 교육을 받고 건강과 부를 약속하고 사랑의 모습으로 욕망의 신

---

2   Portions of this section are adapted from my book *The Church in Babylon* (Chicago: Moody Pub-lishers, 2018).

학을 받아들일 교사들이다. 교리는 마음이 진정으로 원하는 것을 정당화하기 위해 재해석되거나 심지어 거부된다. 이것은 진보적인 기독교로 판매된다.

상처받는 세계에 잘못된 확신을 주는 그들의 가르침은 물론, 그 운동에 많은 사람을 대표하는 영향력 있는 진보적인 그리스도인 두 사람을 소개한다.

37세에 뜻밖에 세상을 떠난 레이철 헬드 에번스(Rachel Held Evans)는 진보적인 기독교를 지지했다. 그녀가 사망한 후 잡지 「애틀랜틱」(*The Atlantic*)은 그녀에 대해 이렇게 말했다.

> 그녀는 미국에서 기독교를 가르치고 인식하는 방식을 바꾸려고 싸운 진보적인 기독교 여성의 선봉대에 속해 있었다. 그녀의 유산은 기독교의 소유권을 전통적인 보수적 남성 청지기에게 양도하지 않으려는 것이다.[3]

그녀의 영향력이 절정에 달했을 때 400만 명의 사람이 그녀의 블로그와 트윗을 팔로우했다.

레이철은 자신이 떠난 복음주의 교회에 대해 타당한 염려를 하고 있었는가?

나는 그녀의 작품을 많이 읽지는 않았지만 아마도 우리가 모두 복음주의 교회에서 떠나게 된 그녀의 개인적인 동기에 더 많은 관심을 기울였을 것이다. 그런데도 그녀는 성에 대한 자신의 견해로 수만 명을 오도했다. 그녀가 죽기 전에 그녀는 나디아 볼츠 웨버(Nadia Bolz-Weber)가 쓴 『수치를 모르는』(*Shameless*)이라는 책을 추천했다. 에번스 추천의 중요성은 곧 분명해질 것이다.

---

3   Emma Green, "Rachel Held Evans, Hero to Christian Misfits", *The Atlantic*, May 6, 2019, https://www.theatlantic.com/politics/archive/2019/05/rachel-held-evans-death-progressive-christianity/588784/.

볼츠 웨버(Nadia Bolz-Weber)는 서로 동의하는 성인들 사이에서의 모든 형태의 성관계를 포용하는 교회를 콜로라도에서 시작했다. 그녀의 책의 주제는 다음과 같이 말할 수 있다.

교회의 전통적인 순수 가르침은 결혼에서 '한 남자 – 한 여자' 관계의 경계를 벗어나는 모든 사람을 수치스럽게 함으로써 큰 해를 끼쳤다. 이러한 가르침을 따르는 사람은 거의 없으며, 전통적인 순결의 길을 따르는 사람들은 그것이 반드시 행복한 결혼으로 이어지지는 않는다는 것을 종종 발견한다.

볼츠 웨버 자신은 18년 동안 함께했던 남편과 이혼했으며, 이제는 남자 친구와 함께 더 만족스러운 관계에서 살고 있다고 한다.

볼츠 웨버는 성에 대한 성경의 가르침에 대해 무엇이라고 하는가?

그녀의 견해는 그녀가 불 옆에 서 있는 동안 그녀의 가방에 손을 뻗어 성경(그녀는 십 대 때 교회에서 공부했던 것과 같은 성경을 꺼냈다)을 꺼낸 신디라는 여성에 관한 이야기에서 가장 잘 드러난다.

그녀는 천천히 말없이 동성애에 대해 매우 구체적으로 언급한 8페이지를 성경에서 찢어내어 하나씩 불태웠다. 그곳에서 타오르는 불을 바라보며 서 있을 때, 그녀는 마치 어린 시절 교인들, 청년 일꾼들과 목사들 그리고 다른 성인들이 그녀의 심령의 무덤에서 일어나 불 주위에서 그녀를 판단하는 것처럼 느꼈다. 그녀는 그들을 보았지만 상관하지 않았다. 그녀는 자신이 자유로워지도록 허용하고 있었다. 그 다음에 신디는 마태, 마가, 누가, 요한복음을 뜯어내어 오른손으로 움켜쥐고 "그녀의 가슴 위로 들어 올려 나머지를 불태우기 위해 내던졌다.[4]

---

4 Nadia Bolz-Weber, *Shameless: A Case for Not Feeling Bad About Feeling Good (About Sex)*

그녀는 예수님이 그녀를 해치지 않았기 때문에 예수님의 이야기에 안전함을 느꼈고, 예수님의 이야기를 받아들였지만, 나머지 성경도 불 속으로 던져졌다.

이 이야기는 우리 모두에게 교훈을 준다. 신디가 자란 교회가 그녀에게 깊은 상처를 입힌 것처럼 보인다.

그녀는 다른 사람의 판단주의에 상처를 입지 않았을까?

그녀의 이야기를 듣고 은혜를 베푸는 데 시간을 할애하지 않고 그녀를 정죄했는가?

우리는 모르지만 어떤 경우이든 그녀는 우리 교회에서 희망과 치유를 찾아야 하는 사람을 대표한다.

분명히 교회는 그녀를 실족시켰다.

그러나 성에 관한 성경의 가르침을 불태워 버리는 것이 고통에 대한 답일까?

그녀는 자신의 회중에게 이렇게 말했다.

> 예수님은 성경이라는 포장에 들어 있는 선물이다. 선물을 꺼내면 포장은 버릴 수 있다. 예수님은 동성애를 비난하지 않으셨으므로 우리는 그것을 받아들일 수 있다.

그리고 그 의미는 동성애 관계를 수치심 없이 받아들일 수 있다는 것이다.

이것이 정말일까?

볼츠 웨버의 책 제목이 『수치를 모르는』이라는 사실을 참작할 때 수치심의 근원에 대한 그녀의 해석이 가장 흥미롭다는 것을 알았다. 본질적으로 이것은 아담과 이브가 뱀에게 굴복하기 전에는 "벗었으나 부끄러워하

(New York: Crown Publishing Group, 2019), 71.

지 않았다"라는 것이다. 그런 다음 그녀는 이렇게 썼다.

> 누가 그들에게 알몸이라고 말했는가?
>
> 나의 최고는 뱀 위에 있다. 어떤 이유에서인지 하나님은 우리가 하나님의 음성에 대한 대안이 존재하는 세상에서 살 수 있도록 허락하시고, 그 대안들은 수치심이 시작된 세상이다.[5]

이것을 놓치지 마라. 볼츠 웨버에 따르면 아담과 하와가 하나님이 아니라 악마의 음성을 들을 때 수치심이 들어왔다. 그녀의 결론은, 모든 수치심은 악한 사탄에게서 비롯된다. 나는 그녀의 책 전체를 읽었으나, 그 책속에서 어떤 사람들이 수치스러운 일을 하면 수치심을 느껴야 한다는 말을 한 번도 기억하지 못한다.

"수치심이 없는 에덴으로 돌아가 타락한 현실을 부인하자. 에덴동산에서 비롯된 수치심이 불법이라고 가정하자."

성적 표현에 한계가 있는가?

볼츠 웨버에 따르면 미성년자가 관여되지 않거나 수간에 욕구가 없는 한 동의하는 성인 간의 모든 성관계는 거룩하고 수치심 없이 받아들여져야 한다. 결국, 하나님은 누구도 부끄럽게 하지 않으신다.

사도 바울은 절대로 동의하지 않았다. 그는 어떤 사람들은 수치스러운 행동을 하므로 실제로 수치심을 경험한다고 가르쳤다.

> 너희는 열매 없는 어둠의 일에 참여하지 말고 도리어 책망하라 그들이 은밀히 행하는 것들은 말하기도 부끄러운 것들이라(엡 5:11-12).

---

5   Bolz-Weber, *Shameless*, 133.

다시 말해 수치스러운 일을 하는 사람은 당연히 부끄러워해야 한다. 다른 곳에서 바울은 "부끄러움으로 영광을 받는" 사람들에 대해 말했다.

> 그들의 마침은 멸망이요 그들의 신은 배요 그 영광은 그들의 부끄러움에 있고 땅의 일을 생각하는 자라(빌 3:19).

물론, 이미 하나님께서 용서하신 죄에 대한 거짓 수치심과 같은 것이 있다. 학대를 당한 사람들이 그 일에 대한 책임이 전혀 없거나 거의 없었음에도 때때로 수치심을 느끼는 것도 가슴 아픈 일이다. 거짓 수치심은 거의 모든 곳에 존재한다. 어쨌든, 예수님은 십자가에서 우리의 수치를 당하셨지만, 수치심을 경멸하셨다(히 12:2).

성경적으로 수치심은 동성애에 대한 성경의 가르침을 불태워서가 아니라 부도덕을 회개하는 모든 사람에게 주시는 하나님의 은혜로운 용서와 성화의 경이로움을 인정함으로써 제거된다. 하나님은 회개한 모든 죄인에게 용서와 은혜를 주셨지만, 회개하지 않는 죄인들의 영혼은 치유하지 않으신다.

그들은 자신의 영혼을 스스로 치유하는 절망적인 임무를 맡게 되었고, 하나님께서 정죄하신 것을 정당화함으로써 그것을 시도한다. 그들은 성경을 불 속에 던짐으로써 정당화한다. 에번스 이야기로 돌아가 보자. 이 진보적인 기독교 여성은 『수치를 모르는』이라는 책에 대해 이렇게 말했다.

> [그것은] 내가 지금까지 읽은 가장 중요하고 인생을 바꾸는 책 중 하나다. 전문적으로 제작되고 사랑스럽게 전달하는 이 책은 폭탄이자 유향의 역할을 한다. 거짓말을 폭로하는 종교는 성에 대해 가르치고 그 메시지가 입힌 상처를 부드럽게 치유한다. … 볼츠 웨버의 역대 최고의 책이다. 그리고 그

것은 무언가를 말하고 있다.[6]

에번스는 육체적 욕구에 부합하는 신학인 욕망의 교리를 선호하는 많은 진보적인 그리스도인에게 연설했다. 본질적으로 우리의 모든 것에 동의하시는 하나님을 경배하기를 원한다. 우리는 특히 성적 문제에 대해 속고 싶어 한다.

바울은 우리가 마음이 원하는 것은 무엇이든지 정당화하는 경향이 있다는 것을 알고 있었다. 자기기만에 대한 이러한 성향은 그가 종종 다음과 같이 말함으로써 성에 대한 그의 가르침을 시작하는 이유다.

> 미혹을 받지 말라 … (고전 6:9).

> 속지 마라 … (갈 6:7).

바울을 통한 하나님의 또 다른 불길한 경고를 인용하겠다.

> 너희도 정녕 이것을 알거니와 음행하는 자나 더러운 자나 탐하는 자 곧 우상 숭배자는 다 그리스도와 하나님의 나라에서 기업을 얻지 못하리니 누구든지 헛된 말로 너희를 속이지 못하게 하라 이로 말미암아 하나님의 진노가 불순종의 아들들에게 임하나니 (엡 5:5-6).

아무도 헛된 말로 당신을 속이지 못하게 하라!
우리는 사소한 문제를 다루지 않는다. 바울이 전한 말을 반복하겠다.
"이런 일 때문에 하나님의 진노가 불순종의 아들에게 임한다."

---

6   Bolz-Weber, *Shameless*, back cover.

죄악의 관계들은 성적인 상처를 결코 치료할 수 없으며 죄의 영속만 있다. 죄책감, 자기혐오, 후회는 만기가 다가온다. 『수치를 모르는』과 같은 책들은 오직 눈물만 흘릴 뿐이다. 자가 치유는 하나님이 하실 수 있는 것을 결코 성취할 수 없다. 사람들은 자신의 성생활 방식을 자유롭게 선택할 수 있지만, 그 결정에 따른 결과를 자유롭게 선택할 수는 없다.

우리는 예수님의 모범으로 돌아가야만 한다. 그분은 그들의 생활 방식을 정당화하는 것이 아니라 자비로운 용서와 회복을 제공함으로써 성적으로 부서진 사람들에게 정서적, 영적 치유를 가져왔다. 독선적인 바리새인 앞에서 매춘부와 함께 서서 그녀에 대해 말씀하셨다.

> 이러므로 내가 네게 말하노니 그의 많은 죄가 사하여졌도다. 이는 그의 사랑함이 많음이라 사함을 받은 일이 적은 자는 적게 사랑하느니라. 이에 여자에게 이르시되 네 죄 사함을 받았느니라 하시니, 함께 앉아 있는 자들이 속으로 말하되 이가 누구이기에 죄도 사하는가 하더라 예수께서 여자에게 이르시되 네 믿음이 너를 구원하였으니 평안히 가라 하시니라(눅 7:47-50).

같은 죄를 지은 남자들이 예수님께 데려온 간음 중에 잡힌 여인에게 예수님은 그녀와 함께 홀로 남겨졌을 때 말씀하셨다.

> 예수께서 일어나사 여자 외에 아무도 없는 것을 보시고 이르시되 여자여 너를 고발하던 그들이 어디 있느냐 너를 정죄한 자가 없느냐 대답하되 주여 없나이다 예수께서 이르시되 나도 너를 정죄하지 아니하노니 가서 다시는 죄를 범하지 말라 하시니라](요 8:10-11).

다른 사람들에 의해 수치를 당하던 이 여성에게 그 말이 의미하는 바를 상상해 보라.

우리는 개인적, 문화적 압력에도
불구하고 성에 대한 성경의
가르침을 감히 포기하지 않는다.

예수님을 바라보자. 예수님은 표준을 낮추지 않으셨다. 여성이 자신에 대해 더 잘 느끼도록 규칙을 다시 만들지도 않으셨다. 오히려 위선적이고 독선적인 공동체 앞에서 은혜를 베푸셨다. 그는 이 여성이 앞으로는 다르게 살 것이라 보시고 용서와 기쁜 마음으로 받아들이셨다. 우리는 마음의 변화에 기반한 생활 방식의 변화를 본다.

우리는 개인적, 문화적 압력에도 불구하고 성에 대한 성경의 가르침을 감히 포기하지 않는다. 나는 우리가 성경적 교리를 고수하는 것만으로는 충분하지 않다는 데 동의한다. 우리는 모든 사람에 대한 사랑과 연민과 존경심으로 그것을 유지해야 한다. 우리 모두는 거룩함을 추구하면서 영적 성장의 다양한 단계에 있으므로, 그리스도의 육체가 필요하다.

우리는 성적으로 부서진 사람들에게 고통을 부정하라고 해서는 안 되며, 오히려 고통 가운데 하나님을 의지하고 회개를 통해 그들이 죄책감 없는 미래를 기대하면서 하나님의 아들이나 딸이 되는 즐거운 지식을 얻도록 요청해야 한다.

누군가는 "겸손 없는 진리는 판단주의다. 진리가 없는 겸손은 비겁함이다"라고 했다. 우리는 겸손과 진리 둘 다로 특징짓기를 바란다.

여기에 예수님께서 우리에게 주신 또 다른 말씀이 있다.

내 아버지께서 나를 사랑하신 것 같이 나도 너희를 사랑하였으니 나의 사랑 안에 거하라 (요 15:9).

너희가 나를 사랑하면 내 계명을 지키리라(요 14:15).

예수님께서는 마지막 때에 "불법이 증가할 것이기 때문에 많은 사람의 사랑이 식을 것"이라고 경고하셨다(마 24:12). 그것은 오늘날 복음주의 기독교의 많은 부분을 설명한다고 생각한다. 우리는 그리스도에 대한 사랑이 약하기 때문에 약하다.

그리스도에 대한 우리의 사랑이 약하기 때문에 우리는 약하다. 세상의 가치 추구에 대한 우리의 사랑이 그리스도에 대한 우리의 사랑보다 더 크다.

예수님과 가장 밀접한 관계가 있는 요한은 다음과 같이 경고했다.

> 이 세상이나 세상에 있는 것들을 사랑하지 말라 누구든지 세상을 사랑하면 아버지의 사랑이 그 안에 있지 아니하니, 이는 세상에 있는 모든 것이 육신의 정욕과 안목의 정욕과 이생의 자랑이니 다 아버지께로부터 온 것이 아니요 세상으로부터 온 것이라. 이 세상도, 그 정욕도 지나가되 오직 하나님의 뜻을 행하는 자는 영원히 거하느니라(요일 2:15-17).

"결코, 성장하지 않은 교회 소년"(The Church Boy Who Never Grew Up)이라는 제목의 훌륭한 기사에서 다론 로버츠(Daron Roberts)는 자신이 교회에서 본 일부 남성의 부족한 태도에 대해 다음과 같이 썼다.

> 아무도 그가 오직 하나님의 말씀 위에 홀로 서야 한다는 것과 믿음을 위해 고난받아야 한다는 것을 믿지 않는다. 그의 충성은 그리스도에 대한 것이 아니라 자신에 대한 것이기 때문에, 그는 그리스도를 위해 싸울 용기가 없다. 그는 때때로 진실을 옹호하지만 그것도 대가가 너무 크지 않을 때만 가능하다. 그의 신념 때문에 치러야 할 대가는 사람의 인정을 받기 위한 그의 욕망을 참기에는 너무 벅차다.[7]

---

7   Daron Roberts, "The Church Boy Who Never Grew Up", *The Cripplegate*, July 2, 2020, https:// thecripplegate.com/the-church-boy-who-never-grew-up/.

우리가 세상을 사랑할 방법은 여러 가지가 있으며, 내 생각에는 현재 세상에서 이 거짓 사랑은 과학기술에 대한 집착으로 가장 잘 표현된다.

2020년 코로나19 위기 동안 우리는 모두 기술이 교회와 전도의 이익을 위해 어떻게 사용될 수 있는지를 배웠다. 무디교회를 포함한 대부분의 교회는 온라인으로 실시간 예배를 전송하고 벽 너머 수천 명에게 설교했다. 고맙게도 이러한 방식으로 기술이 선을 위해 사용되고 있다. 덕분에 복음은 공식적으로 기독교에 반대하거나 적대적인 나라들에도 전해지고 있다.

그러나 기술에는 어두운 면이 있다. 우리 세대(진보주의자들뿐만 아니라)는 기독교에 반대되는 세계관에 이끌리고 있다. 설문 조사에 따르면 그리스도인 대부분은 텔레비전, 스마트폰, 태블릿 또는 컴퓨터에서 시청하는 것에 대한 성경적 지침을 따르지 않는다. 대부분의 십 대 청소년이 수십 편의 R등급 영화를 보았으며 포르노는 어디에나 있다. 한때 '성경적 구별'이라고 불렸던 것을 이제는 가르치지도 적용하지도 않는다. 우리 문화의 중독을 견딜 방법을 찾지 못한 우리는 단순히 그것을 수용했다.

이제 우리는 소셜미디어가 어린이의 건강을 해친다는 것을 알고 있다. 소셜 미디어 사용으로 인한 수면 부족, 사이버 괴롭힘, 혐오 표현, 낮은 자존감, 불안, 우울증, 심지어 자해도 증가하고 있다.[8] 모든 종류의 변태적이고 부자연스럽고 폭력적인 섹스는 이제 정상으로 간주한다. 많은 우리 자녀들은 피하고 또 피해야 할 일, 심지어 비난해야 할 일에 대해 확고한 신념이 없다. 성경적 가르침의 엄격한 적용은 유튜브와 넷플릭스로 대체된다.

---

8   Eleanor Busby, "Social media sites are damaging children's mental health, headteachers warn", *Independent*, March 9, 2018, https://www.independent.co.uk/news/education/education-news/headteachers-social-media-children-mental-health-school-association-college-a8246456.html; See also June Eric Udorie, "Social media is harming the mental health of teenagers. The state has to act", The Guardian, September 16, 2015, https://www.theguardian.com/commentisfree/2015/sep/16/social-media-mental-health-teenagers-government-pshe-lessons.

> 우리는 우리의 부르심을 단순히 우리
> 자신을 타락한 세상에서 지키기 위한
> 것이 아니라 죄에 대한 우리의 사랑보다
> 그리스도를 향한 사랑을 더 크게
> 발전시키기 위한 것으로 보아야 한다.

개인, 가족 및 교회로서 우리는 다음과 같은 질문을 해야 한다. 기술을 통해 우리 삶에 충돌하는 세상에서 자신을 지키기 위해 우리는 어디에 선을 그어야 할까?

야고보서는 우리에게 묻는다.

간음한 여인들아 세상과 벗된 것이 하나님과 원수 됨을 알지 못하느냐 그런즉 누구든지 세상과 벗이 되고자 하는 자는 스스로 하나님과 원수 되는 것이니라(약 4:4).

이것이 정말일까?

세상과의 우정이 우리를 하나님의 적이 되게 만들까?

우리는 사데 교회에서 일어난 실수를 해서는 안 된다. 그 교회와는 달리 우리는 세상을 친구가 아니라 적으로 보아야 한다. 그리고 우리는 우리의 부르심을 단순히 우리 자신을 타락한 세상에서 지키기 위한 것이 아니라 죄에 대한 우리의 사랑보다 그리스도를 향한 사랑을 더 크게 발전시키기 위한 것으로 보아야 한다.

복음을 전파하는 교회가 편협한 승자독식의 세속주의의 문화적 압력을 견뎌 낼 수 있을까?

아니면 문화적으로 주도하는 진보적인 기독교를 이길 수 있을까?

그렇다. 하지만 앞으로 나아가는 길은 많은 유혹, 주의 산만, 왜곡으로 가득 차 있다. 사데 교회에서 있었던 것처럼 항상 잔재가 있을 것이다. 그리고 우리가 보게 될 승리의 보상은 그 대가를 치를 가치가 있다.

2. 예수님이 주신 최종적인 말씀

우리는 사데 교회에 주신 예수님의 말씀으로 돌아가자.

> 사데 교회의 사자에게 편지하라 하나님의 일곱 영과 일곱 별을 가지신 이가 이르시되 내
> 가 네 행위를 아노니 네가 살았다 하는 이름은 가졌으나 죽은 자로다 너는 일깨어 그 남
> 은 바 죽게 된 것을 굳건하게 하라 내 하나님 앞에 네 행위의 온전한 것을 찾지 못하였
> 노니. 그러므로 네가 어떻게 받았으며 어떻게 들었는지 생각하고 지켜 회개하라 만일 일
> 깨지 아니하면 내가 도둑 같이 이르리니 어느 때에 네게 이를는지 네가 알지 못하리라
> 그러나 사데에 그 옷을 더럽히지 아니한 자 몇 명이 네게 있어 흰 옷을 입고 나와 함께
> 다니리니 그들은 합당한 자인 연고라(계 3:1-4).

다음 말씀을 깊이 생각해 보자.

> … 회개하라 만일 일깨지 아니하면 내가 도둑 같이 이르리니 …그러나 사데에 그 옷을
> 더럽히지 아니한 자 몇 명이 네게 있어 흰 옷을 입고 나와 함께 다니리니 그들은 합당한
> 자인 연고라.(계 3:3-4).

사데에 있는 교회들처럼 우리는 살아 있다는 평판을 가진 교회로 알려
지기를 원하지만 예수님은 어떤 교회 상담사도 할 수 없는 것을 보신다.
그분은 우리 교회에 청진기를 대 보셨지만, 심장 박동을 들을 수 없었다.
언제나 그렇듯이 기독교는 외적으로 보여 주는 것이 문제가 아니라 마음
의 문제다.

누군가는 우리가 광야의 마음으로는 가나안을 정복할 수 없다고 말했다. 우리가 기꺼이 그분의 십자가를 짊어지지 않는 한 그리스도를 따라 세상에 들어갈 수 없다. 이 책의 시작 부분에서 나는 시인 바실리 주콥스키(Vasily Zhukovsky)를 인용했다.

> 우리는 모두 견딜 만한 십자가를 가지고 있으며, 우리에게 더 잘 맞는 다른 십자가를 찾기 위해 끊임없이 시도하고 있다.[9]

사데 교회에 하신 예수님의 말씀은 이것이었다.

"회개하라!"

그것은 우리가 예수 그리스도를 영접할 때만 하는 일이 아니다. 우리는 매일 깊고 지속적인 회개 없이는 살아남을 수 없다. 그리고 우리는 하나님에 매료된 교회, 끊임없이 그분을 찬양하고 마음으로 경배하는 교회여야 한다. 우리는 우리를 지탱해 주시는 하나님의 말씀으로 끊임없이 우리 자신을 지배해야 한다.

회개는 말로 하는 것이 아니라 실천하는 것이다!

그리고 우리는 문화 속으로 들어가서 그것에 맞설 용기를 가져야만 한다.

이 일에 대한 보상은 무엇인가?

> 이기는 자(정복하는 자)는 이와 같이 흰 옷을 입을 것이요 내가 그 이름을 생명책에서 결코 지우지 아니하고 그 이름을 내 아버지 앞과 그의 천사들 앞에서 시인하리라 귀 있는 자는 성령이 교회들에게 하시는 말씀을 들을지어다(계 3:5-6).

---

9 Robert Payne, *Life and Death of Lenin* (New York: Simon & Schuster, 1964), 209.

> 그리고 우리는 문화 속으로 들어가서
> 그것에 맞설 용기를 가져야만 한다.

당시 그 도시에는 시민의 이름이 적힌 책이 있었다. 누군가가 죽었을 때 그들의 이름은 책에서 지워졌다. 그러나 예수님이 언급하신 책은 '생명책'이며 거기에 이름이 있는 사람은 두려움을 가질 필요가 없다. 신자들을 기다리는 영광은 말로 설명할 수 없다.

한편, 우리 앞에는 도전이 있다.

나는 미국과 나치 독일의 상황 사이의 유사점이 쉽게 지나칠 수 있다는 것을 알고 있다. 그러나 여기에 유사점이 있다. 어느 시점에서 하나님은 그분의 교회에서 알곡과 쭉정이를 분리하실 것이다. 히틀러가 제국에 대한 비판이 범죄라고 발표한 후, 독일 교회 대부분은 침묵하거나 지지했다.

그러나 그의 담대함 때문에 강제 수용소에서 시간을 보낸 마틴 니묄러(Martin Niemöller)는 그의 회중에 다음과 같은 말씀을 전했다.

> 모든 교회와 성도는 유혹자의 체에 내던져졌다. 그리고 유혹자는 체를 흔들고 바람이 불고 있다. 이제 우리가 알곡이든 쭉정이든 간에 분명히 드러날 것이다.! [우리는] 명상적인 기독교의 평화가 끝나가고 있음을 알아야 한다. 지금은 희망차고 기대하는 기독교 교회를 위한 봄이다. 그것은 시험 시간이고, 하나님은 사탄에게 자유재량을 주셨고, 사탄은 우리를 흔들어 우리가 어떤 인간인지 볼 수 있게 할 것이다!
> 사탄은 체를 흔들고 기독교는 이리저리 흔들리고, 자신과 종족의 민족만을 위해 좋은 것을 얻으려고 자신을 스스로 그리스도인이라고 부르는 사람, 고난을 겪을 준비가 안 된 사람은 시대의 바람에 쭉정이처럼 날아간다.[10]

---

10   Quoted in J.S. Conway, *The Nazi Persecution of the Churches 1933–1945* (New York: Basic

---

고난을 겪을 준비가 안 된 사람은
시대의 바람에 쭉정이처럼 날아간다!

우리는 고난을 두려워한다. 과거 순교자들이 인내하던 불꽃이 아니라 수치심과 조롱의 문화적 불꽃이다. 용기가 없는 기독교는 문화적 무신론이라고 적절하게 언급되었다. 협박에 굴복하지 않는 교회가 되겠다고 결심하자. 예수님은 다른 사람들이 우리를 악하게 말할 때 기뻐하고 우리에게 다가올 일에 대비하라고 명령하셨다.

> 세상이 너희를 미워하면 너희보다 먼저 나를 미워한 줄 알라 … 이것을 너희에게 이르는 것은 너희로 내 안에서 평안을 누리게 하려 함이라 세상에서는 너희가 환난을 당하나 담대하라 내가 세상을 이기었노라(요 15:18; 16:33).

우리가 인내할 때, 우리 안에 있는 희망의 이유를 묻는 사람들에게 언제나 은혜롭게 변호할 준비를 하자.

> 너희 마음에 그리스도를 주로 삼아 거룩하게 하고 너희 속에 있는 소망에 관한 이유를 묻는 자에게는 대답할 것을 항상 준비하되 온유와 두려움으로 하고(벧전 3:15).

나는 그분이 사데 교회에 하신 말씀이 우리에게 들리는 것 같다.

> 너는 일깨어 그 남은 바 죽게 된 것을 굳건하게(강하게) 하라(계 3:2).

Books, 1968), v.

3. 우리 모두의 기도

아버지!

우리의 마음을 살피기를 원할 때, 정직한 마음을 새롭게 하여 주소서. 우리 삶에서 당신의 신실함을 증명하는 데 필요한 만큼 고통을 겪으면서 당신의 영광을 위해 온전히 살기로 결심합니다. 독선의 죄에 빠지지 않게 하시고, 항상 사랑과 경청으로 진리를 단련하게 하소서. 사탄이 우리 삶에 발을 디딜 수 없게 하소서. 우리의 죄가 회개와 책임을 통해 심각하게 다뤄지기를 원합니다.

우리의 옷을 더럽히지 않고, 흰옷을 입고 당신과 함께 걸을 남은 자들에 속하게 하여 주소서. 그날까지 우리는 당신의 영광을 위해 신실하게 좁은 길을 여행할 때 가능한 한 많은 사람과 함께 가게 하여 주소서.

그리고 세상이 예수 그리스도를 그들의 큰 희망으로 볼 수 있도록 우리 구주를 붙들게 하소서. 그분의 대변인이 되는 특권을 주셔서 감사합니다.

예수님의 이름으로 기도합니다. 아멘.

미국이 운다! 동성애

손혜숙 지음 | 신국판 | 216면

저자는 현재 미국에서 정치 지도자들과 심지어 종교 지도자들까지도 동성애를 합법화시키는 경향을 보면서 안타까운 심정으로 이 글을 썼다. 성경적 관점에서 동성애의 문제를 냉철하게 분석하고 비판하면서 한국의 그리스도인들, 시민들, 젊은이들, 학생들 또한 동성애에 미혹되지 않고 깨어서 동성애를 경계해야 함을 주장한다.

성폭력, 성경, 한국 교회

권지성 외 9명 지음 | 신국판 | 294면

이 책은 교회 내 성폭력 문제에 관해서 본격적으로 진단한 최초의 책이다. 미투운동으로 촉발된 한국 사회의 여성 억압과 차별 문제는 논란 속에서도 사회를 개혁하는 성과를 거두고 있다. 안타깝게도 한국 교회는 이 문제를 정면에서 다루지 않았다. 그래서 한국 교회는 개혁의 예외 지역 혹은 개혁의 퇴보 지역으로 남아 있다. 이 책은 문제를 외면하는 한국 교회에 정면으로 문제를 제기하고 개혁을 촉구한다.